高职高专教育“十三五”规划教材·公共基础类

JINGJI SHUXUE

经济数学

主　编　何月俏　刘　君

副主编　崔庆岳　赵国瑞　赵彩月

王茂玲　皮利利　冯兰军

WUHAN UNIVERSITY PRESS

武汉大学出版社

图书在版编目(CIP)数据

经济数学/何月俏,刘君主编.—武汉:武汉大学出版社,2022.12
高职高专教育“十三五”规划教材·公共基础类
ISBN 978-7-307-22483-4

Ⅰ.经… Ⅱ.①何… ②刘… Ⅲ.经济数学—高等职业教育—教材
Ⅳ.F224.0

中国版本图书馆 CIP 数据核字(2021)第 147623 号

责任编辑:谢文涛　　责任校对:汪欣怡　　整体设计:云书科技

出版发行:**武汉大学出版社**　(430072　武昌　珞珈山)
(电子邮箱:cbs22@whu.edu.cn　网址:www.wdp.com.cn)
印刷:武汉中科兴业印务有限公司
开本:787×1092　1/16　印张:14.25　字数:255 千字
版次:2022 年 12 月第 1 版　2022 年 12 月第 1 次印刷
ISBN 978-7-307-22483-4　定价:39.00 元

前　言

本书是为高职高专经济管理类各专业经济数学课程编写的教材。经济数学是经管类专业的一门公共基础课，也是高职文科类基本素质与能力模块中的必修课程。它是经济类学生提高文化素质，进一步学习有关专业知识、专业技能，以及参加社会实践的重要基础和必不可少的工具，是为培养适应我国现代化建设需要的高技能专门人才服务的。我们参照教育部相关高职课程体系改革目标的要求，在总结编者多年教学经验和体会基础之上，编写了本书。本书包括微积分、线性代数、概率统计等主要内容。

希望通过本课程的学习，使学生在初等数学的基础上，较系统地获得微积分的基础知识和基本技能；培养学生的基本运算能力、抽象思维能力和逻辑推理能力；增强学生用定性与定量相结合的方法处理问题的能力，为学习专业知识和职业技能打下坚实的数学基础。

本书作者充分借鉴国内外优秀教材的优点，对编写内容反复精选提炼，目的是力争做到使复杂问题简单化。经济数学的精髓在于数学思想及其所提供的数学方法，因此学好经济数学的关键是学会用数学的思维方式去思考、解决实际问题，而不是死记硬背书本的定理、结论。

与同类教材相比，本书具有以下特点。

第一，从高职高专经济管理类专业的实际出发，结合高职经济管理类专业数学教学要求，精选教学内容，删减了传统教材中实用性较差、难度较深的部分内容，保留满足专业学习需要的内容。

第二，以“牢固基础、专业应用”为原则，秉承“重数学思想、重经济应用”的理念，增加以往传统教材中没有的内容，淡化纯数学的理论证明，注重数学基本思想、经济学背景、基本方法和实际应用。本书以适应高职高专教学实际和基本要求为宗旨，努力实现理论与实际相结合的目的。

第三，书中精选了来自社会生活、经济生活中饶有趣味的例题案例，使学生在学习数学的过程中掌握经济数学的基本概念、基本理论，对数学在生活中的基本作用和数学与经济的联系有初步的了解，掌握用数学知识解决经济问题的基本方法，使学生对数学在经济专业中的应用有一定的认识，为学习专业课打下一定的数学基础。

第四，本书的最大特点是根据高职高专学生数学基础不一的实际情况，先概要复习了经济数学所需的初等数学知识，然后从高等数学中易学易懂的部分入手，循序渐进强化概念、注重应用、弱化理论推导(用几何图形辅助说明来弥补理论推导的不足)，激发学生的学习兴趣及学习数学的自信心，力图做到够用为度、实用至上。

本书为高职高专经济管理类各专业学习数学而编写，建议讲授学时约为64学时，具体学时安排如下：

章次	内容	学时
第一章	函数、极限及其应用	18
第二章	导数及其应用	22
第三章	积分及其应用	8
第四章	线性代数基础	6
第五章	概率论与统计初步	10

本书预备知识和第一、二章由何月俏编写，第三章由刘君编写，第四章由崔庆岳编写，第五章由赵国瑞编写。何月俏和刘君对全书做了修改和整理，另外，皮利利(贵州遵义师范学院)、冯兰军(广州城市职业学院)、王茂玲(中山大学新华学院)及赵彩月(广州城建职业学院)参与了本教材的编写和审查工作。

虽然各位编者很认真努力，但由于水平所限，书中若有错误的地方或不足之处，恳请读者批评指正。

编　者

2022年8月

目　录

预 备 知 识

我们在学习经济数学过程中，会用到初等数学的一部分知识，下面我们就一起来学习一下.

第一节　集合、区间以及初等数学基本运算

一、集合与区间

（一）集合的概念

具有某种属性的元素 x 的全体称为一个集合，记为 A；x 称为集合的元素，记 $A=\{x|x$ 所具有的特征$\}$.

例如，由不等式 $4<x<8$ 表示的实数集合记为 $A=\{x|4<x<8\}$.

特别地，由全体实数构成的集合记为 $\mathbf{R}$，由自然数构成的集合记为 $\mathbf{N}$，整数集合记为 $\mathbf{Z}$，有理数集合记为 $\mathbf{Q}$.

（二）区间的概念

（1）将满足不等式 $a\leqslant x\leqslant b$ 的所有实数 x 组成的集合叫作以 a,b 为端点的闭区间，记作 $[a,b]$.

（2）将满足不等式 $a<x<b$ 的所有实数 x 组成的集合叫作以 a,b 为端点的开区间，记作 (a,b).

（3）将满足不等式 $a\leqslant x<b$ 的所有实数 x 组成的集合叫作以 a,b 为端点的左闭右开区间，记作 $[a,b)$.

（4）将满足不等式 $a<x\leqslant b$ 的所有实数 x 组成的集合叫作以 a,b 为端点的左开右闭区间，记作 $(a,b]$.

（5）$(a,+\infty)=\{x|x>a\}$，表示满足不等式 $x>a$ 的全体实数.

（6）$[a,+\infty)=\{x|x\geqslant a\}$，表示满足不等式 $x\geqslant a$ 的全体实数.

（7）$(-\infty,a)=\{x|x<a\}$，表示满足不等式 $x<a$ 的全体实数.

（8）$(-\infty,a]=\{x|x\leqslant a\}$，表示满足不等式 $x\leqslant a$ 的全体实数.

（9）$(-\infty,+\infty)=\{x|-\infty<x<+\infty\}$，表示全体实数，其中"$+\infty$"读作"正无穷大"，"$-\infty$"读作"负无穷大".

以上定义的前 4 个区间统称为有限区间，后 5 个区间统称为无穷区间.

注意　书写区间记号时要注意以下三点：

（1）有完整的区间外围记号（闭区间或开区间符号）；

(2)有两个区间端点,且左端点小于右端点;
(3)两个端点之间用“,”隔开.

二、幂运算

(一)幂函数、分式与根式的互相转换

幂函数表示	分式表示	根式表示
x^{-n}(n为正整数)	$\frac{1}{x^n}$	
$x^{\frac{m}{n}}$(m,n为正整数)		$\sqrt[n]{x^m}$

根据上述关系,幂函数和分式、根式可以互相转换:

(1)$a^{\frac{m}{n}}=\sqrt[n]{a^m}(a>0,m,n\in\mathbf{N})$;

(2)$a^{-\frac{m}{n}}=\frac{1}{a^{\frac{m}{n}}}(a>0,m,n\in\mathbf{N})$.

例如,幂函数转换成根式、分式:$x^{\frac{5}{3}}=\sqrt[3]{x^5}$,$x^{-4}=\frac{1}{x^4}$

分式、根式转换成幂函数:$\frac{1}{x^7}=x^{-7}$,$\frac{1}{\sqrt[3]{x^8}}=x^{-\frac{8}{3}}$

(二)整数指数幂运算性质

(1)$a^n=\underbrace{a\cdot a\cdot a\cdots a}_{n个}$,$a^0=1(a\neq0)$,$0^0$ 无意义;

(2)$a^{-n}=\frac{1}{a^n}(a\neq0)$;

(3)$a^m\cdot a^n=a^{m+n}$,$(a^m)^n=a^{mn}$;

(4)$(ab)^n=a^n\cdot b^n$.

注意 ①$a^m\div a^n$ 可看作 $a^m\cdot a^{-n}$,所以 $a^m\div a^n=a^m\cdot a^{-n}=a^{m-n}$;

②$\left(\frac{a}{b}\right)^n$ 可看作 $a^n\cdot b^{-n}$,所以$\left(\frac{a}{b}\right)^n=a^n\cdot b^{-n}=\frac{a^n}{b^n}$.

(三)指数和指数幂的运算

(1)当 n 为任意正整数时,$(\sqrt[n]{a})^n=a$;

(2)当 n 为奇数时,$(\sqrt[n]{a})^n=a$;当 n 为偶数时,$\sqrt[n]{a^n}=|a|=\begin{cases}a,a\geqslant0\\-a,a<0\end{cases}$;

(3)根式的基本性质:$\sqrt[np]{a^{mp}}=\sqrt[n]{a^m}(a\geqslant0)$.

例 1 求下列各式的值:

(1)$\sqrt[3]{(-8)^3}$; (2)$\sqrt{(-10)^2}$; (3)$\sqrt[4]{(3-\pi)^4}$.

解 (1) $\sqrt[3]{(-8)^3}=-8$；

(2) $\sqrt{(-10)^2}=|-10|=10$；

(3) $\sqrt[4]{(3-\pi)^4}=\pi-3$.

例 2 求值：

(1) $8^{\frac{2}{3}}$；(2) $25^{-\frac{1}{2}}$；(3) $\left(\frac{1}{2}\right)^{-5}$；(4) $\left(\frac{16}{81}\right)^{-\frac{3}{4}}$.

解 (1) $8^{\frac{2}{3}}=(2^3)^{\frac{2}{3}}=2^{3\times\frac{2}{3}}=2^2=4$；

(2) $25^{-\frac{1}{2}}=(5^2)^{-\frac{1}{2}}=5^{2\times\left(-\frac{1}{2}\right)}=5^{-1}=\frac{1}{5}$；

(3) $\left(\frac{1}{2}\right)^{-5}=(2^{-1})^{-5}=2^{-1\times(-5)}=32$；

(4) $\left(\frac{16}{81}\right)^{-\frac{3}{4}}=\left(\frac{2}{3}\right)^{4\times\left(-\frac{3}{4}\right)}=\left(\frac{2}{3}\right)^{-3}=\frac{27}{8}$.

例 3 用分数指数幂的形式表示下列各式 $(a>0)$：$a^3\cdot\sqrt{a}$；$a^2\cdot\sqrt[3]{a^2}$；$\sqrt{a\cdot\sqrt[3]{a}}$.

分析 先把根式化为分数指数幂，再由幂运算性质来运算.

解 $a^3\cdot\sqrt{a}=a^3\cdot a^{\frac{1}{2}}=a^{3+\frac{1}{2}}=a^{\frac{7}{2}}$；

$a^2\cdot\sqrt[3]{a^2}=a^2\cdot a^{\frac{2}{3}}=a^{2+\frac{2}{3}}=a^{\frac{8}{3}}$；

$\sqrt{a\cdot\sqrt[3]{a}}=\sqrt{a\cdot a^{\frac{1}{3}}}=\sqrt{a^{\frac{4}{3}}}=(a^{\frac{4}{3}})^{\frac{1}{2}}=a^{\frac{2}{3}}$.

例 4 计算：

(1) $\left(2\frac{3}{5}\right)^0+2^{-2}\cdot\left(2\frac{1}{4}\right)^{-\frac{1}{2}}-(0.01)^{0.5}$；

(2) $(0.000\,1)^{-\frac{1}{4}}+(27)^{\frac{2}{3}}-\left(\frac{49}{64}\right)^{-\frac{1}{2}}+\left(\frac{1}{9}\right)^{-1.5}$.

解 (1) 原式 $=1+\frac{1}{4}\times\left(\frac{4}{9}\right)^{\frac{1}{2}}-\left(\frac{1}{100}\right)^{\frac{1}{2}}=1+\frac{1}{6}-\frac{1}{10}=1\frac{1}{15}$；

(2) 原式 $=(0.1^4)^{-\frac{1}{4}}+(3^3)^{\frac{2}{3}}-\left[\left(\frac{7}{8}\right)^2\right]^{-\frac{1}{2}}+\left[\left(\frac{1}{3}\right)^2\right]^{-\frac{3}{2}}$

$=0.1^{-1}+3^2-\left(\frac{7}{8}\right)^{-1}+\left(\frac{1}{3}\right)^{-3}=10+9-\frac{8}{7}+27=\frac{314}{7}$.

例 5 计算下列各式(式中字母都是正数)：

(1) $(2a^{\frac{2}{3}}b^{\frac{1}{2}})(-6a^{\frac{1}{2}}b^{\frac{1}{3}})\div(-3a^{\frac{1}{6}}b^{\frac{5}{6}})$；

(2) $(m^{\frac{1}{4}}n^{-\frac{3}{8}})^8$.

解 (1) 原式 $=[2\times(-6)\div(-3)]a^{\frac{2}{3}+\frac{1}{2}-\frac{1}{6}}b^{\frac{1}{2}+\frac{1}{3}-\frac{5}{6}}=4ab^0=4a$；

(2) 原式 $=(m^{\frac{1}{4}})^8(n^{-\frac{3}{8}})^8=m^2n^{-3}$.

例 6 计算下列各式：

(1) $(\sqrt[3]{25}-\sqrt{125})\div\sqrt[4]{25}$；

(2) $\dfrac{a^2}{\sqrt{a}\cdot\sqrt[3]{a^2}}(a>0)$.

解 (1)原式$=(25^{\frac{1}{3}}-125^{\frac{1}{2}})\div 25^{\frac{1}{4}}=(5^{\frac{2}{3}}-5^{\frac{3}{2}})\div 5^{\frac{1}{2}}$

$=5^{\frac{2}{3}-\frac{1}{2}}-5^{\frac{3}{2}-\frac{1}{2}}=5^{\frac{1}{6}}-5=\sqrt[6]{5}-5$;

(2)原式$=\dfrac{a^2}{a^{\frac{1}{2}}\cdot a^{\frac{2}{3}}}=a^{2-\frac{1}{2}-\frac{2}{3}}=a^{\frac{5}{6}}=\sqrt[6]{a^5}$.

三、对数

一般地,如果 $a^x=N(a>0$,且 $a\neq 1$,那么数 x 叫作以 a 为底 N 的对数,记作 $x=\log_a N$,其中 a 叫作对数的底数,N 叫作真数.

对数的运算法则 如果 $a>0,a\neq 1,M>0,N>0$,则有

(1)$\log_a(MN)=\log_a M+\log_a N$;

(2)$\log_a \dfrac{M}{N}=\log_a M-\log_a N$;

(3)$\log_a M^n=n\log_a M(n\in \mathbf{R})$;

(4)$\log_a N=\dfrac{\log_m N}{\log_m a}(a>0,a\neq 1,m>0,m\neq 1,N>0)$.

例 7 将下列指数式化为对数式,对数式化为指数式:

(1)$5^4=625$; (2)$2^{-6}=\dfrac{1}{64}$;

(3)$\left(\dfrac{1}{3}\right)^m=5.73$; (4)$\log_{\frac{1}{2}}16=-4$;

(5)$\lg 0.01=-2$; (6)$\ln 10=2.303$.

解 (1)$\log_5 625=4$;

(2)$\log_2 \dfrac{1}{64}=-6$;

(3)$\log_{\frac{1}{3}}5.73=m$;

(4)$\left(\dfrac{1}{2}\right)^{-4}=16$;

(5)$10^{-2}=0.01$;

(6)$e^{2.303}=10$.

例 8 求下列各式中 x 的值:

(1)$\log_{64}x=-\dfrac{2}{3}$;

(2)$\log_x 8=6$;

(3)$\lg 100=x$;

(4)$-\ln e^2=x$.

解 (1)$x=(64)^{-\frac{2}{3}}=(4^3)^{-\frac{2}{3}}=4^{3\cdot(-\frac{2}{3})}=4^{-2}=\dfrac{1}{16}$;

(2)$x^6=8$,所以 $x=(x^6)^{\frac{1}{6}}=(8)^{\frac{1}{6}}=(2^3)^{\frac{1}{6}}=2^{\frac{1}{2}}=\sqrt{2}$;

(3)$10^x=100=10^2$,于是 $x=2$;

(4)由 $-\ln e^2=x$,得 $-x=\ln e^2$,即 $e^{-x}=e^2$,所以 $x=-2$.

例 9 求下列各式的值.

(1) $\log_2(4^7\times 2^5)$;

(2) $\lg\sqrt[5]{100}$.

解 (1) $\log_2(4^7\times 2^5)=\log_2 2^{14}+\log_2 2^5=14+5=19$;

(2) $\lg\sqrt[5]{100}=\lg 10^{\frac{2}{5}}=\frac{2}{5}$.

四、三角函数运算

下面是常用三角函数公式.

1. 同角三角函数关系公式

$\tan\alpha=\frac{\sin\alpha}{\cos\alpha}$　　$\cot\alpha=\frac{\cos\alpha}{\sin\alpha}$

$\csc\alpha=\frac{1}{\sin\alpha}$　　$\sec\alpha=\frac{1}{\cos\alpha},\cot\alpha=\frac{1}{\tan\alpha}$

$\sin^2\alpha+\cos^2\alpha=1$　　$1+\tan^2\alpha=\sec^2\alpha,1+\cot^2\alpha=\csc^2\alpha$

2. 二倍角的正弦、余弦、正切公式

$\sin 2\alpha=2\sin\alpha\cos\alpha$　　$\tan 2\alpha=\frac{2\tan\alpha}{1-\tan^2\alpha}$

$\cos 2\alpha=\cos^2\alpha-\sin^2\alpha=2\cos^2\alpha-1=1-2\sin^2\alpha$

$\cos^2\alpha=\frac{1+\cos 2\alpha}{2}$　　$\sin^2\alpha=\frac{1-\cos 2\alpha}{2}$

3. 两角和与差的正弦、余弦、正切公式

$\sin(\alpha+\beta)=\sin\alpha\cos\beta-\cos\alpha\sin\beta$

$\sin(\alpha-\beta)=\sin\alpha\cos\beta-\cos\alpha\sin\beta$

$\cos(\alpha+\beta)=\cos\alpha\cos\beta-\sin\alpha\sin\beta$

$\cos(\alpha-\beta)=\cos\alpha\cos\beta-\sin\alpha\sin\beta$

$\tan(\alpha+\beta)=\frac{\tan\alpha+\tan\beta}{1-\tan\alpha\tan\beta}$

$\tan(\alpha-\beta)=\frac{\tan\alpha-\tan\beta}{1+\tan\alpha\tan\beta}$

4. 积化和差公式

$\sin\alpha\cos\beta=\frac{1}{2}[\sin(\alpha+\beta)+\sin(\alpha-\beta)]$

$\cos\alpha\sin\beta=\frac{1}{2}[\sin(\alpha+\beta)-\sin(\alpha-\beta)]$

$\cos\alpha\cos\beta=\frac{1}{2}[\cos(\alpha+\beta)+\cos(\alpha-\beta)]$

$\sin\alpha\sin\beta=-\frac{1}{2}[\cos(\alpha+\beta)-\cos(\alpha-\beta)]$

5. 特殊三角函数值表

α	0	$\frac{\pi}{6}(30°)$	$\frac{\pi}{4}(45°)$	$\frac{\pi}{3}(60°)$	$\frac{\pi}{2}(90°)$	$\pi(180°)$	$\frac{3\pi}{2}(270°)$	$2\pi(360°)$
$\sin\alpha$	0	$\frac{1}{2}$	$\frac{\sqrt{2}}{2}$	$\frac{\sqrt{3}}{2}$	1	0	-1	0
$\cos\alpha$	1	$\frac{\sqrt{3}}{2}$	$\frac{\sqrt{2}}{2}$	$\frac{1}{2}$	0	-1	0	1
$\tan\alpha$	0	$\frac{\sqrt{3}}{3}$	1	$\sqrt{3}$	∞	0	∞	0
$\cot\alpha$	∞	$\sqrt{3}$	1	$\frac{\sqrt{3}}{3}$	0	∞	0	∞

习题 1

基本题

1. 比较大小：$\sqrt{15}$ ________ 4（填写“$<$”“$=$”或“$>$”）.

2. $\sqrt{2}\times\sqrt{6}=$ ________.

3. $\sqrt{2}\times\sqrt{8}=$ ________.

4. 64 的立方根是________；$\sqrt{81}$的平方根是________.

5. 同角三角函数关系公式：

 (1) $\sin^2 x=$ ________；　　(2) $\cot x=$ ________.

6. 倍角公式：

 (1) $\cos^2 x=$ ________；　　(2) $\sin^2 x=$ ________.

7. 查表求特殊三角函数值：

 (1) $\sin\frac{\pi}{3}=$ ________；　　(2) $\tan 0=$ ________；

 (3) $\sin 0=$ ________；　　(4) $\sin\frac{\pi}{4}=$ ________.

8. 已知集合 $A=\{1,2,3\}$，$B=\{2,4\}$，则 $A\cap B$ 为（　　）.

 A. $\{1,2,3,4\}$　　B. $\{1,2,3\}$　　C. $\{2,4\}$　　D. $\{2\}$

9. 下列 4 个集合中，是空集的是（　　）.

 A. $\{x\in\mathbf{R}\mid x^2+2=0\}$　　B. $\{0\}$

 C. $\{x\mid x>8$ 或 $x<4\}$　　D. $\{\varnothing\}$

一般题

10. 化简：$\sqrt[3]{-8}=$ ________.

11. 36 的算术平方根是________.

12. 集合 $A=\{x\mid -2<x<2\}$，$B=\{x\mid -1\leqslant x<3\}$，那么 $A\cup B=$（　　）.

 A. $\{x\mid -2<x<3\}$　　B. $\{x\mid 1\leqslant x<2\}$

 C. $\{x\mid -2<x\leqslant 1\}$　　D. $\{x\mid 2<x<3\}$

13. 设集合 $A=\{x|-4<x<3\}$，$B=\{x|x\leqslant 2\}$，则 $A\cap B=$（　　）.

A. $(-4,3)$　　B. $(-4,2]$

C. $(-\infty,2]$　　D. $(-\infty,3)$

提高题

14. 用 $\log_a x$，$\log_a y$，$\log_a z$ 表示下列各式：

(1) $\log_a \dfrac{xy}{z}$；　　(2) $\log_a \dfrac{x^2\sqrt{y}}{\sqrt[3]{8}}$.

15. 计算：

(1) $\lg 14-2\lg \dfrac{7}{3}+\lg 7-\lg 18$；　　(2) $\dfrac{\lg 243}{\lg 9}$；

(3) $\dfrac{\lg\sqrt{27}+\lg 8-3\lg\sqrt{10}}{\lg 1.2}$.

16. 计算：

(1) 已知 $\log_3 4\cdot\log_4 8\cdot\log_8 m=\log_4 16$，求 m 的值；

(2) $\log_8 9\cdot\log_{27} 32$；

(3) $(\log_2 5+\log_4 125)\cdot\dfrac{\log_3 2}{\log_{\sqrt{3}} 5}$.

第二节　基本初等函数

一、常数函数 $y=c$

它的定义域是 $(-\infty,+\infty)$，由于无论 x 取何值，都有 $y=c$. 所以它的图像是过点 $(0,c)$ 平行于 x 轴的一条直线，如图 1 所示，它是偶函数.

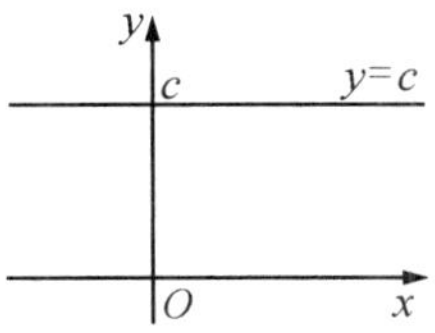

图 1

二、幂函数 $y=x^a$（a 为实数）

当 $a>0$ 时，函数的图像过原点 $(0,0)$ 和点 $(1,1)$，在 $(0,+\infty)$ 内单调增加且无界，如图 2 所示.

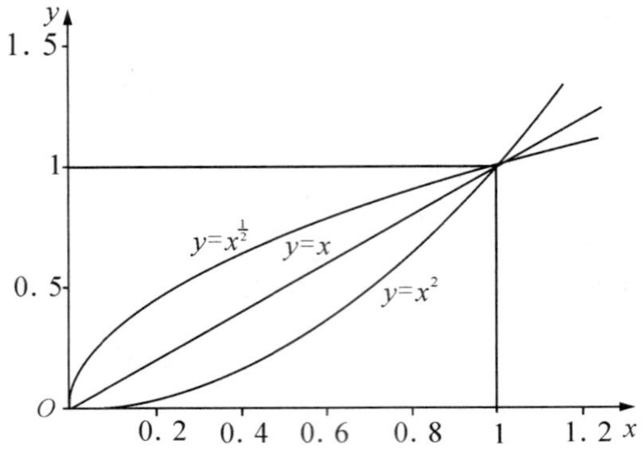

图 2

当 $a<0$ 时，图像不过原点，但仍过点(1,1)，在(0,+∞)内单调减少、无界，曲线以 x 轴和 y 轴为渐近线，常用的幂函数在第一象限的图像，如图 3 所示.

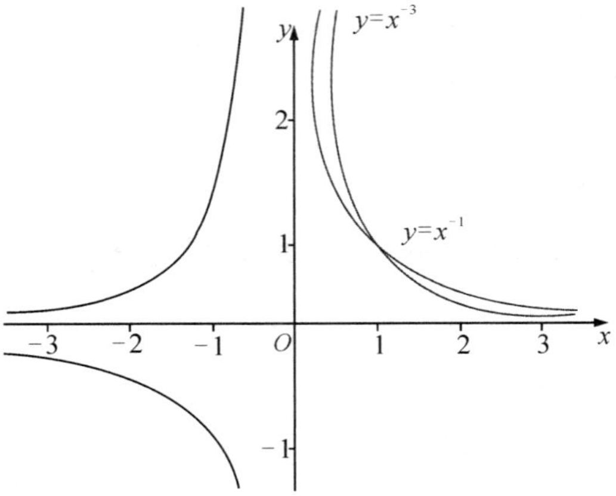

图 3

三、指数函数 $y=a^x$($a>0$ 且 $a\neq1$)

一般地，函数 $y=a^x$($a>0$ 且 $a\neq1$)叫作指数函数，其中 x 是自变量，函数的定义域为 $\mathbf{R}=(-\infty,+\infty)$.

由于无论 x 取何值，总有 $a^x>0$，且 $a^0=1$，所以它的图像全部在 x 轴上方，且通过点(0,1). 也就是说，它的值域是(0,+∞).

当 $a>1$ 时，函数单调增加且无界，曲线以 x 轴的负半轴为渐近线；当 $0<a<1$ 时，函数单调减少且无界，曲线以 x 轴的正半轴为渐近线. 如图 4 所示.

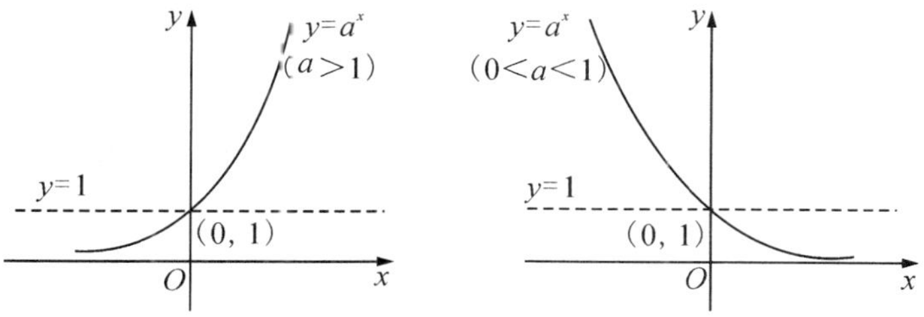

图 4

注意 幂函数与指数函数的区别为,在幂函数 $y=x^a$ 中,底 x 为自变量,指数 a 是常数;而在指数函数 $y=a^x$ 中,底 a 是常数,指数 x 为自变量.

四、对数函数 $y=\log_a x(a>0$,**且** $a\neq 1)$

一般地,如果 $a^x=N(a>0$,且 $a\neq 1)$,那么 x 叫作以 a 为底 N 的对数,记作 $x=\log_a N$,其中 a 叫作对数的底,N 叫作真数.

一般地,函数 $y=\log_a x(a>0$,且 $a\neq 1)$叫作对数函数.

它的定义域是$(0,+\infty)$,图像全部在 y 轴右方,值域是$(-\infty,+\infty)$.无论 a 取何值,曲线都通过点$(1,0)$.

当 $a>1$ 时,函数单调增加且无界,曲线以 y 轴负半轴为渐近线;当 $0<a<1$ 时,函数单调减少且无界,曲线以 y 轴的正半轴为渐近线.如图 5 所示.

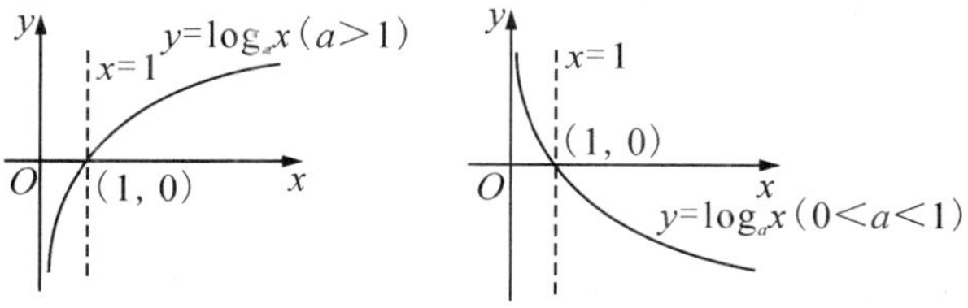

图 5

以无理数 e=2.718 281 8…为底的对数函数 $y=\log_e x$ 叫作自然对数函数,记作 $y=\ln x$,它是微积分中常用的函数;以 10 为底的对数称为常用对数,$y=\log_{10}x$ 常记为 $y=\lg x$.

注意 对数函数 $y=\log_a x$ 和指数函数 $y=a^x$ 互为反函数,它们的图像关于 $y=x$ 对称.

五、三角函数

三角函数包括下面 6 个函数:正弦函数 $y=\sin x$,余弦函数 $y=\cos x$,正切函数 $y=\tan x$,余切函数 $y=\cot x$,正割函数 $y=\sec x$,余割函数 $y=\csc x$.

1. 正弦函数 $y=\sin x$

正弦函数的定义域是$(-\infty,+\infty)$,值域为$[-1,1]$,所以是有界函数;图像关于原点对称,是奇函数,周期 $T=2\pi$.如图 6 所示.

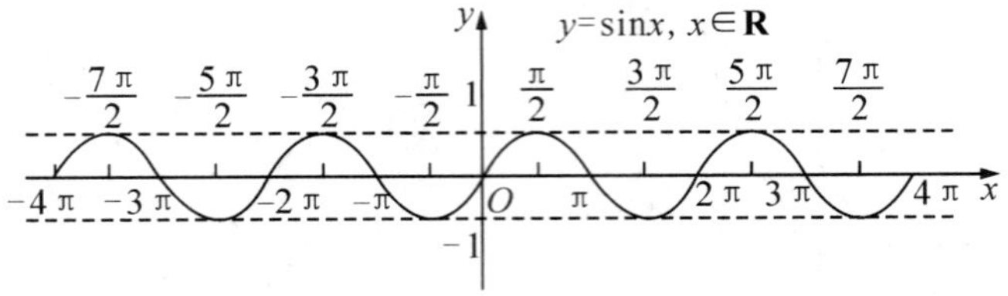

图 6

2. 余弦函数 $y=\cos x$

余弦函数的定义域为$(-\infty,+\infty)$；值域为$[-1,1]$，它是有界函数；图像关于 y 轴对称，是偶函数，周期 $T=2\pi$. 如图 7 所示.

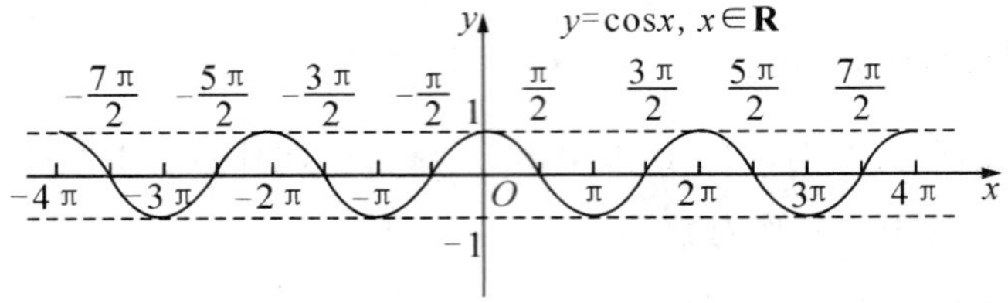

图 7

3. 正切函数 $y=\tan x$

正切函数的定义域是 $x\neq k\pi+\frac{\pi}{2}(k=0,\pm1,\pm2,\cdots)$的一切实数，值域为$(-\infty,+\infty)$，是无界函数，图像关于原点对称，为奇函数，周期 $T=\pi$. 如图 8 所示.

4. 余切函数 $y=\cot x$

余切函数的定义域为 $x\neq k\pi(k=0,\pm1,\pm2,\cdots)$的一切实数，值域为$(-\infty,+\infty)$，是无界函数，图像关于原点对称，为奇函数，周期 $T=\pi$. 如图 9 所示.

关于函数 $y=\sec x$ 和 $y=\csc x$ 我们不做详细讨论.

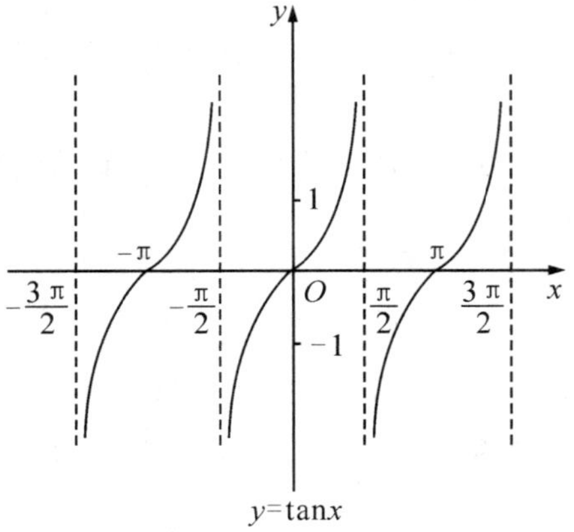

图 8

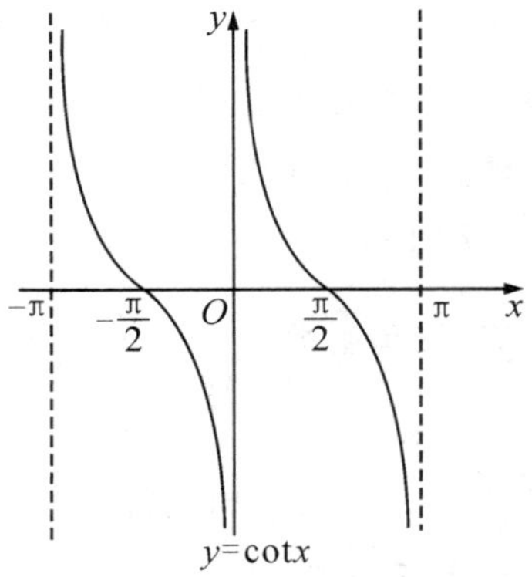

图 9

六、反三角函数

常用的反三角函数有 4 个：反正弦函数 $y=\arcsin x$，反余弦函数 $y=\arccos x$，反正切函数 $y=\arctan x$，反余切函数 $y=\text{arccot}\, x$. 它们是相应三角函数在主值区间内的反函数.

1. $y=\arcsin x$

它的定义域是$[-1,1]$，值域是$\left[-\frac{\pi}{2},\frac{\pi}{2}\right]$，是单调增加的奇函数，有界，如图 10 所示.

2. $y=\arccos x$

它的定义域是$[-1,1]$，值域是$[0,\pi]$，是单调减少的函数，有界，如图 11 所示.

3. $y=\arctan x$

它的定义域是$(-\infty,+\infty)$，值域是$\left(-\frac{\pi}{2},\frac{\pi}{2}\right)$，它是单调增加的奇函数，在定义域上有界，如图 12 所示.

4. $y=\text{arccot}\, x$

它的定义域是$(-\infty,+\infty)$，值域是$(0,\pi)$，它是单调减少的函数，在定义域上有界，如图 13 所示.

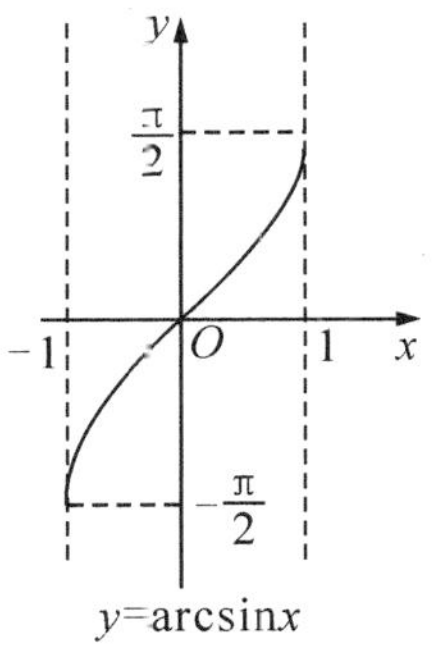

$y=\arcsin x$

图 10

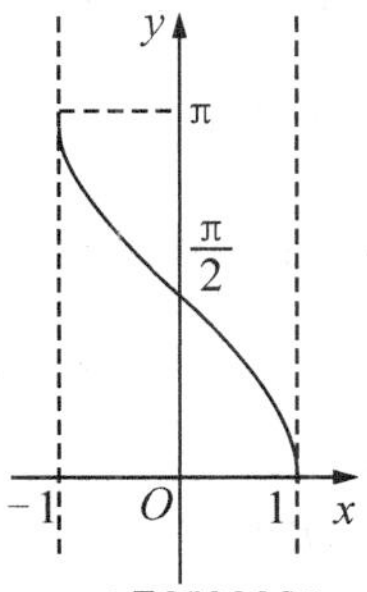

$y=\arccos x$

图 11

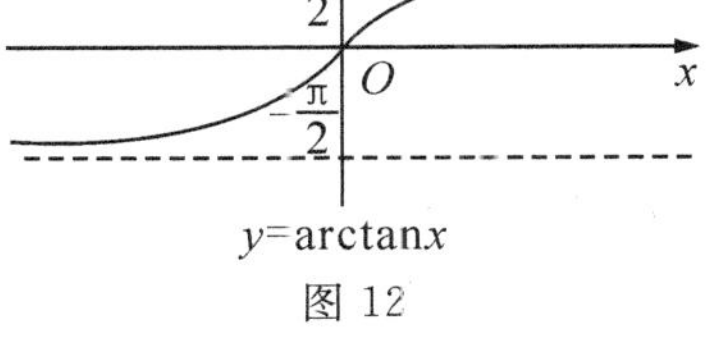

$y=\arctan x$

图 12

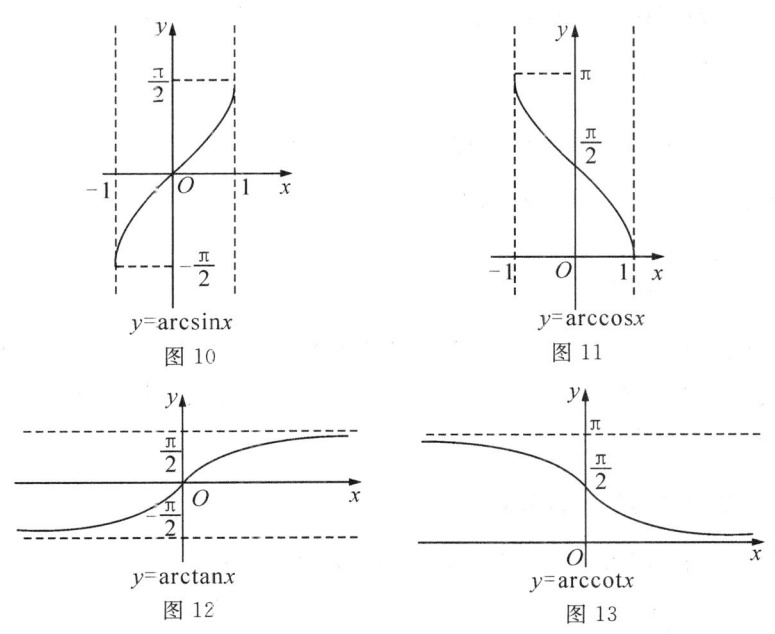

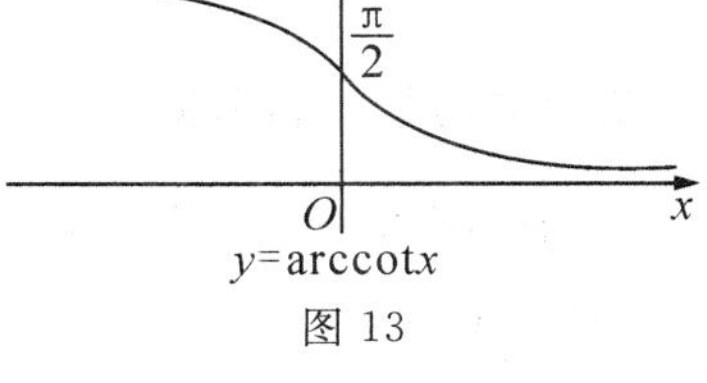

$y=\text{arccot}\, x$

图 13

习题 2

基本题

1. 画出下列函数的大致图像：

(1)$y=3$；　　(2)$y=x+2$.

一般题

2.画出下列函数的大致图像：

(1)$y=\frac{1}{x}$；　　(2)$y=x^2-1$.

提高题

3.画出下列函数的大致图像：

(1)$y=e^x$；　　(2)$y=\ln x$；

(3)$y=x^3$；　　(4)$y=\cos x(0\leqslant x\leqslant 2\pi)$；

(5)$y=\sin x(0\leqslant x\leqslant 2\pi)$.

第三节　方程和不等式

一、方程

能够使方程左右两边相等的未知量的取值叫作方程的解.含有一个未知量的方程的解叫作方程的根.求方程的解的过程叫作解方程.

(一)一元一次方程

形如 $ax+b=0(a\neq 0)$的方程叫作一元一次方程.

化成 $ax=-b(a\neq 0)$,得到方程的解 $x=-\frac{b}{a}$.

(二)一元二次方程

只含有一个未知量,并且未知量的最高次幂是二次的方程叫作一元二次方程,它的一般形式是 $ax^2+bx+c=0(a\neq 0)$.一元二次方程的解法主要有因式分解法和公式法.

一元二次方程的求根公式：$x=\frac{-b\pm\sqrt{b^2-4ac}}{2a}$.

下面举例说明求一元二次方程根的因式分解法和公式法.

例 1　解方程 $x^2-3x+2=0$.

解一　原方程分解因式化为：$(x-1)(x-2)=0$,

则有 $x-1=0$ 或 $x-2=0$.

解得：$x_1=1,x_2=2$ 为原方程的根.

解二　因为 $a=1,b=-3,c=2$,

所以 $b^2-4ac=(-3)^2-4\times 1\times 2=1$,

由公式法得：$x=\frac{-b\pm\sqrt{b^2-4ac}}{2a}=\frac{-(-3)\pm\sqrt{(-3)^2-4\times1\times2}}{2\times1}=\frac{3\pm1}{2}$，

从而得到原方程的两个根为 $x_1=1$，$x_2=2$.

二、直线方程

形如 $ax+by+c=0$ 的二元一次方程的图形是一条直线(其中 a，b 不能同时为 0)，所以直线方程的一般式为：$ax+by+c=0$(a，b 不同时为 0).

(一)直线方程的其他表示形式

(1)已知直线的斜率 k 和直线上的一点(x_0,y_0)，由直线的点斜式，可写出方程：$y-y_0=k(x-x_0)$；

(2)若直线平行于 y 轴，且过点$(x_1,0)$，则有：$x=x_1$；

(3)若直线平行于 x 轴，且过点$(0,y_1)$，则有：$y=y_1$；

(4)斜率是 k，与 y 轴的交点为 $P(0,b)$的直线方程为 $y=kx+b$；

(5)直线方程的两点式：经过 $P_1(x_1,y_1)$，$P_2(x_2,y_2)$($x_1\neq x_2$，$y_1\neq y_2$)的直线 l 方程为

$$y-y_1=\frac{y_2-y_1}{x_2-x_1}(x-x_1)\text{，即}\frac{y-y_1}{y_2-y_1}=\frac{x-x_1}{x_2-x_1}；$$

说明：方程不能表示平行于 x 轴或平行于 y 轴的直线.

(6)直线方程的截距式：与 x 轴的交点为$(a,0)$与 y 轴的交点为$(0,b)$的直线的方程为$\frac{x}{a}+\frac{y}{b}=1$.

说明：截距式适用范围：$a\neq0$，$b\neq0$.

例 2 已知直线经过点(6,4)，斜率为$-\frac{4}{3}$，直线的点斜式方程为________.

解 $y-4=-\frac{4}{3}(x-6)$.

例 3 一条直线经过点$(-2,3)$，倾斜角为 45°，求这条直线的方程并画出图形.

解 $y-3=[x-(-2)]\tan45°$，得

$y=x+5$.

方程 $y=x+5$ 的图形如图 14 所示。

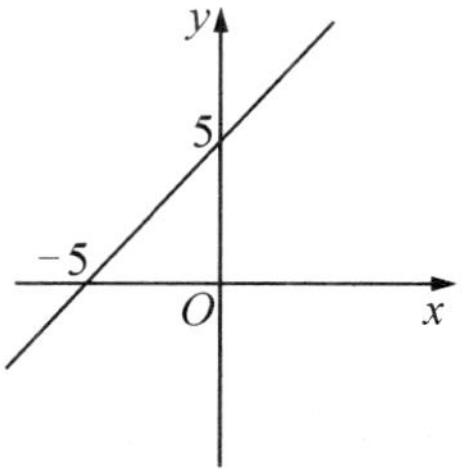

图 14

例 4 一直线 l 经过点 $A(2,3)$，倾斜角是直线 $y=\frac{\sqrt{3}}{3}x+1$ 的倾斜角的两倍，求直线 l 的方程.

解 直线 $y=\frac{\sqrt{3}}{3}x+1$ 的倾斜角为 30°，所以直线 l 的倾斜角为 60°，故 l 的方程为 $y-3=(x-2)\tan60°$，即$\sqrt{3}x-y+3-2\sqrt{3}=0$.

例 5 求过 $A(2,1)$，$B(3,-3)$两点的直线的两点式方程，并转化成点斜

式、截距式、斜截式.

解 $\frac{y-1}{-3-1}=\frac{x-2}{3-2}$,即 $y-1=-4(x-2)$ 或 $\frac{x}{\frac{9}{4}}+\frac{y}{9}=1$ 或 $y=-4x+9$.

例 6 把直线 l 的方程 $x-2y+6=0$ 化成斜截式,求出直线的斜率和它在 x 轴、y 轴上的截距,并画图.

解 斜截式是:$y=\frac{x}{2}+3$,因为截距式是 $\frac{x}{-6}+\frac{y}{3}=1$,所以直线在 x 轴、y 轴上的截距分别为 -6 和 3. 该直线方程图形如图 15 所示。

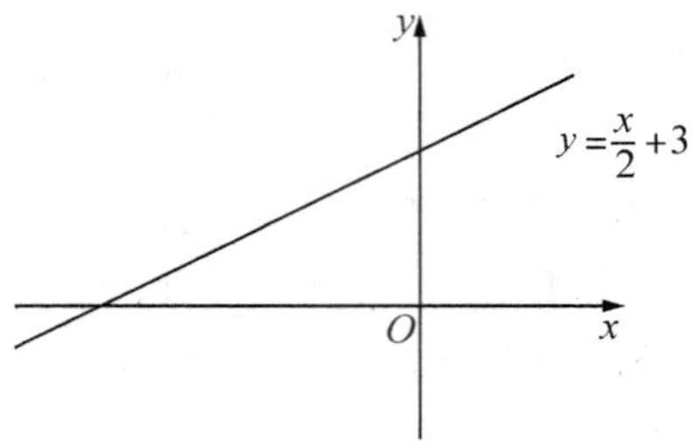

图 15

(二)求两条直线交点的方法

(1)当两条直线相交时,其交点的坐标是两个方程的公共解;

(2)以两直线方程的联立方程组的解为坐标的点就是两直线的交点.

(三)两直线关系与其组成的方程组解的关系

两条直线的三种位置关系(平行、相交、重合)与相应的直线方程所组成的二元一次方程组的解(无解、有唯一解、有无数个解)的对应关系:

(1)如果直线 l_1,l_2 的方程的联立方程组有唯一解,那么 l_1,l_2 相交;

(2)如果直线 l_1,l_2 的方程的联立方程组有无穷多解,那么 l_1,l_2 重合;

(3)如果直线 l_1,l_2 的方程的联立方程组无解,那么 l_1,l_2 平行.

三、不等式

能够使不等式成立的未知量的值叫作不等式的解.

(一)一元一次不等式

含有一个未知量,并且未知量的最高次幂是一次的不等式叫作一元一次不等式. 解一元一次不等式的步骤与解一元一次方程的步骤类似.

例 7 解不等式 $\frac{2x-1}{3}\leqslant\frac{3x+2}{4}$.

解 去分母得:$4(2x-1)\leqslant 3(3x+2)$,

去括号得:$8x-4\leqslant 9x+6$,

移项,合并得:$x\geqslant -10$.

(二)一元一次不等式组

含有相同未知量的几个一元一次不等式所组成的不等式组叫作一元一次不等式组.同时满足不等式组中每一个不等式的解叫作这个不等式组的解.

例 8 解不等式组$\begin{cases} x+5\geqslant 2x-3 \\ \dfrac{x}{2}-1>\dfrac{3}{2} \end{cases}$.

解 由第一个不等式得:$x\leqslant 8$,

由第二个不等式得:$x>5$,

所以不等式组的解为:$5<x\leqslant 8$.

(三)一元二次不等式

含有一个未知量,并且未知量的最高次幂是二次的不等式叫作一元二次不等式.解一元二次不等式常与解一元二次方程结合在一起,具体解法见下表:

方程	$\Delta>0$	$\Delta=0$	$\Delta<0$
$ax^2+bx+c=0$	有两不同实根 x_1,$x_2(x_1<x_2)$	有两个相等实根 $x=-\dfrac{b}{2a}$	无实根
$ax^2+bx+c>0(a>0)$	$x<x_1$ 或 $x>x_2$	$x\neq-\dfrac{b}{2a}$ 的全体实数	全体实数
$ax^2+bx+c<0(a>0)$	$x_1<x<x_2$	$\varnothing$	$\varnothing$

例 9 解不等式 $x^2-4x-12>0$.

解 解方程 $x^2-4x-12=0$,

得两个不等实根 $x_1=-2,x_2=6$,

所以不等式 $x^2-4x-12>0$ 的解为 $x<-2$ 或 $x>6$.

习题 3

基本题

1. 不等式组$\begin{cases} 2x>10-3x \\ 5+x\geqslant 3x \end{cases}$的解集为________.
2. 不等式 $3-2x>-5$ 的解集是________.

一般题

3. 直线 $x-y+1=0$ 的倾斜角为________.
4. 过点(1,0)且与直线 $x-2y-2=0$ 平行的直线方程是________.

5. 方程 $y+1=-\sqrt{3}(x-\sqrt{3})$ 表示过点________、斜率是________、倾斜角是________、在 y 轴上的截距是________的直线.

6. 求经过点 $A(1,-4)$ 且与直线 $2x+3y+5=0$ 平行的直线方程.

7. 三角形的顶点是 $A(-5,0)$，$B(3,-3)$，$C(0,2)$，求这个三角形三边所在直线的方程.

8. 求过点 $P(4,5)$ 且在两坐标轴上截距相等的直线方程.

提高题

9. 某汽车运输公司根据实际需要计划购买大、中型两种客车共 20 辆，已知大型客车每辆 62 万元，中型客车每辆 40 万元，设购买大型客车 x(辆)，购车总费用为 y(万元).

(1)求 y 与 x 的函数关系式(不要求写出自变量 x 的取值范围)；

(2)若购买中型客车的数量少于大型客车的数量，请你给出一种费用最省的方案，并求出该方案所需费用.

10. 如图，有一面积是 150 平方米的长方形鸡场，鸡场的一边靠墙(墙长 18 米)，墙对面有一个 2 米宽的门，另三边用竹篱笆围成，篱笆总长 33 米，求鸡场的长和宽各为多少米.

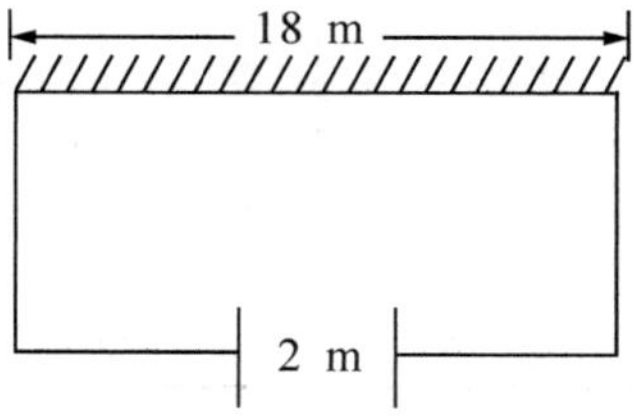

11. 某服装店用 6 000 元购进 A，B 两种新式服装，按标价售出后可获得毛利润 3 800 元(毛利润＝售价－进价)，这两种服装的进价、标价如下表所示：

价格＼类型	A 型	B 型
进价(元/件)	60	100
标价(元/件)	100	160

(1)求这两种服装各购进的件数；

(2)如果 A 型服装按标价的 8 折出售，B 型服装按标价的 7 折出售，那么这批服装全部售完后，服装店比按标价售出少收入多少元？

12. 甲、乙两地间铁路长 2 400 千米，经技术改造后，列车实现了提速. 提速后比提速前速度增加 20 千米/小时，列车从甲地到乙地行驶时间减少 4 小时. 已知列车在现有条件下安全行驶的速度不超过 140 千米/小时. 请你用学过的数学知识说明这条铁路在现有条件下是否还可以再次提速？

总习题

一、选择题

1. 已知集合 $A=\{x|-1\leqslant x<3\}$，$B=\{x|2<x\leqslant 5\}$，则 $A\cup B=$（　　）.

A. $\{x|2<x<3\}$　　B. $\{x|-1\leqslant x\leqslant -5\}$

C. $\{x|-1<x<5\}$　　D. $\{x|-1<x\leqslant 5\}$

2. 设集合 $A=\{x|-4<x<3\}$，$B=\{x|x\leqslant 2\}$，则 $A\cap B=$（　　）.

A. $(-4,3)$　　B. $(-4,2]$　　C. $(-\infty,2]$　　D. $(-\infty,3)$

3. 下列等式正确的是（　　）.

A. $m^3+m^2=m^5$　　B. $m^3\cdot m^2=m^6$

C. $(1-m)(1+m)=m^2-1$　　D. $\dfrac{-4}{2(1-m)}=\dfrac{2}{m-1}$

4. 与 $(a^2)^3$ 相等的结果是（　　）.

A. a^5　　B. a^6　　C. a^8　　D. a^9

5. 小马虎在下面的题中只做对了一道，他做对的题目是（　　）.

A. $(a-b)^2=a^2-b^2$　　B. $(-2a^3)^2=4a^6$

C. $a^3+a^2=2a^5$　　D. $-(a-1)=-a-1$

6. 下列各数中，是不等式 $2x-3>0$ 的解的是（　　）.

A. -1　　B. 0　　C. -2　　D. 2

7. 不等式 $3x\leqslant 2(x-1)$ 的解集为（　　）.

A. $x\leqslant -1$　　B. $x\geqslant -1$　　C. $x\leqslant -2$　　D. $x\geqslant -2$

8. 不等式 $2x-4>0$ 的解集为（　　）.

A. $x>\dfrac{1}{2}$　　B. $x>2$　　C. $x>-2$　　D. $x>8$

9. $\cos 120°$ 等于（　　）.

A. $-\dfrac{\sqrt{3}}{2}$　　B. $-\dfrac{1}{2}$　　C. $\dfrac{1}{2}$　　D. $\dfrac{\sqrt{3}}{2}$

10. $\cos 150°=$（　　）.

A. $\dfrac{1}{2}$　　B. $\dfrac{\sqrt{3}}{2}$　　C. $-\dfrac{1}{2}$　　D. $-\dfrac{\sqrt{3}}{2}$

11. 计算 $(a^3)^2$ 的结果是（　　）.

A. a^5　　B. a^6　　C. a^8　　D. a^9

12. 下列运算正确的是（　　）.

A. $2a+a=3a^2$

B. $\sqrt{(-4)\times(-9)}=\sqrt{-4}\times\sqrt{-9}$

C. $(3a^2)^3=9a^6$

D. $\sqrt{12}+\sqrt{3}=3\sqrt{3}$

13. 下列各式中，去括号正确的是(　　).

A. $-(2a+b)=-2a+b$

B. $3(a-b)=3a-b$

C. $3x-(2y+z)=3x-2y-z$

D. $x-(-y+z)=x-y-z$

14. 下列合并同类项，结果正确的是(　　).

A. $2a+3b=5ab$　　B. $5a^2-3a^2=2$

C. $7ab-7ba=0$　　D. $5a^2+3a^2=8a^4$

二、填空题

1. 不等式组$\begin{cases}3x+4\geqslant 4x\\2(x-1)+x>7\end{cases}$的解为________.

2. 不等式 $5x-9\leqslant 3(x+1)$ 的解集是________.

3. 计算：$\sqrt{2}-\sqrt{6}\times\sqrt{3}=$________.

4. 若 $x^3=27$，则 $x=$________.

5. 若直线 l 的倾斜角为$\frac{\pi}{3}$，则该直线的斜率为________.

6. 直线 $5x-2y-10=0$ 在 y 轴上的截距为________.

7. 过点(1,2)且与直线 $x+2y-1=0$ 平行的直线方程是____________.

8. 过两直线 $2x-y-5=0$ 和 $x+y+2=0$ 的交点且与直线 $3x+y-1=0$ 平行的直线方程为________.

9. 直线 $x-\sqrt{3}y+3=0$ 的倾斜角的大小是________.

三、计算题

1. 某农业观光园计划将一块面积为 900 平方米的园圃分成 A,B,C 三个区域，分别种植甲、乙、丙三种花卉，且每平方米栽种甲 3 株或乙 6 株或丙 12 株. 已知 B 区域面积是 A 的 2 倍，设 A 区域面积为 x(平方米).

(1)求该园圃栽种的花卉总株数 y 关于 x 的函数表达式；

(2)若三种花卉共栽种 6 600 株，则 A,B,C 三个区域的面积分别是多少？

2. 联通公司手机话费收费有 A 套餐(月租费 15 元，通话费每分钟 0.1 元)和 B 套餐(月租费 0 元，通话费每分钟 0.15 元)两种. 设 A 套餐每月话费为 y_1(元)，B 套餐每月话费为 y_2(元)，月通话时间为 x 分钟.

(1)分别表示出 y_1 与 x，y_2 与 x 的函数关系式；

(2)月通话时间为多长时，A、B 两种套餐收费一样？

(3)什么情况下 A 套餐更省钱？

3. 统计数据显示，在我国的 664 座城市中，按水资源情况可分为三类：暂不缺水城市、一般缺水城市和严重缺水城市. 其中，暂不缺水城市数比严重缺水城市数的 3 倍多 52 座，一般缺水城市数是严重缺水城市数的 2 倍. 求严重缺水城市有多少座？

4. 生态公园计划在园内的坡地上种植一片有 A、B 两种树的混合林，需要购买这两种树苗共100棵.假设这批树苗种植后成活95棵，种植A、B两种树苗的相关信息如下表：

品名	单价(元/棵)	栽树劳务费(元/棵)	成活率
A	15	3	96%
B	20	4	92%

(1)求购买这两种树苗各多少棵；

(2)求种植这片混合林的总费用需多少元.

5.某市出租车收费标准是：起步价10元，3千米后每千米1.20元.

(1)若某人乘坐了$x(x>3)$千米的路程，则他应支付的费用是多少？

(2)若他支付了16元车费，你能算出他乘坐的路程吗？

6.某商场将进货价为30元的台灯以40元售出，平均每月能售出600个.市场调研表明：当销售价每上涨1元时，其销售量就将减少10个.商场要想销售利润平均每月达到10 000元，每个台灯的定价应为多少元？这时应进台灯多少个？

7.明月兔业养殖场在兔舍外面开辟一个面积为20平方米的长方形活动场地，准备一边靠墙，其余三边利用长14米的旧围栏，已知墙长12米，问围成长方形的长与宽各是多少米？

8.今年圣诞节前夕，小明、小丽两位同学到某超市调研一种袜子的销售情况，这种袜子的进价为每双1元.请根据小丽提供的信息解决小明提出的问题.

小丽：每双定价2元，每天能卖出500双，而且这种袜子的售价每上涨0.1元，其每天的销售量将减少10双.

小明：照你所说，如果要实现每天800元的销售利润，那该如何定价？别忘了，物价局有规定，售价不能超过进价的300%.

9.小武新家装修，在装修客厅时，购进彩色地砖和单色地砖共100块，共花费5 600元.已知彩色地砖的单价是80元/块，单色地砖的单价是40元/块.

(1)两种型号的地砖各采购了多少块？

(2)如果厨房也要铺设这两种型号的地砖共60块，且采购地砖的费用不超过3 200元，那么彩色地砖最多能采购多少块？

10.有两块试验田，原来可产花生470千克，改用良种后共产花生532千克，已知第一块田的产量比原来增加16%，第二块田的产量比原来增加10%，问这两块试验田改用良种后，各增产花生多少千克？

11.某电器商场销售A，B两种型号计算器，两种计算器的进货价格分别为每台30元、40元.商场销售5台A型号和1台B型号计算器，可获利润76元；销售6台A型号和3台B型号计算器，可获利润120元.

(1)求商场销售A，B两种型号计算器的销售价格分别是多少元；(利润＝销

售价格一进货价格)

(2)商场准备用不多于 2 500 元的资金购进 A,B 两种型号计算器共 70 台,问最少需要购进 A 型号的计算器多少台?

12.某工厂加工 1 000 个机器零件以后,改进操作技术,工作效率提高到原来的 2.5 倍.现在加工 1 000 个机器零件,可提前 15 天完成.求改进操作技术后每天加工多少个零件?

13.某校初一年级学生乘车到距学校 40 千米的社会实践基地进行社会实践.一部分学生乘旅游车,另一部分学生乘中巴车,他们同时出发,结果乘中巴车的学生晚到 8 分钟.已知旅游车速度是中巴车速度的 1.2 倍,求中巴车的速度.

第一章　函数、极限及其应用

高等数学包括理科数学和文科数学，理科数学包括工程数学、计算机数学和应用高等数学等，文科数学指的就是经济数学，又称简明经济数学或经济应用数学等. 我们学习经济数学，首元学习极限相关知识，然后是导数及其应用，接着是积分及其应用，最后是线性代数和概率统计.

第一节　函　数

函数描述了客观世界中量与量之间的依赖关系，它是高等数学重要的基本概念之一，也是高等数学研究的主要对象. 极限概念是在研究变量在某一过程中的变化趋势时引出的，高等数学中的几个重要概念，如连续、导数、定积分等，都是用极限来定义的，掌握好极限理论和方法是学好微积分的必要前提. 本章主要对函数进行复习和做一些有关的补充，并详细介绍数列与函数极限的概念、求极限的方法及函数的连续性.

一、函数的概念

（一）常量与变量

1. 常量

在考察的过程中不会发生变化的量称为常量，常用 $a,b,c,d,\cdots$ 表示. 例如圆周率 π、重力加速度 g 等.

2. 变量

在考察的过程中会发生变化的量称为变量，常用 $x,y,z,u,v,\cdots$ 表示，例如一天中气温的变化、某商场一年中每个月销售量的变化等.

值得注意的是

(1) 常量、变量依赖于所研究的过程，同一个量在不同研究过程中可为常量，也可为变量，如商品的价格；

(2) 一个变量所能取的数值的集合叫这个变量的变化区域；

(3) 连续变量的变化区域常用一个区间，多个区间的交、并或不等式表示.

（二）函数的定义及表示法

在我们的周围，变化无处不在，无时不有. 在同一个自然现象或技术过程中，往往同时存在着几个变量，这些变量不是彼此孤立的，而是按照一定的规律相互联系着的，其中一个量变化时，另外的变量也跟着变化；前者的值一旦确定，后者的值也就随之唯一确定．我们先观察下面的实例．

例 1　某种机器的销售单价为每台 5 万元，销售总收入 R 万元与销售量 x 台的关系是 $R=5x$，x 在正整数集内任取一个具体数值，根据上面的依赖关系，就得到一个确定的 R 值与之对应．

例 2　某天一昼夜的气温 T 是随时间 t 的变化而变化的．气温的变化可以通过气温自动记录仪记录下来．如图 1－1 所示，利用气温自动记录仪我们得到一条曲线，对这一天 0:00—24:00 点之间任一时刻 t_0，气温 T 都有一个确定的值 T_0 与它对应，如当 $t=0$ 点时，气温 $T=10$ ℃；当 $t=12$ 点时，气温 $T=30$ ℃．

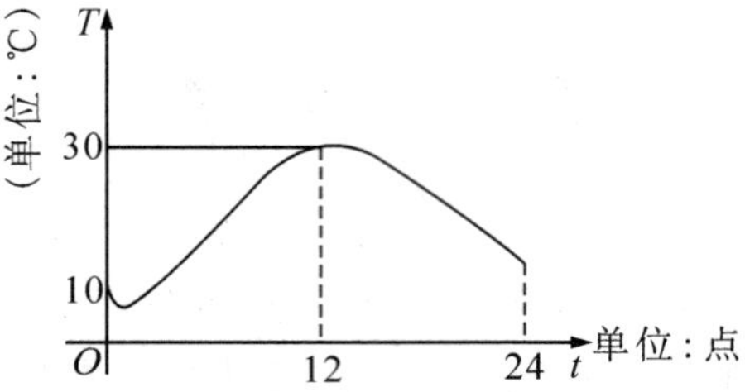

图 1－1(单位:点)

例 3　某人的父母每年在他生日的那天记录下他的身高，表 1－1 是他从 1 周岁到 10 周岁的身高．

表 1－1

年龄(岁)	1	2	3	4	5	6	7	8	9	10
身高(米)	0.77	0.90	0.97	1.04	1.14	1.21	1.26	1.32	1.37	1.43

由该表可知这个人的身高随着年龄的增长而增高，例如：想要知道他 6 岁时的身高，只要查表就知道为 1.21 米．

现实世界中广泛存在着的变量间这种相依关系，正是函数关系的客观背景．将变量间的这种相依关系抽象化并用数学语言表达出来，便得到了函数的概念．

定义 1　设 x 和 y 为两个变量，D 为一个给定的非空数集，如果按照某个法则 f，对每一个 $x\in D$，变量 y 总有唯一确定的数值与之对应，记作 $y=f(x)$，那么这个关系式 $y=f(x)$ 就叫作函数关系式，简称函数，其中变量 x 叫作**自变量**，变量 y 叫作**因变量**，自变量的取值范围 D 叫作函数的**定义域**．

f 是函数符号，它表示 y 与 x 的对应规则，函数符号也可以用其他字母来表示，如 $g,h,\varphi,\psi,\cdots$，即 $y=g(x)$，$y=h(x)$ 等．

当 x 在定义域中取定一个值 x_0，即 $x=x_0$ 时，对应的函数值就是用 x_0 代替函数表达式中的 x 得到的值．这个函数值记为 y_0，$y|_{x=x_0}$，$y(x_0)$ 或 $f(x_0)$．

上述定义中所说的函数只有一个自变量，这样的函数就称为**一元函数**．而且对于自变量 x 在定义域 D 中的每一个值，因变量 y 有唯一确定的值与之对应(而不是两个或两个以上值)，故称这样的函数为单值函数，如果对于自

变量 x 在定义域 D 中的每一个值，因变量 y 的对应值不止一个，则称 y 是 x 的多值函数. 在没有特别声明的情况下，以后凡提及的一元函数，均指一元单值函数.

在函数的定义中，并没有要求自变量变化时函数值一定要变，只要求对于自变量 $x\in D$，都有确定的 $y\in W$ 和它对应. 因此，常量 $y=C$ 也符合函数的定义，因为当 $x\in \mathbf{R}$ 时，所对应的 y 值都是确定的常数 C.

表示函数的方法有许多，最常见的有**解析法**（又称**公式法**）、**表格法**（又称**列表法**）及**图像法**（又称**图示法**）.

(1)解析法：用数学式子表示自变量与因变量的对应关系，例如 $y=2x+1$.

(2)列表法：把自变量的一系列数值与对应的函数值列成表来表示它们的对应关系，如表 1-1 人的身高.

(3)图像法：用一条平面曲线表示自变量与因变量的对应关系，它是函数关系的几何表示，如图 1-1 某天一昼夜气温 T 的变化.

（三）函数的要素

函数的概念中涉及定义域、因变量关于自变量的对应法则和值域三个要素. 在这三个要素中，最重要的是定义域和对应法则，这二者常称为函数的二要素. 只有定义域与对应法则都相同的两个函数才是相同的函数.

例 4　判断函数 $y=\ln x^2$ 和 $y=2\ln x$ 是否同一函数？

解　$y=\ln x^2$ 的定义域是 $(-\infty,0)\cup(0,+\infty)$，而 $y=2\ln x$ 的定义域是 $(0,+\infty)$，由于它们的定义域不同，因而它们不是同一函数.

（四）求定义域的方法

函数的定义域是使得函数有意义的自变量的取值范围. **求函数定义域的一般方法**是：

(1)代数式中分母不能为零；

(2)偶次根式内被开方数非负；

(3)对数中真数表达式大于零；

(4)多个函数代数和的定义域，应是各函数定义域的公共部分；

(5)对于表示实际问题的解析式，还应该保证符合实际意义.

例 5　求下列函数的定义域：

(1) $y=\dfrac{1}{x+2}$；　　(2) $y=\sqrt{x-1}$；

(3) $y=\ln(x+5)$；　　(4) $y=\sqrt{x-1}+\ln(x+5)$.

解　(1)因为当 $x=-2$ 时，分式 $\dfrac{1}{x+2}$ 无意义；

而 $x\neq -2$ 时，分式 $\dfrac{1}{x+2}$ 有意义，

所以这个函数的定义域是 $\{x|x\neq -2\}$.

(2)因为当 $x-1\geqslant 0$，即 $x\geqslant 1$ 时，函数 $y=\sqrt{x-1}$ 才有意义，所以这个函数的定义域是 $\{x|x\geqslant 1\}$.

(3)因为当 $x+5>0$，即 $x>-5$ 时，函数 $y=\ln(x+5)$ 才有意义，所以这个函数的定义域是 $\{x|x>-5\}$.

(4)要使函数有意义，必须：$\begin{cases}x-1\geqslant 0\\x+5>0\end{cases}$，解之得 $\begin{cases}x\geqslant 1\\x>-5\end{cases}$，

所以这个函数的定义域是：$\{x|x\geqslant 1\}$.

注意　解题时要注意规范书写，根据函数定义域的含义，即根据使函数式有意义的条件，列出自变量应满足的不等式或不等式组，解不等式或不等式组就得到所求的函数的定义域.

(五)函数值

当自变量 x 取定义域 D 内的某一定值 x_0 时，按对应法则 f 所得的对应值 y_0 称为函数 $y=f(x)$ 在 $x=x_0$ 时的**函数值**，记作 $y_0=f(x_0)$.

函数的值域是指当自变量 x 取遍 D 中的一切数时，所对应的函数值 y 构成的集合，记作 B，即 $B=\{y|y=f(x),x\in D\}$.

例 6　设 $y=2x^2-1$，求 $y(0)$，$y(a)$，$y(a+2)$.

解　$y(0)=-1$；

$y(a)=2a^2-1$；

$y(a+2)=2(a+2)^2-1=2(a^2+4a+4)-1=2a^2+8a+7$.

注意

(1)在 $y=f(x)$ 中 f 表示对应法则，不同的函数其含义不一样；

(2) $f(x)$ 不一定是解析式，有时可能是“列表”或“图像”；

(3) $f(x)$ 与 $f(a)$ 是不同的，前者为变数，后者为常数.

(六)分段函数

有时，我们会遇到一个函数在自变量不同的取值范围内用不同的式子来表示，如函数 $f(x)=\begin{cases}2,x>2\\2x-1,0<x\leqslant 2\\x^2-1,x\leqslant 0\end{cases}$，这些函数在其定义域中，对于自变量 x 的不同取值范围，对应法则不同，这样的函数通常称为**分段函数**.

我们知道分段函数是由几个关系式合起来表示一个函数，而不是几个函数；分段函数的定义域是各段自变量取值集合的并；对于定义域中的每一个取定的自变量 x，分段函数 y 只有唯一确定的值.

例 7　分段函数 $f(x)=\begin{cases}2,x>2\\2x-1,0<x\leqslant 2\\x^2-1,x\leqslant 0\end{cases}$，求函数的定义域及 $f\left(\dfrac{1}{2}\right)$，$f(-2)$，$f(2)$.

解　函数 $f(x)$ 的定义域为 $(-\infty,+\infty)$；

因为 $\frac{1}{2}\in(0,2]$，

所以 $f\left(\frac{1}{2}\right)=2\times\frac{1}{2}-1=0$；

因为 $-2\in(-\infty,0]$，

所以 $f(-2)=(-2)^2-1=3$；

因为 $2\in(0,2]$，

所以 $f(2)=2\times2-1=3$.

二、函数的几种特性

(一)函数的有界性

定义 2　设函数 $f(x)$ 在集合 D 上有定义，如果存在一个正数 M，对于所有的 $x\in D$，恒有 $|f(x)|\leqslant M$，则称函数 $f(x)$ 在 D 上是有界的，如果不存在这样的正数 M，则称 $f(x)$ 在 D 上是无界的.

几何意义　当自变量 x 在集合 D 上变化时，曲线 $y=f(x)$ 被限制在 $y=-M$ 和 $y=M$ 两条直线之间.

例如：$y=\sin x$，对于定义域 $(-\infty,+\infty)$ 内任意 x，都有 $|\sin x|\leqslant1$，所以函数 $y=\sin x$ 在 $(-\infty,+\infty)$ 上是有界函数. 另外，函数 $\frac{1}{x}$ 在 $(1,2)$ 内是有界函数，但是函数 $\frac{1}{x}$ 在 $(0,1)$ 内是无界函数. 由此可见，笼统地说某个函数是有界函数或无界函数是不确切的，必须指明所考虑的区间.

(二)函数的奇偶性

定义 3　设函数 $f(x)$ 的定义域 D 关于原点对称，如果对任意的 $x\in D$，恒有 $f(-x)=f(x)$，则称 $f(x)$ 为**偶函数**；如果对于任意的 $x\in D$，恒有 $f(-x)=-f(x)$，则称 $f(x)$ 为**奇函数**.

偶函数的图像关于 y 轴对称，奇函数的图像关于原点对称.

例如，$y=\cos x$，$y=x^2$ 是偶函数；$y=\sin x$，$y=x^3$ 是奇函数；$y=\sin x+\cos x$ 是非奇非偶函数.

例 8　判断函数 $f(x)=x+\sin x$ 的奇偶性.

解　函数 $f(x)=x+\sin x$ 的定义域是 $(-\infty,+\infty)$，且有 $f(-x)=-x+\sin(-x)=-(x+\sin x)=-f(x)$，所以函数是奇函数.

(三)函数的单调性

定义 4　设函数 $y=f(x)$ 在区间 (a,b) 内有定义，如果对于 (a,b) 内任意点 x_1 和 x_2，当 $x_1<x_2$ 时，有 $f(x_1)<f(x_2)$，则称 $y=f(x)$ 在 (a,b) 内单调增

加，此时称区间(a,b)为单调增区间；如果当$x_1<x_2$时，有$f(x_1)>f(x_2)$，则称函数$y=f(x)$在(a,b)内是单调减少的，此时称区间(a,b)为单调减区间.

单调增函数图像沿x轴正向逐渐上升；单调减函数图像沿x轴正向逐渐下降.

单调增函数与单调减函数统称为**单调函数**，对应的区间也统称为**单调区间.**

例如，函数$f(x)=x^2$在区间$[0,+\infty)$内是单调增加的，在区间$(-\infty,0]$内是单调减少的；在区间$(-\infty,+\infty)$内函数$f(x)=x^2$不是单调的. 又如，函数$f(x)=x^3$在区间$(-\infty,+\infty)$内是单调增加的.

例 9 证明函数$f(x)=5x-2$在区间$(-\infty,+\infty)$内是单调增加的.

证 取任意$x_1,x_2\in(-\infty,+\infty)$，且$x_1<x_2$，

因$f(x_1)-f(x_2)=(5x_1-2)-(5x_2-2)=5(x_1-x_2)<0$，即$f(x_1)<f(x_2)$，

故$f(x)=5x-2$在区间$(-\infty,+\infty)$内是单调增加的.

（四）函数的周期性

定义 5 对于函数$y=f(x)$，如果存在正数T，使得对于任意$x\in D$，必有$x\pm T\in D$，并且使$f(x)=f(x+T)$恒成立，则称此函数$f(x)$为**周期函数**，T称为$f(x)$的周期. 周期函数的周期通常是指满足该等式的最小正数T.

例如$y=\sin x$是周期函数，周期为2π；$y=\tan x$也是周期函数，周期为π.

三、反函数

在函数中，自变量与因变量的地位是相对的，任意一个变量都可根据需要作为自变量. 例如，在自由落体运动规律中，t是自变量，s是因变量. 则有公式$s=\frac{1}{2}gt^2(t\geqslant0)$，由公式可算出$t$时间内物体下落的路程$s$. 但有时也需要根据物体所经过的路程$s$来确定经过这段路程所需要的时间$t$，这时可从上式中得到$t=\sqrt{\frac{2s}{g}}(s\geqslant0)$，这里$s$是自变量，$t$就是因变量. 上面两式反映了同一过程中两个变量之间地位的相对性，我们称它们互为反函数.

定义 6 设$y=f(x)$是定义在D上的函数，值域为W. 如果对于任意的$y\in W$，通过关系式$y=f(x)$，都有唯一确定的数值$x\in D$与之对应，那么由此所确定的以y为自变量、x为因变量的函数叫作函数$y=f(x)$的**反函数**，其对应规律记作f^{-1}，$y=f(x)$的反函数记作$x=f^{-1}(y)$，它的定义域为W，值域为D. 原来的函数$y=f(x)$称为**直接函数**.

事实上，$y=f(x)$与$x=f^{-1}(y)$互为反函数.

习惯上用x表示自变量，而用y表示因变量，因此，往往把反函数$x=f^{-1}(y)$改写成$y=f^{-1}(x)$.

例 10 求函数$y=2x+1$的反函数.

解　由 $y=2x+1$ 得 $x=\frac{y-1}{2}$，交换 x 和 y，得 $y=\frac{x-1}{2}$，即为 $y=2x+1$ 的反函数.

从上面的定义容易得出，求反函数的过程可以分为两步：

第一步：从 $y=f(x)$ 解出 $x=f^{-1}(y)$；

第二步：交换字母 x 和 y.

注意

(1)如果一个函数存在反函数，它的对应关系必定是一一对应的. 单调函数一定存在反函数；

(2)可以证明，在同一直角坐标系中，函数 $y=f(x)$ 的图像与反函数 $y=f^{-1}(x)$ 的图像关于直线 $y=x$ 对称.

四、复合函数与初等函数

(一)复合函数

复合函数并不是一类新函数，它只是反映了函数在表达式或者结构方面有着某些特点. 在很多实际问题中，两个变量的联系有时不是直接的. 例如，质量为 m 的物体，以速度 v_0 向上抛，由物理学知道，其动能 $E=\frac{1}{2}mv^2$，即动能 E 是速度 v 的函数；而 $v=v_0-gt$，即速度 v 又是时间 t 的函数(不计空气阻力)，于是得 $E=\frac{1}{2}m(v_0-gt)^2$，这样就能把动能 E 通过速度 v 表示成时间 t 的函数. 又如，在函数 $y=\sin 2x$ 中，我们不难看出，这个函数值不是直接由自变量 x 来确定，而是通过 $2x$ 来确定的. 如果用 u 表示 $2x$，那么函数 $y=\sin 2x$ 就可以表示成 $y=\sin u$，而 $u=2x$. 这也说明 y 与 x 函数的关系是通过变量 u 来确定的. 我们给出下面的定义：

定义 7　设函数 $y=f(u)$，而 $u=\varphi(x)$，且函数 $\varphi(x)$ 的值域与函数 $f(u)$ 的定义域交集非空，那么 y 通过 u 的联系成为 x 的函数，记作 $y=f[\varphi(x)]$，称其为由 $y=f(u)$ 和 $u=\varphi(x)$ 构成的**复合函数**，其中 u 叫作中间变量.

需要说明的是

(1)不是任何两个函数都可以构成复合函数；

(2)复合函数不仅可以有一个中间变量，也可以有多个中间变量；

(3)复合函数不仅可以由基本初等函数构成，而且更多的可以由简单函数(由基本初等函数通过有限次的四则运算得到)构成.

反例：函数 $y=\ln u$，定义域是 $u>0$，函数 $u=x-\sqrt{x^2+1}$，值域是 $u<0$，请问这两个函数能否复合？答案是不能复合，因不符合复合函数定义.

微积分的学习，要求我们掌握好复合函数的复合与分解.

例 11　请将下列简单函数构成复合函数：

(1) $y=u^2$，$u=x+1$；

(2) $y=\arcsin u, u=e^v, v=-\sqrt{x}$.

解 (1) $y=(x+1)^2$；

(2) $y=\arcsin e^{-\sqrt{x}}$.

例 12 请将下列复合函数进行分解：

(1) $y=(1+x)^{20}$；

(2) $y=\sin 5x$；

(3) $y=e^{4x+3}$；

(4) $y=\ln(x^2-1)$；

(5) $y=e^{\sin x^2}$.

解 (1) $y=u^{20}, u=1+x$；

(2) $y=\sin u, u=5x$；

(3) $y=e^u, u=4x+3$；

(4) $y=\ln u, u=x^2-1$；

(5) $y=e^u, u=\sin v, v=x^2$.

通常情况下，构成复合函数是由内到外，函数套函数；分解复合函数，是采取由外到内利用中间变量层层分解.

（二）初等函数

定义 8 由基本初等函数经过有限次四则运算及有限次复合步骤构成，并且可用一个解析式表示的函数称为**初等函数**.

初等函数虽然是常见的重要函数，但是在工程技术中，非初等函数也会经常遇到. 例如：符号函数、取整函数 $y=[x]$ 等分段函数就是非初等函数. 在微积分运算中，常把一个初等函数分解为简单函数来研究，学会分析初等函数的结构是十分重要的.

例如：$y=\sqrt[3]{x^2+1}$，$y=(1+\sin x)^2$，$y=\arccos\sqrt{1-x}$ 等都是初等函数. 分段函数一般不是初等函数.

习题 1.1

基本题

1. 填空：

(1) $y=\ln(1-x)+\sqrt{x+2}$ 的定义域是________；

(2) $y=\sqrt{4-x^2}+\dfrac{1}{x-1}$ 的定义域是________；

(3) $f(x)=x^4+x^2+1$，求 $f(0)=$__________，$f\left(\dfrac{1}{t}\right)=$__________，$f(t^2)=$________，$[f(t)]^2=$________；

(4) $f(x)=\begin{cases}2x+3, x>0\\1, x=0\\x^2, x<0\end{cases}$，求 $f(0)=$________，$f\left(-\frac{1}{2}\right)=$________，

$f\left(\frac{1}{2}\right)=$________.

一般题

2. 填空：

(1) $y=\ln(2x+1)$是由简单函数__________复合而成；

(2) $y=\sin(2x+3)$是由简单函数__________复合而成；

(3) $y=\lg(6x+7)$是由简单函数__________复合而成；

(4) $y=\cos(5x+3)$是由简单函数__________复合而成；

(5) $y=e^{4x+5}$是由简单函数__________复合而成.

提高题

3. 填空题

(1) $y=e^{(4x+5)^3}$是由简单函数__________复合而成；

(2) $y=\sin^5(2x+9)$是由简单函数__________复合而成；

(3) $y=\cos^2 x$ 是由简单函数__________复合而成；

(4) $y=\tan^3(1-2x)$是由简单函数__________复合而成；

(5) $y=\arcsin\sqrt{x^2+1}$是由简单函数__________复合而成；

(6) $y=\cos^2(x+1)$是由简单函数__________复合而成.

第二节　极限的定义

极限是进入高等数学的钥匙和工具，我们从最简单的也是最基本的数列极限开始研究. 数列可以看作定义域为全体正整数的函数. 我们首先研究这种特殊形式函数的极限.

一、数列的极限

（一）数列的概念

在中学，我们已经接触过一些数列，如等比数列、等差数列等，下面给出数列的定义.

定义 9　以正整数 n 为自变量的函数，把它的函数值 $x_n=f(n)$依次写出来，就叫作一个数列，即 $x_1, x_2, x_3, \cdots, x_n, \cdots$，记作$\{x_n\}$. x_n 称为数列的通项.

简单地，也可以表述为：按一定规则排列的一列数 $x_1, x_2, x_3, \cdots, x_n, \cdots$称作数列，简记作$\{x_n\}$，其中，$x_1$ 叫作数列的第一项，x_2 叫作数列的第二项……x_n 叫

作数列的第 n 项，又称一般项或通项.

下面列举几个数列：

(1) $1,\frac{1}{2},\frac{1}{3},\cdots,\frac{1}{n},\cdots$；

(2) $1,-1,1,-1,\cdots,(-1)^{n+1},\cdots$；

(3) $3,3\frac{1}{2},3\frac{2}{3},3\frac{3}{4},\cdots,4-\frac{1}{n},\cdots$；

(4) $2,4,6,\cdots,2n,\cdots$.

(二)数列极限概念

一个数列有无穷多项，我们常常需要了解这无穷多项的变化趋势.

定义 10 给定数列 $\{x_n\}$，如果当 n 无限增大时，x_n 无限接近于一个确定的常数 A，那么 A 就叫作数列 $\{x_n\}$ 的**极限**，记为 $\lim\limits_{n\to\infty}x_n=A$ 或 $x_n\to A(n\to\infty)$，如果 $\lim\limits_{n\to\infty}x_n=A$，也称数列 $\{x_n\}$ **收敛**于 A，如果数列没有极限，就说数列是**发散**的.

例 1 写出下面数列的极限：

(1) $1,\frac{1}{2},\frac{1}{3},\cdots,\frac{1}{n},\cdots$；

(2) $1,-1,1,-1,\cdots,(-1)^{n+1},\cdots$；

(3) $3,3\frac{1}{2},3\frac{2}{3},3\frac{3}{4},\cdots,4-\frac{1}{n},\cdots$；

(4) $2,4,6,\cdots,2n,\cdots$.

解 (1)当 n 无限增大时，$\frac{1}{n}$ 无限接近于 0，所以 $\lim\limits_{n\to\infty}\frac{1}{n}=0$；

(2)当 n 无限增大时，x_n 总在 1 和 -1 两个数值上跳跃，永远不趋近于一个固定的数，所以数列 $1,-1,1,-1,\cdots,(-1)^{n+1},\cdots$ 没有极限；

(3)当 n 无限增大时，$4-\frac{1}{n}$ 无限接近于 4，所以 $\lim\limits_{n\to\infty}\left(4-\frac{1}{n}\right)=4$；

(4)当 n 无限增大时，通项 $2n$ 也无限增大，所以数列 $2,4,6,\cdots,2n,\cdots$ 没有极限.

由定义 10 可知数列(1)、(3)是收敛数列；数列(2)、(4)为发散数列.

二、函数的极限

数列是定义在自然数集 $\mathbf{N}$ 上的函数 $y_n=f(n)$，前面我们讨论了这种特殊函数的极限，在理解了"无限逼近，无限趋近"的基础上，本节将沿着数列极限的思路，讨论一般函数的极限，主要研究以下两种情形：

(1)当自变量 x 的绝对值 $|x|$ 无限增大即趋近于无穷大(记作 $x\to\infty$)时，对应的函数值 $f(x)$ 的变化趋势；

(2)当自变量 x 趋近于任意 x_0 或者说趋近于有限值 x_0(记作 $x\to x_0$)时，

对应的函数值 $f(x)$ 的变化趋势.

(一)当 $x\to\infty$ 时函数的极限

考察 $y=\dfrac{1}{x}$，当 $x>0$ 且 x 无限增大时的变化趋势，由函数 $y=\dfrac{1}{x}$ 的图形(如图 1－2)，当 $x>0$ 时，且 x 无限增大时，$\dfrac{1}{x}$ 无限趋近于常数 0.

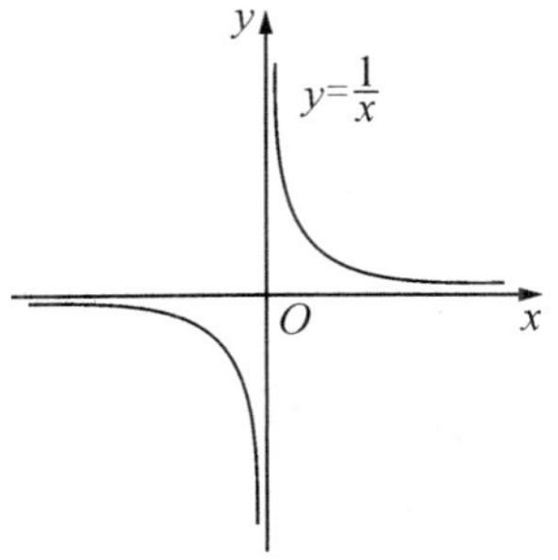

图 1－2

类似于数列极限，有以下特征：

定义 11　如果当 $x>0$ 且 x 无限增大时，函数 $f(x)$ 趋近于一个常数 A，则称当 x 趋近于正无穷时，$f(x)$ 以 A 为极限，记作 $\lim\limits_{x\to+\infty}f(x)=A$ 或 $f(x)\to A(x\to-\infty)$.

如果函数 $f(x)$ 不趋近于一个常数，则称当 x 趋近于正无穷时，$f(x)$ 的极限不存在.

由此定义和前面的讨论有 $\lim\limits_{x\to+\infty}\dfrac{1}{x}=0$.

定义 12　如果当 $x<0$ 且 x 绝对值无限增大时，函数 $f(x)$ 趋近于一个常数 A，则称当 x 趋近于负无穷时，$f(x)$ 以 A 为极限，记作 $\lim\limits_{x\to-\infty}f(x)=A$ 或 $f(x)\to A(x\to-\infty)$.

定义 13　如果当 x 的绝对值无限增大时，函数 $f(x)$ 趋近于一个常数 A，则称当 x 趋近于无穷大时，函数 $f(x)$ 以 A 为极限，记作 $\lim\limits_{x\to\infty}f(x)=A$ 或 $f(x)\to A(x\to\infty)$.

由图 1－2 可知也有 $\lim\limits_{x\to-\infty}\dfrac{1}{x}=0$ 和 $\lim\limits_{x\to\infty}\dfrac{1}{x}=0$.

例 2　求：(1) $\lim\limits_{x\to+\infty}\dfrac{1}{5^x}$；　(2) $\lim\limits_{x\to-\infty}2^x$；　(3) $\lim\limits_{x\to\infty}\left(1+\dfrac{1}{x^2}\right)$.

解　(1)因为 $\lim\limits_{x\to-\infty}\dfrac{1}{5^x}=\lim\limits_{x\to+\infty}\left(\dfrac{1}{5}\right)^x$，当 $x>0$ 且 x 无限增大时，$\left(\dfrac{1}{5}\right)^x$ 无限趋近于 0，所以 $\lim\limits_{x\to+\infty}\dfrac{1}{5^x}=0$；

(2)当 $x<0$ 且 x 绝对值无限增大时，2^x 无限趋近于 0，所以 $\lim\limits_{x\to-\infty}2^x=0$；

(3)当 x 的绝对值无限增大时，$1+\dfrac{1}{x^2}$ 无限趋近于 1，所以 $\lim\limits_{x\to\infty}\left(1+\dfrac{1}{x^2}\right)=1$.

（二）$x \to x_0$ 时函数的极限

定义 14 设函数 $y=f(x)$ 在点 x_0 的某个邻域（点 x_0 本身可以除外）内有定义，如果当 x 趋近于 x_0（但 $x \neq x_0$）时，函数 $f(x)$ 趋近于一个常数 A，则称当 x 趋近于 x_0 时，$f(x)$ 以 A 为极限，记作 $\lim\limits_{x \to x_0} f(x)=A$ 或 $f(x) \to A(x \to x_0)$，亦称当 x 趋近于 x_0 时，$f(x)$ 的极限存在；否则称当 $x \to x_0$ 时，$f(x)$ 的极限不存在.

例 3 求 $\lim\limits_{x \to 2} x^2$.

解 当 $x \to 2$ 时，有 $x^2 \to 4$，

所以 $\lim\limits_{x \to 2} x^2=4$.

三、当 $x \to x_0$ 时函数的左极限与右极限

定义 15 设函数 $y=f(x)$ 在点 x_0 右侧的某个邻域（点 x_0 本身可以除外）内有定义，当 $x>x_0$ 且 x 趋近于 x_0 时，如果函数 $f(x)$ 趋近于一个常数 A，则称当 x 趋近于 x_0 时，$f(x)$ 的右极限是 A，记作 $\lim\limits_{x \to x_0^+} f(x)=A$ 或 $f(x) \to A(x \to x_0^+)$.

定义 16 设函数 $y=f(x)$ 在点 x_0 左侧的某个邻域（点 x_0 本身可以除外）内有定义，当 $x<x_0$ 且 x 趋近于 x_0 时，如果函数 $f(x)$ 趋近于一个常数 A，则称当 x 趋近于 x_0 时，$f(x)$ 的左极限是 A，记作 $\lim\limits_{x \to x_0^-} f(x)=A$ 或 $f(x) \to A(x \to x_0^-)$.

例 4 设 $f(x)=\begin{cases} 1, x>0 \\ x, x \leqslant 0 \end{cases}$，求 $\lim\limits_{x \to 0^-} f(x)$ 和 $\lim\limits_{x \to 0^+} f(x)$.

解 $\lim\limits_{x \to 0^-} f(x)=\lim\limits_{x \to 0^-} x=0$，$\lim\limits_{x \to 0^+} f(x)=\lim\limits_{x \to 0^+} 1=1$.

当 $x \to x_0$ 时，$f(x)$ 的左、右极限与 $f(x)$ 在 $x \to x_0$ 时的极限有如下关系：

定理 1 当 $x \to x_0$ 时，$f(x)$ 以 A 为极限的充分必要条件是 $f(x)$ 在点 x_0 处左、右极限存在且都等于 A，即 $\lim\limits_{x \to x_0} f(x)=A \Leftrightarrow \lim\limits_{x \to x_0^-} f(x)=\lim\limits_{x \to x_0^+} f(x)=A$.

如例 4，因为 $\lim\limits_{x \to 0^-} f(x) \neq \lim\limits_{x \to 0^+} f(x)$，所以当 $x \to 0$ 时，$f(x)$ 的极限不存在.

例 5 设 $f(x)=\begin{cases} x+2, x \geqslant 1 \\ 3x, x<1 \end{cases}$，函数在 $x=1$ 处极限是否存在？

解 $\lim\limits_{x \to 1^-} f(x)=\lim\limits_{x \to 1^-}(3x)=3$，$\lim\limits_{x \to 1^+} f(x)=\lim\limits_{x \to 1^+}(x+2)=3$，

因为 $\lim\limits_{x \to 1^-} f(x)=\lim\limits_{x \to 1^+} f(x)=3$，

所以 $\lim\limits_{x \to 1} f(x)=3$.

注意 为方便以后计算，我们把以下式子作公式使用：

(1) $\lim\limits_{x \to x_0} x=x_0$；　　(2) $\lim\limits_{x \to x_0} C=C$；

(3) $\lim\limits_{x\to\infty}\dfrac{1}{x}=0$；　(4) $\lim\limits_{x\to 0}\dfrac{1}{x}=\infty$.

习题 1.2

基本题

1. 判别下列数列是否收敛：

(1) $\dfrac{1}{2},\dfrac{2}{3},\dfrac{3}{4},\cdots,\dfrac{n}{n+1},\cdots$；

(2) $2,-2,2,-2,\cdots,2\cdot(-1)^{n+1},\cdots$；

(3) $0,\dfrac{1}{3},0,\dfrac{1}{6},0,\dfrac{1}{9},\cdots,\dfrac{1-(-1)^{n+1}}{3n},\cdots$；

(4) $2,\dfrac{3}{2},\dfrac{4}{3},\cdots,1+\dfrac{1}{n},\cdots$；

(5) $0,\dfrac{1}{2},0,\dfrac{1}{4},0,\dfrac{1}{6},\cdots,\dfrac{1-(-1)^{n+1}}{2n},\cdots$；

(6) $3,6,9,\cdots,3n,\cdots$.

一般题

2. 分析函数的变化趋势并求极限：

(1) $y=\dfrac{1}{x^3}\ (x\to\infty)$；　(2) $y=\sin x\ \left(x\to\dfrac{\pi}{2}\right)$；

(3) $y=x\ (x\to 3)$；　(4) $y=C\ (x\to 2)$.

提高题

3. 计算以下各题：

(1) 设 $f(x)=\begin{cases}x^2-1, & 0\leqslant x\leqslant 1\\ x+3, & x>1\end{cases}$，求 $x=1$ 处的极限；

(2) 设 $f(x)=\begin{cases}x, & 0<x<1\\ 2, & x=1\\ 2-x, & 1<x\leqslant 2\end{cases}$，求 $x=1$ 处的极限；

(3) $f(x)=\begin{cases}x-1, & 0<x\leqslant 1\\ 2-x, & 1<x\leqslant 3\end{cases}$，函数在 $x=1$ 处极限是否存在？

(4) $f(x)=\begin{cases}x, & 0<x<1\\ \dfrac{1}{2}, & x=1\\ 1, & 1<x<2\end{cases}$，函数在 $x=1$ 处极限是否存在？

4. 思考题：$2,\dfrac{1}{2},\dfrac{4}{3},\dfrac{3}{4},\cdots,\dfrac{n+(-1)^{n-1}}{n},\cdots$ 是否收敛？

第三节　无穷小量与无穷大量

在思考有关无穷的问题时，人们常往无穷大的方向考虑. 实际上，无穷的问题涉及两个方向：绝对值朝大的和小的两种方向的无穷. 朝大的方向的问题称为无穷大问题，朝小的方向的问题就是无穷小的问题. 无穷是一个抽象的说法，在有了极限概念之后，我们可以用极限来准确地定义这两个量，它们反映了自变量在某个变化过程中函数的两种特殊的变化趋势.

一、无穷小量的概念

在实际问题中，我们经常遇到以零为极限的变量. 例如，单摆离开铅直位置而摆动，由于空气阻力和机械摩擦力的作用，它的振幅随着时间的增加而逐渐减小并趋近于零. 又如，电容器放电时，其电压随着时间的增加而逐渐减小并趋近于零.

定义 17　若函数 $y=f(x)$ 在自变量 x 的变化过程中以零为极限，则称在该变化过程中，$f(x)$ 为无穷小量，简称无穷小. 或者表述为：在自变量的某个变化过程中，极限为零的变量称为**无穷小量**，简称**无穷小**.

例如 $\lim\limits_{x\to 1}(x-1)=0$，所以函数 $x-1$ 是当 $x\to 1$ 时的无穷小；又如 $\lim\limits_{x\to\infty}\dfrac{1}{x}=0$，所以函数 $\dfrac{1}{x}$ 是当 $x\to\infty$ 时的无穷小. 又如 $\lim\limits_{x\to 0}\sin x=0$，当 $x\to 0$ 时，$\sin x$ 是无穷小量，简称无穷小.

我们经常用希腊字母 α,β,γ 等来表示无穷小量.

注意

(1)定义中所说的变化过程包括函数极限的 6 种形式；

(2)无穷小的定义对数列也适用，如数列 $\left\{\dfrac{1}{n}\right\}$ 当 $n\to\infty$ 时就是无穷小量；

(3)一般说来，无穷小表达的是变量的变化状态，而不是变量的大小，一个变量无论多么小，都不能是无穷小量. 无穷小量是以零为极限的变量，零是唯一可作为无穷小的常数.

定理 2　函数 $f(x)$ 以 A 为极限的充分必要条件是：$f(x)$ 可以表示为 A 与一个无穷小量 α 之和，即 $\lim f(x)=A\Leftrightarrow f(x)=A+\alpha$，其中 $\lim\alpha=0$.

二、无穷小量的性质

在自变量的同一变化过程中的无穷小具有以下性质：

性质 1　有限个无穷小的代数和仍是无穷小.

性质 2　有限个无穷小的乘积仍是无穷小.

性质 3　有界函数与无穷小的乘积仍是无穷小.

这些性质可以利用无穷小的定义和有界函数的定义来证明，这里从略.

例 1　求$\lim\limits_{x\to\infty}\frac{\cos x}{x}$.

解　因为$\lim\limits_{x\to\infty}\cos x$不存在，$\lim\limits_{x\to\infty}x$也不存在，

所以$\lim\limits_{x\to\infty}\frac{\cos x}{x}$不能用极限的运算性质进行计算.

但因为$|\cos x|\leqslant 1$，所以$\cos x$有界，

又因为$\lim\limits_{x\to\infty}\frac{1}{x}=0$，所以$\frac{1}{x}$是无穷小量，

由无穷小量的性质3得：$\lim\limits_{x\to\infty}\frac{\cos x}{x}=0$.

例 2　求$\lim\limits_{x\to 0}x\sin\frac{1}{x}$.

解　当$x\to 0$时，因为$\lim\limits_{x\to 0}x=0$，$\left|\sin\frac{1}{x}\right|\leqslant 1$，即$\sin\frac{1}{x}$是有界函数，根据无穷小的性质3，可知$\lim\limits_{x\to 0}x\sin\frac{1}{x}=0$.

三、无穷大量的概念

定义 18　若在自变量x的某个变化过程中，函数$y=\frac{1}{f(x)}$是无穷小量，即$\lim\frac{1}{f(x)}=0$，则称在该变化过程中，$f(x)$为**无穷大量**，简称**无穷大**，记作$\lim f(x)=\infty$.

或者表述为：在自变量的某个变化过程中，绝对值可以无限增大的变量称为这个变化过程中的无穷大量，简称无穷大.

例如，$\lim\limits_{x\to 0}\frac{1}{x}=\infty$，当$x\to 0$时，$\frac{1}{x}$是无穷大量，简称无穷大.

又如，因$\lim\limits_{x\to 0}\frac{1}{x}=\infty$，$\lim\limits_{x\to+\infty}e^x=+\infty$，$\lim\limits_{x\to 0^+}\ln x=-\infty$，故$y=\frac{1}{x}$是当$x\to 0$时的无穷大；$y=e^x$是当$x\to+\infty$时的正无穷大；$y=\ln x$是当$x\to 0^+$时的负无穷大.

注意

(1)由定义可知无穷小量和无穷大量存在倒数关系.

(2)无穷大量的定义也适用于数列.

(3)无穷大量是变量，在变化过程中绝对值无限增大，一个不论多大的常数，例如1 000万等都不能作为无穷大量.

(4)当我们说某个函数是无穷大量时，必须同时指出它的极限过程，即无穷大量与自变量的变化过程有关. 例如，当$x\to\infty$时，x^2是无穷大量，而当$x\to 0$时，x^2是无穷小量.

例 3　求极限$\lim\limits_{x\to 1}\frac{1}{x^2-1}$.

解　因为$\lim\limits_{x\to 1}(x^2-1)=0$，所以$\lim\limits_{x\to 1}\dfrac{1}{x^2-1}=\infty$.

例 4　求$\lim\limits_{x\to\infty}\dfrac{x^3-x-1}{2x^2+3}$.

解　因为$\lim\limits_{x\to\infty}\dfrac{2x^2+3}{x^3-x-1}=\lim\limits_{x\to\infty}\dfrac{\dfrac{2}{x}+\dfrac{3}{x^3}}{1-\dfrac{1}{x^2}-\dfrac{1}{x^3}}=\dfrac{\lim\limits_{x\to\infty}\left(\dfrac{2}{x}+\dfrac{3}{x^3}\right)}{\lim\limits_{x\to\infty}\left(1-\dfrac{1}{x^2}-\dfrac{1}{x^3}\right)}=\dfrac{0+0}{1-0-0}=0$，

所以$\lim\limits_{x\to\infty}\dfrac{x^3-x-1}{2x^2+3}=\infty$.

四、无穷小的比较

由无穷小的性质可知，两个无穷小的和、差、积仍是无穷小. 但两个无穷小的商却会出现不同的情况. 例如，当 $x\to 0$ 时，$10x,3x,x^2$ 都是无穷小，而 $\lim\limits_{x\to 0}\dfrac{x^2}{3x}=0,\lim\limits_{x\to 0}\dfrac{3x}{x^2}=\infty,\lim\limits_{x\to 0}\dfrac{3x}{10x}=\dfrac{3}{10}$.

两个无穷小之比的极限的各种不同情况，反映不同的无穷小趋向于零的相对“快慢”程度. 就上面几个例子来说，在 $x\to 0$ 的过程中，$x^2\to 0$ 比 $3x\to 0$ “快些”，反过来，$3x\to 0$ 比 $x^2\to 0$“慢些”，而 $3x\to 0$ 与 $10x\to 0$“快慢相仿”.

为说明两个无穷小相比较的差异，给出如下定义：

定义 19　设 $\alpha(x)$与 $\beta(x)$是在同一变化过程中的两个无穷小量.

(1)如果 $\lim\dfrac{\beta(x)}{\alpha(x)}=0$，则称 $\beta(x)$是比 $\alpha(x)$高阶的无穷小量，记为 $\beta=o(\alpha)$.

(2)如果 $\lim\dfrac{\beta(x)}{\alpha(x)}=C(C\neq 0)$，则称 $\beta(x)$与 $\alpha(x)$是同阶无穷小量；特别地，当 $C=1$ 时，称 $\beta(x)$与 $\alpha(x)$是等价无穷小量，记为 $\alpha(x)\sim\beta(x)$.

(3)如果 $\lim\dfrac{\beta(x)}{a^k(x)}=C(C\neq 0)$，则称 $\beta(x)$是 $\alpha(x)$的 k 阶无穷小量.

例 5　当 $x\to 0$ 时，比较无穷小 x^4 与 x^2 阶的高低.

解　因$\lim\limits_{x\to 0}\dfrac{x^4}{x^2}=\lim\limits_{x\to 0}x^2=0$，故当 $x\to 0$ 时，x^4 为较 x^2 高阶无穷小；反之，x^2 为较 x^4 低阶无穷小.

例 6　当 $x\to 2$ 时，比较无穷小 x^2-4 与 $x-2$ 阶的高低.

解　因$\lim\limits_{x\to 2}\dfrac{x^2-4}{x-2}=\lim\limits_{x\to 2}(x+2)=4$，故当 $x\to 2$ 时，x^2-4 与 $x-2$ 为同阶无穷小.

下面是**常用的等价无穷小量**，要熟记.

当 $x\to 0$ 时，有 $x\sim\sin x$，$x\sim\tan x$，$x\sim\arcsin x$，$x\sim\arctan x$，$1-\cos x\sim\dfrac{x^2}{2}$，$\ln(1+x)\sim x$，$e^x-1\sim x$，$\sqrt{1+x}-1\sim\dfrac{1}{2}x$.

习题 1.3

基本题

1. 当 $x \to 0$ 时，下列变量是无穷小量的是（　　）.

A. $\cos x$　　B. x^2+3　　C. 4　　D. x^2

2. 当 $x \to 0$ 时，下列变量是无穷大量的是（　　）.

A. x　　B. $\tan x$　　C. $\cos x$　　D. $\frac{1}{x}$

3. 当 $x \to 0$ 时，下列变量是无穷大量的是（　　）.

A. $\tan x$　　B. $\frac{1}{x^3}$　　C. $\sin x$　　D. 2

一般题

4. 求下列极限：

(1) $\lim\limits_{x\to\infty}\frac{\sin x}{x}$；　　(2) $\lim\limits_{x\to\infty}\frac{1}{x}\cos x$；

(3) $\lim\limits_{x\to 0}x\sin\frac{1}{x}$.

第四节　极限的运算法则

一、极限的运算法则

前面我们用极限的定义和基本初等函数的图像求出了极少数基本初等函数的极限，但是如果用于求由基本初等函数所生成的函数的极限是很不方便，甚至是不可能的. 因此有必要研究极限运算法则，我们不加证明地给出如下结论：

设 $\lim u(x)=A$，$\lim v(x)=B$（“lim”表示 $u(x)$，$v(x)$ 在自变量相同变化过程中取极限，可以是在第三节极限 6 种情况中的任一种），则：

(1) $\lim[u(x)\pm v(x)]=\lim u(x)\pm\lim v(x)=A\pm B$；

(2) $\lim[u(x)\cdot v(x)]=\lim u(x)\cdot\lim v(x)=A\cdot B$；

(3) 当 $\lim v(x)=B\neq 0$ 时，$\lim\frac{u(x)}{v(x)}=\frac{\lim u(x)}{\lim v(x)}=\frac{A}{B}$；

特别指出，当 c 为常数，n 为正整数时，有：

(4) $\lim[c\cdot u(x)]=c\cdot\lim u(x)$；

(5) $\lim[u(x)]^n=[\lim u(x)]^n$.

注意　利用四则运算求极限时：

(1) 要求每个参与运算的函数的极限都存在；

(2) 在商的极限的运算时，要求分母的极限不能为零.

当上面两个条件不具备时，不能使用极限的四则运算.

二、极限的求法

(一)代入法(要求代入后结果是常数,含0或∞)

例1　求$\lim\limits_{x\to 5}(x+2)$.

解　$\lim\limits_{x\to 5}(x+2)=\lim\limits_{x\to 5}x+\lim\limits_{x\to 5}2=5+2=7$.

例2　求$\lim\limits_{x\to 1}\dfrac{x-1}{x+1}$.

解　$\lim\limits_{x\to 1}\dfrac{x-1}{x+1}=\lim\limits_{x\to 1}\dfrac{1-1}{1+1}=0$.

例3　求$\lim\limits_{x\to 3}\dfrac{x^2-2x+3}{x-3}$.

解　$\lim\limits_{x\to 3}\dfrac{x^2-2x+3}{x-3}=\lim\limits_{x\to 3}(x^2-2x+3)\lim\limits_{x\to 3}\dfrac{1}{x-3}=\lim\limits_{x\to 3}(3^2-2\times 3+3)\lim\limits_{x\to 3}\dfrac{1}{x-3}=6\lim\limits_{x\to 3}\dfrac{1}{x-3}=\infty$.

(二)用代入法出现“$\dfrac{0}{0}$”型

此型属不定型:不同题目不同结果,要根据题目的特征适当选取洛必达法则、因式分解法或有理化方法.

1. 洛必达法则

设函数$f(x)$与$g(x)$满足如下条件:

(1)$\lim\limits_{x\to x_0}f(x)=\lim\limits_{x\to x_0}g(x)=0$;

(2)在x_0的某邻域内(点x_0可除外),$f'(x)$与$g'(x)$都存在,且$g'(x)\neq 0$;

(3)$\lim\limits_{x\to x_0}\dfrac{f'(x)}{g'(x)}=A$(或$\infty$),

则有$\lim\limits_{x\to x_0}\dfrac{f(x)}{g(x)}=\lim\limits_{x\to x_0}\dfrac{f'(x)}{g'(x)}=A$(或$\infty$).

这种求极限的法则称为洛必达法则,其具体思想是:当极限$\lim\limits_{x\to x_0}\dfrac{f(x)}{g(x)}$为“$\dfrac{0}{0}$”型时,可以对分子、分母分别求导数后再求极限$\lim\limits_{x\to x_0}\dfrac{f'(x)}{g'(x)}$,若这种形式的极限存在,则此极限值就是所要求的.

注意

对于$x\to\infty$时,只要满足定义中的条件,同样有$\lim\limits_{x\to\infty}\dfrac{f(x)}{g(x)}=\lim\limits_{x\to\infty}\dfrac{f'(x)}{g'(x)}$.

对于$\lim\limits_{\substack{x\to x_0\\(x\to\infty)}}\dfrac{f(x)}{g(x)}$为“$\dfrac{\infty}{\infty}$”型,同样有类似上述定义的一个结果:

若(1)$\lim\limits_{\substack{x\to x_0\\(x\to\infty)}}f(x)=\lim\limits_{\substack{x\to x_0\\(x\to\infty)}}g(x)=\infty$;

(2)在x_0的某邻域内,点x_0可除外(或当$|x|>N$时),$f'(x)$与$g'(x)$都存在,且$g'(x)\neq 0$;

(3) $\lim\limits_{\substack{x\to x_0\\(x\to\infty)}}\dfrac{f'(x)}{g'(x)}$存在或无穷大，

则有 $\lim\limits_{\substack{x\to x_0\\(x\to\infty)}}\dfrac{f(x)}{g(x)}=\lim\limits_{\substack{x\to x_0\\(x\to\infty)}}\dfrac{f'(x)}{g'(x)}$.

综上所述：当 $\lim\limits_{\substack{x\to x_0\\(x\to\infty)}}\dfrac{f(x)}{g(x)}$为“$\dfrac{0}{0}$”型或“$\dfrac{\infty}{\infty}$”型时，若 $\lim\limits_{\substack{x\to x_0\\(x\to\infty)}}\dfrac{f'(x)}{g'(x)}$存在或无穷大，则有 $\lim\limits_{\substack{x\to x_0\\(x\to\infty)}}\dfrac{f(x)}{g(x)}=\lim\limits_{\substack{x\to x_0\\(x\to\infty)}}\dfrac{f'(x)}{g'(x)}$.

例 4　求$\lim\limits_{x\to 3}\dfrac{x^2-5x+6}{x^2-4x+3}$.

解　根据洛必达法则，$\lim\limits_{x\to 3}\dfrac{x^2-5x+6}{x^2-4x+3}=\lim\limits_{x\to 3}\dfrac{2x-5}{2x-4}=\dfrac{1}{2}$.

2. 因式分解法

例 4 另解　$\lim\limits_{x\to 3}\dfrac{x^2-5x+6}{x^2-4x+3}=\lim\limits_{x\to 3}\dfrac{(x-2)(x-3)}{(x-1)(x-3)}=\lim\limits_{x\to 3}\dfrac{x-2}{x-1}=\dfrac{1}{2}$.

3. 有理化方法

例 5　求$\lim\limits_{x\to 0}\dfrac{\sqrt{1+x^2}-1}{x^2}$.

解　$\lim\limits_{x\to 0}\dfrac{\sqrt{1+x^2}-1}{x^2}=\lim\limits_{x\to 0}\dfrac{(\sqrt{1+x^2}-1)\cdot(\sqrt{1+x^2}+1)}{x^2(\sqrt{1+x^2}+1)}$

$=\lim\limits_{x\to 0}\dfrac{x^2}{x^2(\sqrt{1+x^2}+1)}=\lim\limits_{x\to 0}\dfrac{1}{\sqrt{1+x^2}+1}=\dfrac{1}{2}$.

(三)公式法

当 $a_0\neq 0, b_0\neq 0, m$ 和 n 为非负整数时，有下列结论成立：

$$\lim_{x\to\infty}\frac{a_0x^m+a_1x^{m-1}+\cdots+a_m}{b_0x^n+b_1x^{n-1}+\cdots+b_n}=\begin{cases}\dfrac{a_0}{b_0}, & \text{当 } n=m,\\ 0, & \text{当 } n>m,\\ \infty, & \text{当 } n<m.\end{cases}$$

下面利用$\lim\limits_{x\to\infty}\dfrac{1}{x}=0$ 和极限的性质，解答下面三个例题.

例 6　求$\lim\limits_{x\to\infty}\dfrac{x^5+x^2-2}{x^5-3x^4+x}$.

解　根据公式法，这里 $m=n, a_0=1, b_0=1, \dfrac{a_0}{b_0}=1$，因此$\lim\limits_{x\to\infty}\dfrac{x^5+x^2-2}{x^5-3x^4+x}=1$.

例 7　求$\lim\limits_{x\to\infty}\dfrac{x^6-5x^5}{x^4-3x^3+1}$.

解　根据公式法，这里 $n<m$，因此$\lim\limits_{x\to\infty}\dfrac{x^6-5x^5}{x^4-3x^3+1}=\infty$.

例 8 求$\lim\limits_{x\to\infty}\dfrac{x-2}{2x^3+5}$.

解 根据公式法，这里 $n>m$，因此$\lim\limits_{x\to\infty}\dfrac{x-2}{2x^3+5}=0$.

习题 1.4

基本题

1. 求下列极限：

(1)$\lim\limits_{x\to 1}\dfrac{x^3-3x^2+2}{x^3-x^2-x+1}$；

(2)$\lim\limits_{x\to\infty}\dfrac{x^2-5x+6}{x^3-12x+20}$；

(3)$\lim\limits_{x\to 4}\dfrac{x^2-2x+1}{x^3-x}$；

(4)$\lim\limits_{x\to 0}\dfrac{x-\sin x}{x^3}$；

(5)$\lim\limits_{x\to 0}\dfrac{x^2-9}{x-3}$；

(6)$\lim\limits_{x\to 3}\dfrac{x^2-5x+6}{x^2-8x+15}$；

(7)$\lim\limits_{x\to 3}\dfrac{x^2+5}{x-2}$；

(8)$\lim\limits_{x\to 2}\dfrac{x^2-5x+6}{x^2-6x+8}$.

一般题

2. 求下列极限：

(1)$\lim\limits_{x\to\infty}\dfrac{x^3+x^2+1}{x^2+3}$；

(2)$\lim\limits_{x\to\infty}\dfrac{x^2+2x-3}{2x^2+x+1}$；

(3)$\lim\limits_{x\to\infty}\dfrac{5x}{x^2+2}$；

(4)$\lim\limits_{x\to\infty}\dfrac{4x^3+7x-28}{3x^3-2x^2-4}$；

(5)$\lim\limits_{x\to 0}\dfrac{\cos x-1}{2x^2}$.

提高题

3. 求下列极限：

(1)$\lim\limits_{x\to 0}\dfrac{\sqrt{1+x^2}-1}{x}$；

(2)$\lim\limits_{x\to 2}\dfrac{\sqrt{4-x}-\sqrt{x}}{x-2}$；

(3)$\lim\limits_{x\to\infty}\dfrac{(x-1)^3}{x+1}$；

(4)$\lim\limits_{x\to\infty}\dfrac{(2x+1)^{10}\cdot(3x-2)^5}{(5x-1)^{15}}$.

4. 求下列极限：$\lim\limits_{x\to\infty}\dfrac{\sqrt[3]{x^2+x}}{x+2}$.

第五节 两个重要极限公式

在经济学中，复利计息问题是一个重要的概念. 所谓复利计息问题，就是将前一期的利息与本金之和作为后一期的本金，然后反复计息. 设本金为 p，年利率为 r，一年后的本利和为 s_1，则 $s_1=p+pr=p(1+r)$，把 s_1 作为本金存入，第二年末的本利和为 $s_2=s_1+s_1r=s_1(1+r)=p(1+r)^2$，再把 s_2 存入，如此反复，第 n 年末的本利和为 $s_n=p(1+r)^n$，这就是以年为期的复利公式.

若把一年均分为 t 期计息，这样每期利率可以认为是 $\frac{r}{t}$，于是 n 年的本利和为 $s_n=p\left(1+\frac{r}{t}\right)^m$，$m=nt$.

假设计息期无限缩短，则期数无限增大，如何得到计算复利公式呢？另外，设 $p=10\,000$ 元，年利率 $r=12\%$，若按下列方式计息：(1)一年计息 1 次(以一年为单位计息)；(2)一年计息 12 次(以月为单位计息)；(3)连续复利计息. 试计算一年末的本利和. 还有，假设固定年利率为 8%，是选择现在接受 6 000 元馈赠，还是等到 7 年后接受 10 000 元馈赠呢？这就需要用到两个重要极限公式中的第二个来解决. 下面介绍这两个公式.

一、第一个重要极限公式：$\lim\limits_{x\to 0}\frac{\sin x}{x}=1$

求极限 $\lim\limits_{x\to 0}\frac{\sin x}{x}$，其分母的极限为零，不能用极限的运算法则计算，下面我们考察当 $x\to 0$ 时 $\frac{\sin x}{x}$ 的变化趋势.

x(弧度)	-1	-0.5	-0.1	-0.01	0	0.01	0.1	0.5	1
$\frac{\sin x}{x}$	0.841 5	0.959 8	0.998 3	0.999 9		0.999 9	0.998 3	0.959 8	0.841 5

由上表可见，当 $x\to 0$ 时，$\frac{\sin x}{x}$ 无限趋近于常数 1，即有 $\lim\limits_{x\to 0}\frac{\sin x}{x}=1$.

第一个重要极限公式 $\lim\limits_{x\to 0}\frac{\sin x}{x}=1$ **的使用条件**：

(1)代入法出现“$\frac{0}{0}$”型；

(2)函数特征：对 $\frac{\sin\square}{\square}$ (其中“□”表示同一个变量或式子)

公式的结论是 $\lim\limits_{\square\to 0}\frac{\sin\square}{\square}=1$.

例 1　求 $\lim\limits_{x\to 3}\frac{\sin(x-3)}{x-3}$.

解　根据极限公式 $\lim\limits_{x\to 3}\frac{\sin(x-3)}{x-3}=1$.

另解　令 $u=x-3$，当 $x\to 3$ 时，$u\to 0$，于是有 $\lim\limits_{x\to 3}\frac{\sin(x-3)}{x-3}=\lim\limits_{u\to 0}\frac{\sin u}{u}=1$.

例 2　求 $\lim\limits_{x\to 0}\frac{\sin 3x}{x}$.

解　$\lim\limits_{x\to 0}\frac{\sin 3x}{x}=\lim\limits_{x\to 0}\frac{3\sin 3x}{3x}=3\cdot\lim\limits_{x\to 0}\frac{\sin 3x}{3x}=3$.

另解 令 $u=3x$，当 $x\to0$ 时，$u=3x\to0$，于是有 $\lim\limits_{x\to0}\frac{\sin 3x}{x}=\lim\limits_{u\to0}\frac{3\sin u}{u}=3$.

例 3 求 $\lim\limits_{x\to0}\frac{\tan kx}{x}$.

解 $\lim\limits_{x\to0}\frac{\tan kx}{x}=\lim\limits_{x\to0}\left(\frac{\sin kx}{x}\cdot\frac{1}{\cos kx}\right)$

$=\lim\limits_{x\to0}\frac{\sin kx}{x}\cdot\lim\limits_{x\to0}\frac{1}{\cos kx}=\lim\limits_{x\to0}\frac{k\cdot\sin kx}{kx}\cdot\lim\limits_{x\to0}\frac{1}{\cos kx}$

$=k\lim\limits_{x\to0}\frac{\sin kx}{kx}\cdot\lim\limits_{x\to0}\frac{1}{\cos kx}=k\times1=k$.

例 4 求 $\lim\limits_{x\to0}\frac{1-\cos x}{x^2}$.

解 $\lim\limits_{x\to0}\frac{1-\cos x}{x^2}=\lim\limits_{x\to0}\frac{2\sin^2\frac{x}{2}}{x^2}=\lim\limits_{x\to0}\frac{1}{2}\cdot\frac{\sin^2\left(\frac{x}{2}\right)}{\left(\frac{x}{2}\right)^2}$

$=\frac{1}{2}\lim\limits_{x\to0}\left(\frac{\sin\frac{x}{2}}{\frac{x}{2}}\right)^2=\frac{1}{2}\cdot1^2=\frac{1}{2}$.

二、第二个重要极限公式：$\lim\limits_{x\to\infty}\left(1+\frac{1}{x}\right)^x=\mathrm{e}$

列表考察当 $x\to\infty$ 时，函数 $\left(1+\frac{1}{x}\right)^x$ 的变化趋势：

x	10	100	1 000	10 000	100 000	1 000 000	$\to+\infty$
$\left(1+\frac{1}{x}\right)^x$	2.593 74	2.704 81	2.716 92	2.718 15	2.718 27	2.718 28	$\to\mathrm{e}$

x	-10	-100	$-1\ 000$	$-10\ 000$	$-100\ 000$	$-1\ 000\ 000$	$\to-\infty$
$\left(1+\frac{1}{x}\right)^x$	2.867 97	2.732 00	2.71 964	2.718 42	2.718 30	2.718 28	$\to\mathrm{e}$

从上表可以看出，当 $x\to\infty$ 时，$\left(1+\frac{1}{x}\right)^x$ 的值无限趋近于 $\mathrm{e}=2.718\ 281\ 828\ 459\ 045\cdots$，所以 $\lim\limits_{x\to\infty}\left(1+\frac{1}{x}\right)^x=\mathrm{e}$.

第二个重要极限公式有两种形式： $\lim\limits_{x\to\infty}\left(1+\frac{1}{x}\right)^x=\mathrm{e}$ 或 $\lim\limits_{x\to0}(1+x)^{\frac{1}{x}}=\mathrm{e}$，它的使用条件为：

(1)代入法出现"1^∞"型；

(2)函数特征：$(1+\square)^{\frac{1}{\square}}$（"$\square$"表示同一个变量或式子）.

公式的结论是 $\lim\limits_{x\to\infty}\left(1+\frac{1}{x}\right)^x=\mathrm{e}$ 或 $\lim\limits_{x\to0}(1+x)^{\frac{1}{x}}=\mathrm{e}$.

例 5 求 $\lim\limits_{x\to\infty}\left(1+\frac{2}{x}\right)^x$.

解　$\lim\limits_{x\to\infty}\left(1+\frac{2}{x}\right)^{x}=\lim\limits_{x\to\infty}\left[\left(1+\frac{2}{x}\right)^{\frac{x}{2}}\right]^{2}=\left[\lim\limits_{x\to\infty}\left(1+\frac{2}{x}\right)^{\frac{x}{2}}\right]^{2}=e^{2}.$

另解　令 $u=\frac{2}{x}$，则当 $x\to\infty$ 时，$u\to 0$，

$$\lim_{x\to\infty}\left(1+\frac{2}{x}\right)^{x}=\lim_{u\to 0}(1+u)^{\frac{2}{u}}=\lim_{u\to 0}[(1+u)^{\frac{1}{u}}]^{2}=[\lim_{u\to 0}(1+u)^{\frac{1}{u}}]^{2}=e^{2}.$$

例 6　求 $\lim\limits_{x\to\infty}\left(1-\frac{1}{x}\right)^{x}$.

解　$\lim\limits_{x\to\infty}\left(1-\frac{1}{x}\right)^{x}=\lim\limits_{x\to\infty}\left\{\left[1+\left(-\frac{1}{x}\right)\right]^{(-x)}\right\}^{-1}=e^{-1}.$

另解　令 $u=-\frac{1}{x}$，当 $x\to\infty$ 时，$u\to 0$，

$$\lim_{x\to\infty}\left(1-\frac{1}{x}\right)^{x}=\lim_{u\to 0}(1+u)^{-\frac{1}{u}}=\lim_{u\to 0}[(1+u)^{\frac{1}{u}}]^{-1}=[\lim_{u\to 0}(1+u)^{\frac{1}{u}}]^{-1}=e^{-1}.$$

例 7　求 $\lim\limits_{x\to\infty}\left(1+\frac{1}{x}\right)^{x+5}$

解　$\lim\limits_{x\to\infty}\left(1+\frac{1}{x}\right)^{x+5}=\lim\limits_{x\to\infty}\left[\left(1+\frac{1}{x}\right)^{x}\cdot\left(1+\frac{1}{x}\right)^{5}\right]$

$$=\lim_{x\to\infty}\left(1+\frac{1}{x}\right)^{x}\cdot\lim_{x\to\infty}\left(1+\frac{1}{x}\right)^{5}=e\cdot 1^{5}=e.$$

例 8　求 $\lim\limits_{x\to 0}(1+2x)^{\frac{1}{x}}$.

解　$\lim\limits_{x\to 0}(1+2x)^{\frac{1}{x}}=\lim\limits_{x\to 0}[(1+2x)^{\frac{1}{2x}}]^{2}=e^{2}.$

三、解决问题

对本节开头提出的复利计息问题：设本金为 p，年利率为 r，由上文可知，第 n 年末的本利和为 $s_n=p(1+r)^{n}$，这就是以年为期的复利公式.

(1)若把一年均分为 t 期计息，这样每期利率为 $\frac{r}{t}$，于是第 n 年的本利和为 $s_n=p\left(1+\frac{r}{t}\right)^{nt}$，假设计息期无限缩短，则期数无限增大，如何得到计算连续复利公式呢？

现在我们可以利用极限的知识和第二个重要极限公式来解决.

因计息期无限缩短，则期数 $t\to\infty$，于是得到计算连续复利的复利公式为

$$s_n=\lim_{t\to\infty}p\left(1+\frac{r}{t}\right)^{nt}=p\cdot\lim_{t\to\infty}\left[\left(1+\frac{r}{t}\right)^{\frac{t}{r}}\right]^{nr}=p\cdot e^{nr}.$$

(2)设 $p=10\ 000$ 元，年利率 $r=12\%$，若按下列方式计息：①一年计息 1 次(以一年为单位计息)；②一年计息 12 次(以月为单位计息)；③连续复利计息. 试计算一年末的本利和.

①一年计息 1 次，一年末的本利和为

$s_1=p(1+r)=10\ 000(1+12\%)=11\ 200$ 元；

②一年计息 12 次(以月为单位计息)，一年末的本利和为

$$s_{12}=p\left(1+\frac{r}{12}\right)^{12}=10\,000\left(1+\frac{12\%}{12}\right)^{12}=11\,268.25\text{ 元};$$

③连续复利计息，一年末的本利和为：

$$s_1=p\cdot\lim_{x\to+\infty}\left(1+\frac{12\%}{x}\right)^{x}=p\cdot\lim_{n\to+\infty}\left(1+\frac{1}{n}\right)^{12\%n}=p\cdot e^{12\%}=10\,000\cdot$$
$$e^{12\%}=11\,274.97\text{ 元}.$$

(3)假设固定年利率为 8%，是选择现在接受 6 000 元馈赠，还是等到 7 年后接受 10 000 元馈赠呢？

已知 $p=6\,000$，$r=8\%$，$n=7$，按照复利计算将来值得：

$$s_7=p(1+r)^7=6\,000(1+8\%)^7=10\,282.80\text{ 元}$$

显然，$S_7>10\,000$ 元，因此，应选择现在接受馈赠。

习题 1.5

基本题

1. 求下列极限：

(1) $\lim\limits_{x\to 0}\dfrac{\sin 3x}{\sin 4x}$；　　(2) $\lim\limits_{x\to 0}\dfrac{x}{2\sin 2x}$.

一般题

2. 求下列极限：

(1) $\lim\limits_{x\to\infty}\left(1-\dfrac{2}{x}\right)^{x}$；　　(2) $\lim\limits_{x\to\infty}\left(1+\dfrac{1}{x}\right)^{2x}$.

提高题

3. 求下列极限：

(1) $\lim\limits_{x\to\infty}\left(\dfrac{x+5}{x}\right)^{x}$；　　(2) $\lim\limits_{x\to\infty}\left(\dfrac{x-1}{1+x}\right)^{x}$.

第六节　函数的连续性

在许多实际问题中，一些变量的变化往往是“连续”不断的，例如一天中的气温的变化是“连续”不断的，即当时间的改变极其微小时，气温的改变也极其微小. 生活中还有大量连续性现象，如：人体身高的增长、物体的运动和生命的延续等. 我们通常用“连续”来描述那些没有突然性改变的过程. 连绵不断发展变化的事物在量方面的反映就是连续函数. 18 世纪，人们对连续函数的研究仍停留在几何直观上：连续函数的图形能一笔画成. 直到 19 世纪，当建立起严格的极限理论之后，才对连续作出了数学上的精确表述. 那么突然性的改变在数学上有什么特征呢？

一、增量的概念

首先我们引入增量的概念(或称变量的改变量),进而建立连续的定义.

定义 20　设函数 $y=f(x)$在点 x_0 的某一邻域内有定义,当自变量从初值x_0 变到终值 x,对应的函数值也由 $f(x_0)$变到 $f(x)$,则自变量的终值与初值的差,即 $x-x_0$,称为**自变量的增量**,记作 Δx,即 $\Delta x=x-x_0$;而函数的终值与初值的差,即 $f(x)-f(x_0)$,称为**函数的增量**,记作 Δy,即 $\Delta y=f(x)-f(x_0)$.

由于 $\Delta x=x-x_0$,自变量的终值 $x=x_0+\Delta x$,所以函数的增量又有以下表示:$\Delta y=f(x_0+\Delta x)-f(x_0)$.

应当注意

增量记号 Δx 和 Δy 是不可分割的整体,都是代数量,可正,可负.例如,当 $x<x_0$ 时,就有 $\Delta x<0$.函数增量的几何解释如图 1-3 所示.从图 1-3 可见,当自变量的增量 Δx 变化时,相应的函数的增量 Δy 一般也随着改变.

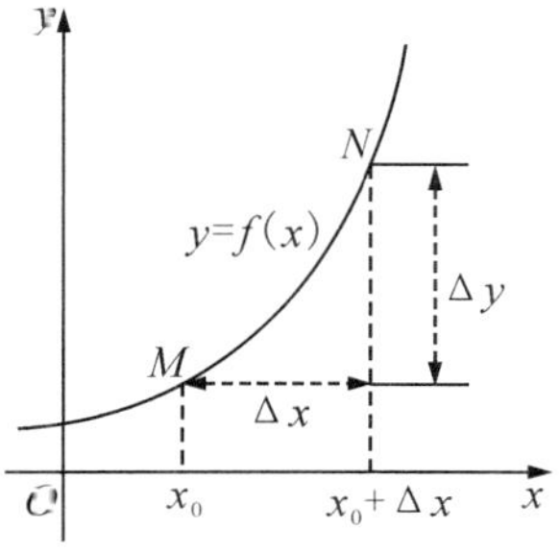

图 1-3

二、连续的概念

定义 21　设函数 $y=f(x)$在点 x_0 的某一邻域内有定义,如果当自变量在 x_0 的增量 $\Delta x=x-x_0$ 趋近于零时,函数的增量 $\Delta y=f(x_0+\Delta x)-f(x_0)$也趋近于零,即$\lim\limits_{\Delta x\to 0}\Delta y=\lim\limits_{\Delta x\to 0}[f(x_0+\Delta x)-f(x_0)]=0$,则称函数 $y=f(x)$在点 x_0 处连续.

由于 $\Delta x=x-x_0$,$\Delta y=f(x)-f(x_0)$,当 $\Delta x\to 0$ 时,$x\to x_0$,所以 $y=f(x)$在点 x_0 处连续也可写成$\lim\limits_{x\to x_0}[f(x)-f(x_0)]=0$,即$\lim\limits_{x\to x_0}f(x)=f(x_0)$,因此,函数 $y=f(x)$在点 x_0 处连续的定义又可叙述如下.

定义 22　设函数 $y=f(x)$在点 x_0 的某一邻域内有定义,如果当 $x\to x_0$ 时,函数 $f(x)$的极限存在,且等于它在点 x_0 的函数值 $f(x_0)$,即$\lim\limits_{x\to x_0}f(x)=f(x_0)$,则称函数 $y=f(x)$在点 x_0 处连续.

如果 $\lim\limits_{x\to x_0^+}f(x)=f(x_0)$,则称函数 $y=f(x)$在点 x_0 处右连续;

如果 $\lim\limits_{x\to x_0^-}f(x)=f(x_0)$,则称函数 $y=f(x)$在点 x_0 处左连续.

显然，函数 $y=f(x)$ 在点 x_0 处连续的充要条件是函数 $y=f(x)$ 在点 x_0 处左、右都连续.

例 1　设 $f(x)=\begin{cases}x^2+1, x<0\\2x+1, x\geqslant 0\end{cases}$，函数在 $x=0$ 处是否连续？

解　$\lim\limits_{x\to 0^-}f(x)=\lim\limits_{x\to 0^-}(x^2+1)=1$，$\lim\limits_{x\to 0^+}f(x)=\lim\limits_{x\to 0^+}(2x+1)=1$，

因为 $\lim\limits_{x\to 0^-}f(x)=\lim\limits_{x\to 0^+}f(x)$，

所以 $\lim\limits_{x\to 0}f(x)=1$，

又 $f(0)=1$，

因此 $\lim\limits_{x\to 0}f(x)=f(0)$，

所以函数在 $x=0$ 处是连续的.

例 2　设 $f(x)=\begin{cases}x^2-1, 0\leqslant x\leqslant 1\\3+x, x>1\end{cases}$，函数在 $x=1$ 处是否连续？

解　$\lim\limits_{x\to 1^-}f(x)=\lim\limits_{x\to 1^-}(x^2-1)=0$，$\lim\limits_{x\to 1^+}f(x)=\lim\limits_{x\to 1^+}(3+x)=4$，

因为 $\lim\limits_{x\to 1^-}f(x)\neq\lim\limits_{x\to 1^+}f(x)$，

所以 $\lim\limits_{x\to 1}f(x)$ 不存在，$f(x)$ 在 $x=1$ 处不连续.

例 3　设 $f(x)=\begin{cases}x^2+1, x<0\\2x+b, x\geqslant 0\end{cases}$ 在 $x=0$ 处连续，求 b 值.

分析　已知函数在一点连续，则有以下 4 个量相等：$f(x_0)=\lim\limits_{x\to x_0}f(x)=\lim\limits_{x\to x_0^-}f(x)=\lim\limits_{x\to x_0^+}f(x)$.

解　$\lim\limits_{x\to 0^+}f(x)=\lim\limits_{x\to 0^+}(2x+b)=b$，$\lim\limits_{x\to 0^-}f(x)=\lim\limits_{x\to 0^-}(x^2+1)=1$，

因为函数 $f(x)$ 在 $x=0$ 处连续，

所以 $\lim\limits_{x\to 0^+}f(x)=\lim\limits_{x\to 0^-}f(x)$，

即 $b=1$.

函数在一点连续的定义很自然地可以推广到一个区间上.

定义 23　如果函数 $y=f(x)$ 在开区间 (a,b) 内的每一点都连续，则称函数 $y=f(x)$ 在开区间 (a,b) 内连续.

定义 24　如果函数 $y=f(x)$ 在闭区间 $[a,b]$ 上有定义，在区间 (a,b) 内连续，且在右端点左连续，在左端点右连续，则称函数 $y=f(x)$ 在闭区间 $[a,b]$ 上连续.

由连续函数定义可得出以下结论：

(1)若函数 $f(x)$ 在点 x_0 处连续，则 $f(x)$ 在点 x_0 处的极限一定存在；反之，若 $f(x)$ 在点 x_0 处的极限存在，函数 $f(x)$ 在点 x_0 处不一定连续. 如前文 $\lim\limits_{x\to 0}\dfrac{\sin x}{x}=1$，$\dfrac{\sin x}{x}$ 在 $x=0$ 处极限存在，但不连续.

(2)若函数 $f(x)$ 在点 x_0 处连续，要求 $x\to x_0$ 时 $f(x)$ 的极限，只需求出

$f(x)$在点 x_0 处的函数值 $f(x_0)$即可.

(3)当函数 $y=f(x)$在点 x_0 处连续时,有$\lim\limits_{x\to x_0}f(x)=f(x_0)=f(\lim\limits_{x\to x_0}x)$.

这一等式意味着在函数连续的前提下,极限符号与函数符号可以互换.

由连续的定义及极限的运算和复合函数的极限运算法则,容易证明得到连续函数有以下性质:

(1)若函数 $f(x)$与 $g(x)$在点 x_0 处连续,则 $f(x)\pm g(x)$,$f(x)g(x)$,$\dfrac{f(x)}{g(x)}$(当 $g(x)\neq 0$ 时)在点 x_0 处连续.

(2)设函数 $u=\varphi(x)$在点 x_0 处连续 $y=f(u)$在点 u_0 处连续,且 $u_0=\varphi(x_0)$,则复合函数 $y=f[\varphi(x)]$在点 x_0 处连续.

由预备知识中基本初等函数的图像在其定义域内都是连续的曲线,故基本初等函数在其定义域内都是连续的. 由连续函数的上述两个性质,得到下列重要的结论:**初等函数在其定义区间内都是连续的.**

由此可得,初等函数在其定义区间内任一点处的极限值等于该点处的函数值.

注意

(1)求初等函数的连续区间就是求初等函数的定义区间;

(2)对分段函数来说,除按上述结论考虑每一分段区间内的连续性外,必须讨论分界点的连续性.

例 4　求$\lim\limits_{x\to 1}\dfrac{x^2+2x+5}{x^2+1}$.

解　$\lim\limits_{x\to 1}\dfrac{x^2+2x+5}{x^2+1}=\dfrac{1^2+2\times 1+5}{1^2+1}=4$.

例 5　求$\lim\limits_{x\to \frac{\pi}{2}}\dfrac{\ln(1+\cos x)}{\sin x}$.

解　因为函数 $f(x)=\dfrac{\ln(1+\cos x)}{\sin x}$是初等函数,且 $x=\dfrac{\pi}{2}$属于其定义区间,所以$\lim\limits_{x\to \frac{\pi}{2}}\dfrac{\ln(1+\cos x)}{\sin x}=\dfrac{\ln\left(1+\cos\dfrac{\pi}{2}\right)}{\sin\dfrac{\pi}{2}}=\dfrac{\ln(1+0)}{1}=0$.

三、函数的间断点

定义 25　若函数 $y=f(x)$在点 x_0 处不连续,则称函数 $y=f(x)$在点 x_0 处间断,称点 x_0 为函数 $y=f(x)$的间断点.

(一)间断点的成因

(1)函数 $y=f(x)$在点 x_0 处无定义;

(2)当 $x\to x_0$ 时,$f(x)$的极限$\lim\limits_{x\to x_0}f(x)$不存在;

(3)极限$\lim\limits_{x\to x_0}f(x)$不等于$f(x)$在点$x_0$处的函数值,即$\lim\limits_{x\to x_0}f(x)\neq f(x_0)$.

(二)间断点的分类

1. 第一类间断点

定义 26 设x_0为$f(x)$的一个间断点,$f(x)$的左极限和右极限都存在,则x_0称为函数$y=f(x)$的第一类间断点.

(1)可去间断点:当$\lim\limits_{x\to 0^-}f(x)=\lim\limits_{x\to 0^+}f(x)$时,$x_0$为函数$y=f(x)$的可去间断点;

(2)跳跃间断点:当$\lim\limits_{x\to 0^-}f(x)\neq\lim\limits_{x\to 0^+}f(x)$时,$x_0$为函数$y=f(x)$的跳跃间断点.

2. 第二类间断点

定义 27 设x_0为$f(x)$的一个间断点,$f(x)$的左极限和右极限至少有一个不存在,则x_0称为函数$y=f(x)$的第二类间断点.

(1)无穷间断点:若$\lim\limits_{x\to x_0}f(x)=\infty$,则$x_0$为函数$y=f(x)$的无穷间断点;

(2)振荡间断点:若$\lim\limits_{x\to x_0}f(x)$不存在,且$f(x)$在$x_0$处振荡变化,则$x_0$为函数$y=f(x)$的振荡间断点.

例 6 讨论函数$f(x)=\dfrac{1}{x-3}$在$x=3$处的连续性.

解 因为$f(x)=\dfrac{1}{x-3}$在$x=3$处没有定义,所以$f(x)$在$x=3$处不连续.即$x=3$是$f(x)$的间断点.

又例如函数$f(x)=\begin{cases}x+1,x>1\\0,x=1\\x-1,x<1\end{cases}$,当$x\to 1$时,左极限$\lim\limits_{x\to 1^-}f(x)=\lim\limits_{x\to 1^-}(x-1)=0$;右极限$\lim\limits_{x\to 1^+}f(x)=\lim\limits_{x\to 1^+}(x+1)=2$,因此$\lim\limits_{x\to 1}f(x)$不存在.$x=1$是函数$f(x)$的第一类间断点,这种间断点又称为跳跃间断点.

四、闭区间上连续函数的性质

闭区间上的连续函数具有一些重要的性质,这些性质有助于我们对函数进行进一步的分析.下面我们将介绍在闭区间上连续函数的两个重要性质,这些性质在理论上和实践上都有着广泛的应用,它们的几何意义都很直观,容易理解.

定理 3(最大值和最小值定理) 在闭区间上连续的函数一定有最大值和最小值.

这就是说,如果函数$f(x)$在闭区间$[a,b]$上连续,那么至少有一点$x_1\in[a,b]$,使$f(x_1)$是$f(x)$在$[a,b]$上的最大值;又至少有一点$x_2\in[a,b]$,使$f(x_2)$是$f(x)$在$[a,b]$上的最小值,如图 1-4 所示.

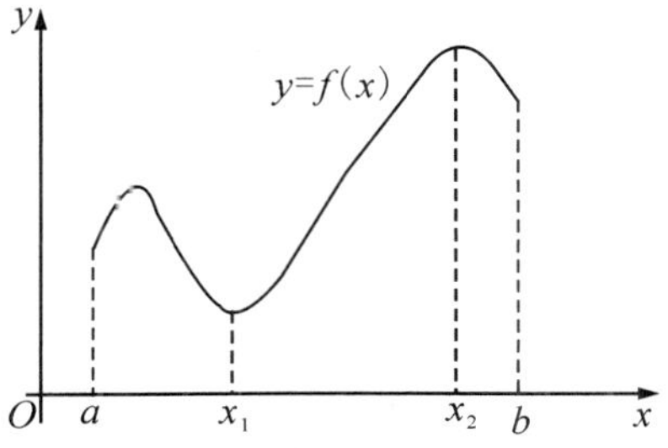

图 1－4

注意

如果函数 $f(x)$ 在开区间内连续或在闭区间上有间断点，则 $f(x)$ 不一定有最大值和最小值. 例如，函数 $f(x)=x$ 在开区间 $(0,1)$ 内连续，既没有最大值，也没有最小值. 又如函数 $f(x)=\frac{1}{x}$ 在闭区间 $[-1,1]$ 有一个无穷间断点 $x=0$，它也没有最大值和最小值.

定理 4（介值定理）　设函数 $f(x)$ 在闭区间 $[a,b]$ 上连续，且在这区间的端点取不同的数值 $f(a)=A$，$f(b)=B$，那么，对于 A 与 B 之间的任意一个常数 C，在开区间 (a,b) 内至少存在一点 x_0 $(a<x_0<b)$，使得 $f(x_0)=C$.

这个定理的几何意义是：连续曲线弧 $y=f(x)$ 与水平直线 $y=C$ 至少相交于一点，如图 1－5 所示. 它说明连续函数在变化过程中必定经过一切中间值，从而反映了变化的连续性.

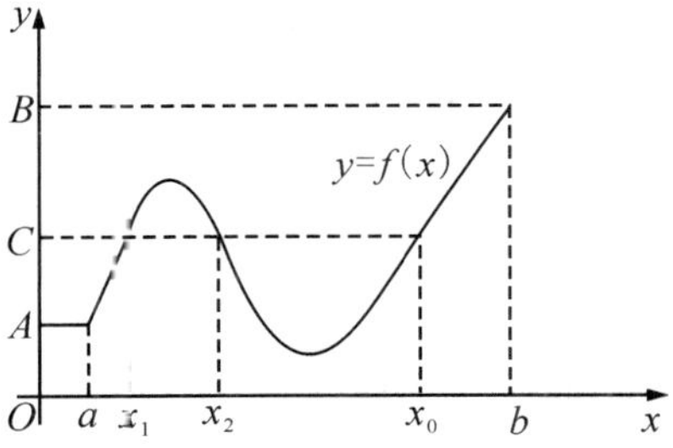

图 1－5

习题 1.6

基本题

1. $y=\dfrac{x^2-1}{x^2-3x+2}$ 间断点是________.

2. $f(x)=\begin{cases} a+x, & x\geqslant 0 \\ e^x, & x<0 \end{cases}$ 在 $x=0$ 处连续，则 $a=$________.

3. $f(x)=\begin{cases} x+b, & x>0 \\ a, & x=0 \\ e^x, & x<0 \end{cases}$ 在 $x=0$ 处连续，则 $a=$________，$b=$________.

一般题

4. 函数 $f(x)=\begin{cases}\dfrac{x^2-1}{x^2-3x+2}, x\neq 1\\ -2, x=1\end{cases}$ 在 $x=1$ 处是否连续？

5. 若函数 $f(x)=\begin{cases}\dfrac{\sin 2x}{x}, x<0\\ 3x^2-2x+k, x\geqslant 0\end{cases}$ 在 $x=0$ 处连续，求 k 的值.

提高题

6. 下列函数在 $x=0$ 是否连续，为什么？

(1) $f(x)=\begin{cases}1-\cos x, x<0\\ x+2, x\geqslant 0\end{cases}$；

(2) $f(x)=\begin{cases}1+\dfrac{1}{x+1}, x\leqslant 0\\ \dfrac{\ln(1+2x)}{x}, x>0\end{cases}$.

第七节　常用经济学函数

一、需求函数与供给函数

（一）需求函数

消费者对商品的需求量是受到诸多因素影响的，例如商品的市场价格、消费者的收入、消费者的偏好等. 其中，市场价格是影响需求量的一个十分重要的因素. 为讨论问题方便起见，我们先忽略其他因素的影响，即假定某种商品的市场需求量只与该商品的市场价格有关，即 $Q=Q(p)$，其中，Q 是商品的需求量，p 为该商品的市场价格. 作为市场价格 p 的函数，需求量 Q 一般说来将随着价格的上涨而减少，即需求量 Q 是市场价格 p 的单调减少函数（特殊情况除外）.

常见类型：(1) 线性需求函数：$Q=a-bp\quad(a>0, b>0)$.

(2) 二次需求函数：$Q=a-bp-cp^2\quad(a>0, b>0, c>0)$.

(3) 指数需求函数：$Q=ae^{-bp}\quad(a>0, b>0)$.

（二）供给函数

如果市场中的每一种商品直接由生产者提供，生产者的供给量也是受多种因素影响的，如该商品的市场价格、生产者生产该商品所付出的成本等，我们也忽略其他因素，而只是将供给量看作该商品的市场价格的函数，由于生产者向市场提供商品的目的是赚取利润，一般来讲，与需求函数的情况相反，供给量是随着市场价格的上涨而增加的，即供给量是市场价格的单调增加函数. 即 $S=S(p)$，其中 S 是供给量，p 为该商品的市场价格.

线性供给函数：$S=-c+dp(c>0,d>0)$.

（三）市场均衡

对一种商品而言，如果需求量等于供给量，这种商品就达到了市场均衡，这时这个价格称为该商品的市场均衡价格.

例 1　已知某商品的需求函数和供给函数分别为 $Q=15-2p$，$S=-21+4p$. 求该商品的均衡价格 p_0.

解　由供需均衡条件 $Q=S$，可得 $15-2p=-21+4p$，

因此，均衡价格为 $p_0=6$.

二、成本函数、收入函数和利润函数

（一）成本函数

成本就是生产者用于生产产品的费用，成本可分为两类：第一类是厂房、设备等固定资产的折旧，管理者的固定工资等. 这一类成本的特点是短期内不发生变化，即不随产品产量的变化而变化，称为固定成本，用 C_0 来表示；第二类是能源费用、原材料费用、劳动者的工资等，这类成本的特点是随产品产量的变化而变化，称为变动成本，用 C_1 表示. 这两类成本的总和就是生产者投入的总成本，用 C 来表示，即 $C=C_0+C_1$.

在生产规模和能源、材料价格不变的条件下，C_0 是常数，C_1 是产量 q 的函数，所以成本 C 也是产量 q 的函数，即 $C=C_0+C_1(q)$，这就是成本函数.

单位产品的成本，即平均成本，记为$\overline{C}$，即$\overline{C}=\dfrac{C(q)}{q}=\dfrac{C_1}{q}+\dfrac{C_2(q)}{q}$，我们称它为平均成本函数，其中 $C(q)$是总成本函数.

（二）收入函数

收入是指生产者生产的产品售出后的收入，用 R 表示. 生产者销售某种产品的总收入取决于该产品的销售和价格. 如果用 $p(q)$表示价格是销售量的函数，那么收入函数就是：$R(q)=q\cdot p(q)$.

除总收入外，还有平均收入，用$\overline{R}$表示，它是销售单位产品的收入，即$\overline{R}=\dfrac{R(q)}{q}$.

（三）利润函数

利润是生产者收入扣除成本后的剩余部分，用 L 表示，如果将成本 C 与收入 R 都看作产量 q 的函数，那么利润 L 也是产量 q 的函数，即 $L(q)=R(q)$

$-C(q)$.

满足 $L(q)=0$ 的 q_0 称为盈亏平衡点(又称保本点).

单位产品所获得的利润称为平均利润,用 L 表示,即有$\overline{L}=\dfrac{L(q)}{q}$.

例 2 已知某种产品的总成本函数为 $C=500+q^2$,求当生产 10 个该产品时的总成本和平均成本.

解 由题意,产量为 10 个时的总成本为 $C(10)=500+10^2=600$,

产量为 10 个时的平均成本为$\overline{C}(10)=\dfrac{500+10^2}{10}=60$.

习题 1.7

基本题

1. 生产某种产品的总成本是 $C(q)=500+2q$(单位:元),求生产 50 件这种产品时的总成本和平均成本.

2. 设某企业的利润函数为 $L(q)=10+2q-0.1q^2$,求产量为 10 件时的总利润和平均利润.

一般题

3. 已知生产某种产品 q 件时的总成本为 $C(q)=10+5q+0.2q^2$(单位:万元),如果每售出一件该产品的收入为 9 万元.

(1)求该产品的利润函数;

(2)求生产 10 件该产品时的总利润和平均利润;

(3)求生产 20 件该产品时的总利润.

4. 已知某产品的需求函数和供给函数分别为 $Q=50-6p$,$S=-46+10p$. 求该产品的均衡价格 p_0.

提高题

5. 某手表厂生产一只手表的可变成本为 30 元,每天的固定成本为 4 000 元,如果每只手表的出厂价为 40 元,为了不亏本,该厂每天至少应生产多少只手表?

第八节　函数与极限的应用实例

一、函数的应用实例

例 1 一工厂有 216 名工人接受了生产 1 000 台 AB 型高科技产品的任务. 已知每台 AB 型产品由 4 个 A 型装置和 3 个 B 型装置配套组成,已知每个工人每小时能加工 6 个 A 型装置或 3 个 B 型装置. 现将工人分成两组同时加工,每组分别加工一种装置.设加工 A 型装置的工人有 x 人,他们加工完 A 型装置所需时间为 $g(x)$,其余工人加工完 B 型装置所需时间为 $h(x)$(单位:小时).

(1)写出 $g(x)$和 $h(x)$解析式;

(2)比较 $g(x)$与 $h(x)$的大小,并写出这 216 名工人完成总任务的时间 $f(x)$的解析式;

(3)怎样分组,方能使完成任务用的时间最少?

解 (1)依题意知,需要加工 A 型装置共 4 000 个,加工 B 型装置共 3 000 个,所用工人分别是 x 人,$216-x$ 人.

所以 $g(x)=\frac{4\,000}{6x}$,$h(x)=\frac{3\,000}{3(216-x)}$,

即 $g(x)=\frac{2\,000}{3x}$,$h(x)=\frac{1\,000}{216-x}(0<x<216,x\in\mathbf{N})$.

(2)$g(x)-h(x)=\frac{2\,000}{3x}-\frac{1\,000}{216-x}=\frac{1\,000(432-5x)}{3x(216-x)}$,

因为 $0<x<216$,所以 $216-x>0$.

当 $0<x\leqslant 86(x\in\mathbf{N})$时,$g(x)>h(x)$;

当 $87\leqslant x<216(x\in\mathbf{N})$时,$g(x)<h(x)$.

因此,$f(x)=\max\{g(x),h(x)\}=\begin{cases}\frac{2\,000}{3x}, & 0<x\leqslant 86\\ \frac{1\,000}{216-x}, & 87\leqslant x<216\end{cases}\quad(x\in\mathbf{N})$.

(3)完成任务时间最少,就是求 $f(x)$的最小值.

当 $0<x\leqslant 86(x\in\mathbf{N})$时,$f(x)$是减函数,

所以 $f(x)_{\min}=f(86)=\frac{1\,000}{129}$,此时 $216-x=130$;

当 $87\leqslant x<216(x\in\mathbf{N})$时,$f(x)$是增函数,

所以 $f(x)_{\min}=f(87)=\frac{1\,000}{129}$,此时 $216-87=129$,

所以 $f(x)_{\min}=f(86)=f(87)=\frac{1\,000}{129}$,则加工 A 型装置、B 型装置的人数分别为 86,130 或 87,129.

例 2 某人在一山坡 P 点处观看对面崖顶上的一座铁塔.如图 1-6 所示.塔顶距水平地面的距离为图中的竖直线 OC,塔高为 $BC=80$ 米,山的高度为 $OB=220$ 米,$OA=200$ 米.图中所示的山坡可看作直线 l 且点 P 在直线 l 上,l 与水平面的夹角为 α,$\tan\alpha=\frac{1}{2}$.问此人距山崖的水平距离多远时,观看塔的视角 $\angle BPC$ 最大(不考虑此人的身高)?

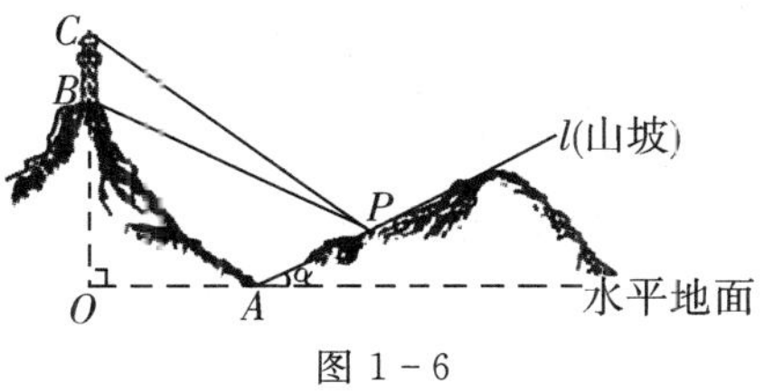

图 1-6

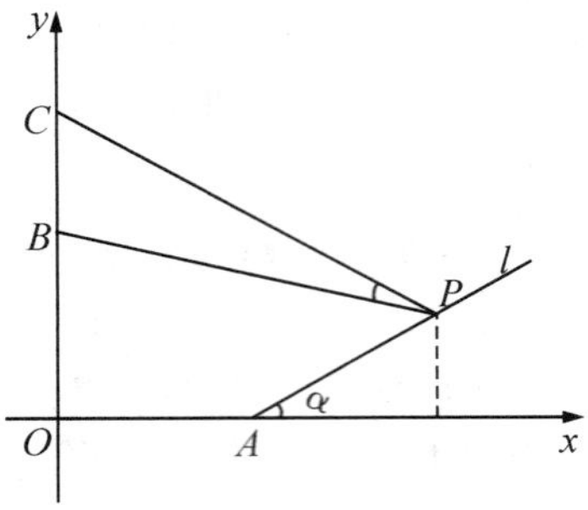

图 1-7

解 如图 1-7 所示，建立平面直角坐标系，则 $A(200,0)$，$B(0,220)$，$C(0,300)$.

直线 l 的方程为 $y=\tan\alpha\cdot(x-200)$，即 $y=\frac{1}{2}(x-200)$.

设此人距山崖脚水平距离为 x，则 $P\left(x,\frac{x-200}{2}\right)(x>200)$.

由两点的斜率公式得

$$k_{PB}=\frac{\frac{x-200}{2}-220}{x}=\frac{x-640}{2x},$$

$$k_{PC}=\frac{\frac{x-200}{2}-300}{x}=\frac{x-800}{2x}.$$

由直线 PC 到直线 PB 的夹角公式得

$$\tan\angle BPC=\frac{\frac{x-640}{2x}-\frac{x-800}{2x}}{1+\frac{x-640}{2x}\cdot\frac{x-800}{2x}}$$

$$=\frac{64x}{x^2-288x+160\times640}=\frac{64}{x+\frac{160\times640}{x}-288},$$

要使 $\tan\angle BPC$ 达到最大值，只需 $x+\frac{160\times640}{x}-288$ 最小.

由均值不等式 $x+\frac{160\times640}{x}-288\geqslant2\sqrt{160\times640}-288$，

当且仅当 $x=\frac{160\times640}{x}$ 时上式等号成立，故 $x=320$ 时，$\tan\angle BPC$ 最大.

由此可知，$0<\angle BPC<\frac{\pi}{2}$，所以 $\tan\angle BPC$ 最大，即 $\angle BPC$ 最大.

故此人距山崖水平距离为 320m 时，观看铁塔时的视角最大.

例 3 泰山玉皇顶、黄山玉屏楼、庐山含鄱口、衡山望日台都是著名的观看日落、日出的风景点. 为了领略日落、日出的壮观景色，登山旅游者到达山顶后一般都留宿一晚. 现假设同行者数人同登泰山观日出后循原路下山. 归途中经过一石平台，这是昨日他们在此歇憩饮水之处. 忽有人偶然看手表，发觉昨天在此休息的时刻与今日路过的时刻竟然相同，于是众人皆大惊. 为方便计:假定 8 时开始登山,17 时到达山顶,次日 8 时下山,15 时到达山脚.

(1)分别画出上、下山高度与时间的函数关系图;

(2)你认为上山下山两日同时刻经过同一地点是巧合还是必然? 试证明你的结论.

解　(1)设泰山观日台的高度为 H(相对于出发点),上山高度函数为 $h_1(t)$,下山高度函数为 $h_2(t)$,由已知条件有 $h_1(8)=0, h_1(17)=H, h_2(8)=H, h_2(15)=0$. 显然 $h_1(t), h_2(t)$ 均为 t 的连续函数,其图像如图 1-8 所示。

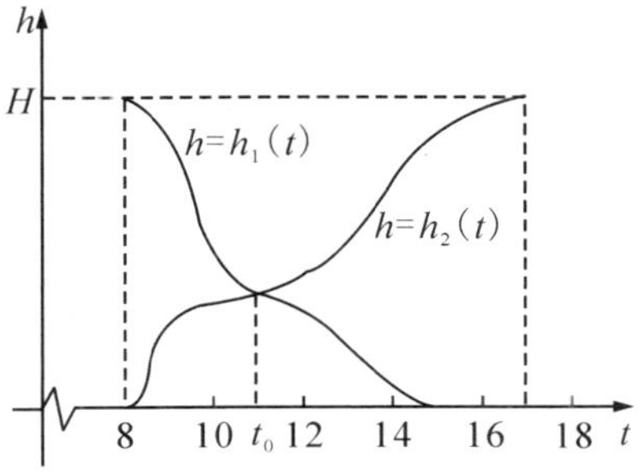

图 1-8

(2)上山下山两日同一时刻经过同一地点是必然的. 证明如下:

令 $f(t)=h_1(t)-h_2(t), t\in[8,15]$,

因为 $h_1(t), h_2(t)$ 为连续函数,

所以 $f(t)$ 也是闭区间 $[8,15]$ 上的连续函数.

$f(8)=h_1(8)-h_2(8)=0-H=-H<0$,

$f(15)=h_1(15)-h_2(15)=h_1(15)-0=h_1(15)>0$

由闭区间上连续函数介值定理的推论(零点存在定理),存在 $t_0\in(8,15)$,使 $f(t_0)=0$,即 $h_1(t_0)=h_2(t_0)$,故 t_0 时刻,上山、下山的高度相等. 又由于 $h_1(t)$ 为增函数,$h_2(t)$ 为减函数,沿原路返回,高度相等的地点为同一地点. 所以上山下山两日同时刻经过同一地点是必然的.

二、极限的应用实例

例 4　把 4 条腿长度相等的椅子放在起伏不平的地面上,问能不能把椅子放稳,即椅子的 4 条腿能否同时着地?

我们要建立一个简单而又巧妙的模型来回答这个问题,在下面两个合理的假设下,问题的答案是肯定的.

假设　(1)椅子的 4 条腿一样长,四角的连线是正方形.

(2)地面是数学上的光滑曲面,即沿任何方向,切面能连续移动.

建模的关键在于恰当地寻找表示椅子位置的变量,并把要证明的"着地"这个结论归结为某个简单的数学关系.

假定椅子中心不动,4 条腿着地点视为几何上的点,用 A,B,C,D 表示,将 AC,BD 连线看作 x 轴、y 轴,建立如图 1-9 所示的坐标系. 引入坐标系后,将几何问题代数化,即用代数方法去研究这个几何问题.

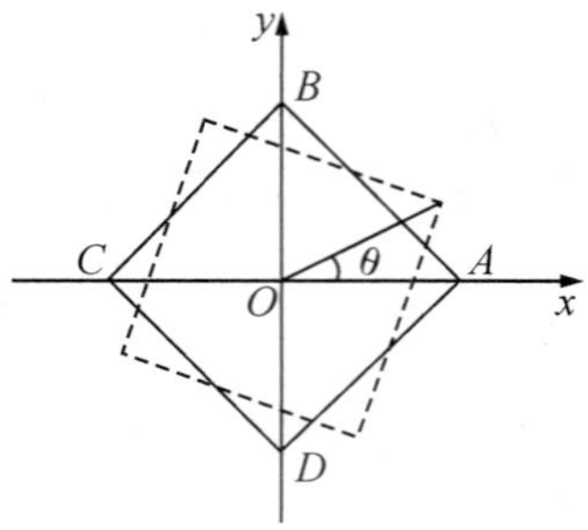

图 1－9

人们习惯于，当一次放不平稳椅子时，总是转动一下椅子(这里假定椅子中心不动)，因而将转动椅子联想到坐标轴的旋转.

设 θ 为对角线 AC 转动后与初始位置 x 轴夹角，如果定义距离为椅脚到地面的竖直距离. 则"着地"就是椅脚与地面的距离等于零.

由于椅子在不同位置时，椅脚与地面的距离不同，因而这个距离为 θ 的函数，设 $f(\theta)$ 为 A，C 两脚与地面之和；$g(\theta)$ 为 B，D 两脚与地面之和.

因地面光滑，所以 $f(\theta)$ 和 $g(\theta)$ 为连续函数，而椅子在任何位置总有三只脚可同时"着地"，即对任意的 θ，$f(\theta)$ 和 $g(\theta)$ 总有一个为零，从而有 $f(\theta)g(\theta)=0$. 不失一般性，设 $g(\theta)=0$，$f(\theta)>0$，于是椅子问题便抽象成如下数学问题：

已知 $f(\theta)$ 和 $g(\theta)$ 是 θ 的连续函数，$g(0)=0$，$f(0)>0$，且对任意 θ，$f(\theta)g(\theta)=0$.

求证：存在 θ_0，使得 $f(\theta_0)=g(\theta_0)=0$，$0<\theta_0<\frac{\pi}{2}$.

证明 令 $h(\theta)=f(\theta)-g(\theta)$，则 $h(0)=f(0)-g(0)=f(0)>0$. 将椅子转动 $\frac{\pi}{2}$，对角线互换，由 $g(0)=0$，$f(0)>0$，有 $f\left(\frac{\pi}{2}\right)=0$ 和 $g\left(\frac{\pi}{2}\right)>0$，从而 $h\left(\frac{\pi}{2}\right)<0$.

而 $h(\theta)$ 在 $\left[0,\frac{\pi}{2}\right]$ 上连续，由闭区间上连续函数的零点存在定理，必存在 $\theta_0\in\left(0,\frac{\pi}{2}\right)$，使得 $h(\theta_0)=0$. 即 $f(\theta_0)=g(\theta_0)$.

又因对任意 θ，$f(\theta)g(\theta)=0$，从而 $f(\theta_0)g(\theta_0)=0$.

所以 $f(\theta_0)=g(\theta_0)=0$. 这表明在 θ_0 方向上 4 条腿能同时"着地".

本章小结

一、函数的概念

1. 常量与变量

(1)常量：在考察的过程中不会发生变化的量称为常量，常用 $a,b,c,d,\cdots$ 表示. 例如圆周率 π.

(2)变量:在考察的过程中会发生变化的量称为变量,常用$x,y,z,u,v,\cdots$表示,例如一天中气温的变化.

2.有关求函数定义域的限制条件和规定

(1)分式的分母不能为零;

(2)在偶次根式中,被开方式必须大于或等于零;

(3)对数函数的真数必须大于零;

(4)由若干项组成的函数式,它的定义域是各项定义域的公共部分.

3.求函数值的方法

代入法.

4.函数表示法

解析法(公式法)、图像法(图示法)和表格法.

5.分段函数

形如$f(x)=\begin{cases}0,0\leqslant x<1\\ \dfrac{1}{2},x=1\\ 1,1<x\leqslant 2\end{cases}$,在定义域的不同部分,函数关系由不同的式子分别表达的函数称为分段函数.值得注意的是:

(1)分段函数是由几个关系式合起来表示一个函数,而不是几个函数;

(2)分段函数的定义域是各段自变量取值集合的并集;

(3)对于定义域中的每一个取定的自变量x,分段函数y只有唯一确定的值.

6.函数的有关特性

(1)单调性;(2)奇偶性;(3)周期性;(4)有界性.

7.复合函数的复合与分解

(1)复合函数定义:设函数$y=f(u)$和函数$u=\varphi(x)$,如果$u=\varphi(x)$的值域或其部分包含在$y=f(u)$的定义域中,则y通过中间变量u构成x的函数$y=f[\varphi(x)]$,称之为复合函数;

(2)复合函数的复合方法:代入法;

(3)复合函数的分解原则是分解到简单函数为止.

8.初等函数

由基本初等函数经过有限次的四则运算及有限次的复合而成的函数叫作初等函数.一般来说,初等函数都可以用一个解析式子表示.

二、极限

(一)数列极限的概念

对于数列$\{x_n\}$,如果当n无限变大时,x_n趋近于一个固定常数A,则称当n趋近于无穷大时,数列$\{x_n\}$以A为极限,记作$\lim\limits_{n\to\infty}x_n=A$或$x_n\to A(n\to\infty)$,

也称数列$\{x_n\}$收敛于A；如果数列$\{x_n\}$没有极限，就称$\{x_n\}$是发散的.

（二）函数极限的概念

1. 如果当$x>0$且x无限增大时，函数$f(x)$趋近于一个常数A，则称当x趋近于正无穷时，$f(x)$以A为极限，记作$\lim\limits_{x\to+\infty}f(x)=A$或$f(x)\to A(x\to+\infty)$，如果函数$f(x)$不趋近于一个常数，则称当$x$趋近于正无穷时，$f(x)$的极限不存在.

2. 如果当$x<0$且x绝对值无限增大时，函数$f(x)$趋近于一个常数A，则称当x趋近于负无穷时，$f(x)$以A为极限，记作$\lim\limits_{x\to-\infty}f(x)=A$或$f(x)\to A(x\to-\infty)$.

3. 如果当x的绝对值无限增大时，函数$f(x)$趋近于一个常数A，则称当x趋近于无穷大时，函数$f(x)$以A为极限，记作$\lim\limits_{x\to\infty}f(x)=A$或$f(x)\to A(x\to\infty)$.

4. 设函数$y=f(x)$在点x_0的某个邻域（点x_0本身可以除外）内有定义，如果当x趋近于x_0（但$x\neq x_0$）时，函数$f(x)$趋近于一个常数A，则称当x趋近于x_0时，$f(x)$以A为极限，记作$\lim\limits_{x\to x_0}f(x)=A$或$f(x)\to A(x\to x_0)$，也称当$x$趋近于$x_0$时，$f(x)$的极限存在，否则称当$x\to x_0$时，$f(x)$的极限不存在.

5. 设函数$y=f(x)$在点x_0右侧的某个邻域（点x_0本身可以除外）内有定义，如果当$x>x_0$且x趋近于x_0时，函数$f(x)$趋近于一个常数A，则称当x趋近于x_0时，$f(x)$的右极限是A，记作$\lim\limits_{x\to x_0^+}f(x)=A$或$f(x)\to A(x\to x_0^+)$.

6. 设函数$y=f(x)$在点x_0左侧的某个邻域（点x_0本身可以除外）内有定义，如果当$x<x_0$且x趋近于x_0时，函数$f(x)$趋近于一个常数A，则称当x趋近于x_0时，$f(x)$的左极限是A，记作$\lim\limits_{x\to x_0^-}f(x)=A$或$f(x)\to A(x\to x_0^-)$.

（三）求极限的方法

1. 极限运算法则

设$\lim u(x)=A$，$\lim v(x)=B$（"lim"表示$u(x)$，$v(x)$在自变量相同变化过程中取极限，可以是在第二节极限6种情况中的任一种），则

（1）$\lim[u(x)\pm v(x)]=\lim u(x)\pm\lim v(x)=A\pm B$；

（2）$\lim[u(x)\cdot v(x)]=\lim u(x)\cdot\lim v(x)=A\cdot B$；

（3）当$\lim v(x)=B\neq0$时，$\lim\dfrac{u(x)}{v(x)}=\dfrac{\lim u(x)}{\lim v(x)}=\dfrac{A}{B}$；

特别地，当c为常数，n为正整数时，有

（4）$\lim[c\cdot u(x)]=c\cdot\lim u(x)$；

（5）$\lim[u(x)]^n=[\lim u(x)]^n$.

注意 利用四则运算求极限时

（1）要求每个参与运算的函数的极限都存在；

（2）在商的极限的运算时，要求分母的极限不能为零.

当上面两个条件不具备时，不能使用极限的四则运算.

2. **求极限的方法**

代入法、因式分解法、有理化方法、公式法、两个重要极限公式和洛必达法则等.

(四)函数的连续性

1. 定义:设函数 $y=f(x)$ 在点 x_0 的某个邻域内有定义,如果 $\lim\limits_{x\to x_0}f(x)=f(x_0)$,则称函数 $f(x)$ 在点 x_0 处连续,点 x_0 称为 $f(x)$ 的连续点,否则称 $f(x)$ 在点 x_0 处不连续,点 x_0 称为 $f(x)$ 的间断点.

2. 重要结论:初等函数在其定义区间内都是连续的.

3. 闭区间上连续函数的性质.

最值定理:若函数 $f(x)$ 在闭区间 $[a,b]$ 上连续,则它在这个区间上一定有最大值和最小值.

介值定理:若函数 $f(x)$ 在闭区间 $[a,b]$ 上连续,m 和 M 分别为 $f(x)$ 在区间 $[a,b]$ 上的最小值和最大值,则对介于 m 和 M 之间的任一实数 c,至少存在一点 $\xi\in(a,b)$,使得 $f(\xi)=c$.

推论:若函数 $f(x)$ 在闭区间 $[a,b]$ 上连续,且 $f(a)$ 与 $f(b)$ 异号,则至少存在一点 $\xi\in(a,b)$,使得 $f(\xi)=0$.

(五)常用经济学函数

1. 需求函数:$Q=Q(p)$,其中,Q 是商品的需求量,p 为该商品的市场价格. 作为市场价格 p 的函数,需求量 Q 一般说来将随着价格的上涨而减少.

2. 供给函数:$S=S(p)$,其中 S 是供给量,p 为该商品的市场价格.

3. 成本函数:$C=C_0+C_1$,在生产规模和能源、材料价格不变的条件下,C_0 是常数,C_1 是产量 q 的函数.

4. 收入函数:$R(q)=q\cdot p(q)$,收入是指生产者生产的商品售出后的收入,用 R 表示. 生产者销售某种商品的总收入取决于该商品的销售量和价格. 用 $p(q)$ 表示价格是销售量的函数.

5. 利润函数:利润是生产者收入扣除成本后的剩余部分,用 L 表示,如果将成本 C 与收入 R 都看作产量 q 的函数,那么利润 L 也是产量 q 的函数,即 $L(q)=R(q)-C(q)$.

6. 市场均衡:对一种商品而言,如果需求量等于供给量,这种商品就达到了市场均衡,这时这个商品的销量价格称为该商品的市场均衡价格.

7. 盈亏平衡点:满足 $L(q)=0$ 的 q_0 称为盈亏平衡点(又称保本点).

延伸阅读　函数的发展历程

17 世纪伽利略(Galileo,1564－1642)在《两门新科学》一书中,几乎从头到尾包含着函数或称为变量的关系这一概念. 1637 年前后笛卡尔(Descartes,

1596—1650)注意到一个变量对于另一个变量的依赖关系,但由于当时尚未意识到需要提炼一般的函数概念,因此直到17世纪后期微积分建立的时候,绝大部分函数还是被当作曲线来研究.

最早提出函数概念的是德国数学家莱布尼茨(Leibniz,1646—1716).他既用"函数"一词表示幂,又表示在直角坐标系中曲线上一点的横、纵坐标.他的学生贝努利(Bernoulli,1667—1748)在此基础上,定义函数为:"由某个变量及任意的一个常数结合而成的数量".

1755年,欧拉(Euler,1707—1783)定义函数为:"若某些变量,以某一种方式依赖于另一些变量,则把前面的变量称为后面变量的函数."并给出了沿用至今的函数符号.

1821年,柯西(Cauchy,1789—1857)定义函数为:"在某些变数间存在着一定的关系,当已经给定其中某一变数的值,其他变数的值可随之确定时,则将最初的变数叫自变量,其他各变数叫作函数."在此定义中,首先出现了自变量一词.

1822年,傅里叶(Fourier,1768—1830)发现某些函数既可用曲线表示,也可用式子表示,肯定了函数概念可用唯一一个式子表示,使对函数的认识提高到一个新的层次.

1837年狄利克雷(Dirichlet,1805—1859)拓展了函数的概念,指出:"对于在某区间上的每一个确定的 x 值,y 都有一个或多个确定的值,那么 y 叫作 x 的函数."至此,函数的本质定义已经形成.

等到康托尔(Cantor,1845—1918)创立的集合论被大家接受后,用集合对应关系来定义函数概念就成为现在通用的形式.

总习题(1)

1.求下列函数的定义域:

(1)$y=x^2-5x+3$;

(2)$f(x)=\sqrt{x-3}$;

(3)$y=\ln(x-2)$;

(4)$y=\sqrt{x}+\dfrac{1}{x-2}$;

(5)$y=\dfrac{1}{x}-\sqrt{1-x^2}$;

(6)$y=\dfrac{1}{\lg(1-x)}$;

(7)$y=\lg\dfrac{1}{1-x}+\sqrt{x+2}$;

(8)$y=\arcsin\dfrac{x-3}{2}$.

2.求下列函数的函数值:

(1)设 $f(x)=\sin x$,求 $f\left(\dfrac{2}{x}\right)$;

(2)设 $f(x)=\ln(2x+1)$,求 $f(x^2)$;

(3)已知函数 $f(x)=x^2+5x+3$,求 $f(x-1)$;

(4)已知函数 $f(x)=\dfrac{1-x}{1+x}$,求 $f(1+x)$;

(5)若 $y=2^{x-2}$，求 $y(2)$，$y(-2)$，$y(0)$，$y\left(\frac{5}{2}\right)$；

(6)$f(x)=\begin{cases}3, 0\leqslant x<2\\ \frac{1}{3}, x=2\\ 8, 2<x\leqslant 4\end{cases}$ 求 $f(1)$，$f(2)$，$f(3)$.

3.求极限：

(1)$\lim\limits_{x\to 2}\frac{x^2+5}{x-3}$；　(2)$\lim\limits_{x\to 1}\frac{3x^3-2x-1}{x^2-4x+3}$；

(3)$\lim\limits_{x\to\infty}\frac{x^3+x}{x^4-3x^2+1}$；　(4)$\lim\limits_{x\to\infty}\frac{x^3+2x-5}{x+7}$；

(5)$\lim\limits_{x\to\infty}\frac{-3x^3+x+1}{3x^3+x^2+1}$；　(6)$\lim\limits_{x\to\infty}\left(1+\frac{1}{x}\right)^{2x}$；

(7)$\lim\limits_{x\to\infty}\left(1-\frac{3}{x}\right)^{x}$；　(8)$\lim\limits_{x\to 0}x\cdot\sin\frac{1}{x}$；

(9)$\lim\limits_{x\to 3}\frac{x^2-4}{x-3}$；　(10)$\lim\limits_{x\to 0}\frac{3x-\sin 3x}{3x+\sin 3x}$；

(11)$\lim\limits_{x\to 0}\frac{3\arcsin x}{4x}$；　(12)$\lim\limits_{x\to 0}\frac{(x+h)^3-h^3}{x}$.

4.填空：

(1)若函数 $y=f(x)$在 $x=0$ 处连续，且$\lim\limits_{x\to 0}f(x)=2$，则 $f(0)=$________；

(2)函数 $f(x)=\frac{(x+2)(x+1)}{(x-1)(x+2)}$的间断点有________个；

(3)若$\lim\limits_{x\to 0}f(x)=3$，则 $\lim\limits_{x\to 0^+}f(x)=$________；

(4)函数 $f(x)=\frac{x-1}{x^2+x-2}$的间断点有________个；

(5)函数 $f(x)=x\sin\frac{1}{x}$的间断点为________；

(6)函数 $f(x)=(1+x)^{\frac{1}{x}}$的间断点为________.

5.下列复合函数是由哪些简单函数复合而成？

(1)已知函数 $y=e^{3x}$，则 $f(x)$由函数__________和__________复合而成；

(2)已知函数 $y=\cos 3x$，则 $f(x)$由函数__________和__________复合而成；

(3)已知函数 $y=\sqrt{5x+1}$，则 $f(x)$由函数__________和__________复合而成；

(4)已知函数 $y=(2+\lg x)^3$，则 $f(x)$由函数__________和__________复合而成；

(5)已知函数 $y=\sqrt{\log_2\sqrt{x}}$，则 $f(x)$由函数__________和__________复合而成；

(6)已知函数 $y=\log_3(\arcsin x^2)$，则 $f(x)$由函数__________和

__________复合而成.

6. 计算以下各题：

(1)设 $f(x)=\begin{cases}x-1,0<x\leqslant 1\\2-x,1<x\leqslant 3\end{cases}$，求 $f(x)$ 在 $x=1$ 处的极限；

(2)讨论函数 $f(x)=\begin{cases}x,0<x<1\\1,x=1\\2-x,1<x<2\end{cases}$ 在 $x=1$ 处的连续性；

(3)讨论函数 $f(x)=\begin{cases}x^2-1,0\leqslant x\leqslant 1\\x+3,x>1\end{cases}$ 在 $x=1$ 处的连续性；

(4)设函数 $f(x)=\begin{cases}\dfrac{2}{x}\sin x,x<0\\k,x=0\\x\sin\dfrac{1}{x}+2,x>0\end{cases}$，试确定 k 的值，使 $f(x)$ 在定义域内连续.

7. 计算下列各题：

(1)设某商品的销售收入 R 是销售量 q 的二次函数，已知 q 分别取 0，3，6 时，相应的 R 为 0，9，12. 试确定 R 与 q 的函数关系.

(2)某厂生产产品 800 吨，定价为 100 元/吨. 当售出量不超过 500 吨时，按原定价出售，超过 500 吨的部分按原价的九折出售. 试将销售收入表示成销售量的函数.

(3)某种品牌的电视机每台售价为 1 000 元时，每月可销售 3 000 台，每台售价为 800 元时，每月可多销 750 台. 试求该电视机的线性需求函数.

(4)某厂生产某种产品 q 个单位时，其销售收入为 $R(q)=8\sqrt{q}$，成本函数为 $C(q)=\dfrac{1}{4}q^2+1$，求利润函数和 $q=4$ 时的利润.

(5)已知某商品的需求函数和供给函数分别为 $Q=60-8p$，$S=-28+14p$，求商品的均衡价格.

总习题(2)

1. $y=\sqrt{x}+\dfrac{1}{x-4}$ 的定义域是________.

2. 已知函数 $f(x)=x^2+7x+3$，则 $f(x-1)=$________.

3. 函数 $f(x)=\dfrac{(x+4)(x+1)}{(x-1)(x+4)}$ 的间断点有________个.

4. 若 $\lim\limits_{x\to 0}f(x)=3$，则 $\lim\limits_{x\to 0^+}f(x)=$________.

5. 设 $f(x)=\begin{cases}x^2+1,x\neq 0\\k,x=0\end{cases}$ 在 $x=0$ 处连续，则 $k=$________.

6. 已知函数 $f(x)=\cos 6x$，则 $f(x)$ 由简单函数________复合而成.

7. 已知某商品的需求函数和供给函数分别为 $Q=50-p$，$S=-10+2p$，则该商品的市场均衡价格 $p_0=$________.

8. 如果 $y=u^3$，$u=\log_2 x$，将 y 表示成 x 的函数.

9. 下列函数为偶函数的是(　　).

A. $y=1-x^3$　　　　B. $y=x^2-3x$

C. $y=x\sin x$　　　　D. $y=x\cos x$

10. 求 $\lim\limits_{x\to 1}\dfrac{x-1}{x^2-4x+3}$.

11. 求 $\lim\limits_{x\to\infty}\left(1-\dfrac{2}{x}\right)^x$.

12. 若函数 $f(x)=\begin{cases}a+x, & x\geqslant 0\\ e^x, & x<0\end{cases}$ 在 $x=0$ 处连续，求 a 值.

13. 已知生产某种商品 q 件时的总成本为 $C(q)=10+5q+0.2q^2$（单位：万元），如果每售出一件该商品的收入为 9 万元.

(1)求该商品的利润函数；

(2)求生产 10 件该商品时的总利润和平均利润.

第二章　导数及其应用

在很多实际问题中，当我们研究量的变化时，其变化的快慢常是一个很重要的讨论内容，例如运动物体的速度、物体温度变化的速度、放射性物质的衰变速度等，所有这些在数量关系上都归结为函数的变化率，即导数. 而微分则与导数密切相关，它指明当变量有微小变化时，函数大体上的变化情况. 本章讲述微分学中的两个重要概念——导数与微分及其计算方法和实际应用.

第一节　导数的基本概念

一、导数概念

（一）引出导数概念的实例

例 1　求变速直线运动物体的瞬时速度.

解　假定物体做变速直线运动，其运动方程为 $s=s(t)$，求物体在 t_0 时刻的瞬时速度 $v(t_0)$. 对于匀速直线运动的速度，可用公式“速度＝路程/时间”求得，而变速直线运动的速度如何来求呢？下面来讨论这个问题.

如图 2－1 所示，设物体在 t_0 时刻的位置为 $s(t_0)$，在 $t_0+\Delta t$ 时刻的位置为 $s(t_0+\Delta t)$，则物体在这段时间内所经过的路程为 $\Delta s=s(t_0+\Delta t)-s(t_0)$，物体的平均速度为 $\bar{v}=\dfrac{\Delta s}{\Delta t}=\dfrac{s(t_0+\Delta t)-s(t_0)}{\Delta t}$.

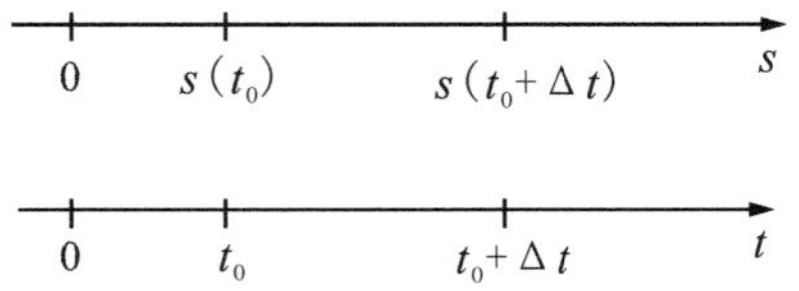

图 2－1

由于速度是连续变化的，故当 Δt 很小时，平均速度 $\bar{v}$ 可以作为物体在 t_0 时刻瞬时速度 $v(t_0)$ 的近似值，而且 Δt 越小，近似程度越好，所以当 $\Delta t\to 0$ 时，若 $\bar{v}$ 趋向于一定值，则平均速度的极限 $\lim\limits_{\Delta t\to 0}\bar{v}=\lim\limits_{\Delta t\to 0}\dfrac{\Delta s}{\Delta t}=\lim\limits_{\Delta t\to 0}\dfrac{s(t_0+\Delta t)-s(t_0)}{\Delta t}=v(t_0)$ 就是物体在 t_0 时刻的瞬时速度.

例 2　求曲线在一点处切线的斜率.

我们知道，在平面几何中圆的切线定义为“与圆只有一个交点的直线”. 如果以这种方式来定义一般曲线的切线便不能成立.

我们可以定义一般曲线在某点处的切线：在曲线 C 上，取一个定点 P，另取一个动点 Q，作割线 PQ. 当动点 Q 沿着曲线 C 移动而趋向于点 P 时，割线 PQ 的极限位置 PT 称为曲线 C 在定点 P 处的切线. 根据此定义，我们可以用极限的方法求出曲线在该点切线的斜率. 设曲线 C 的方程为 $y=f(x)$，点 P 的坐标为 $P(x,f(x))$，点 Q 的坐标为 $Q(x+h,f(x+h))$，如图 2－2 所示. 当 $h\to 0$ 时，点 Q 沿着曲线 C 移动而趋向于点 P，如图 2－3 所示.

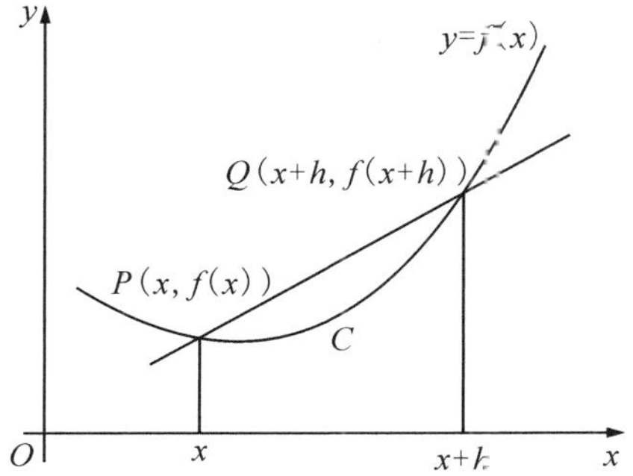

图 2－2

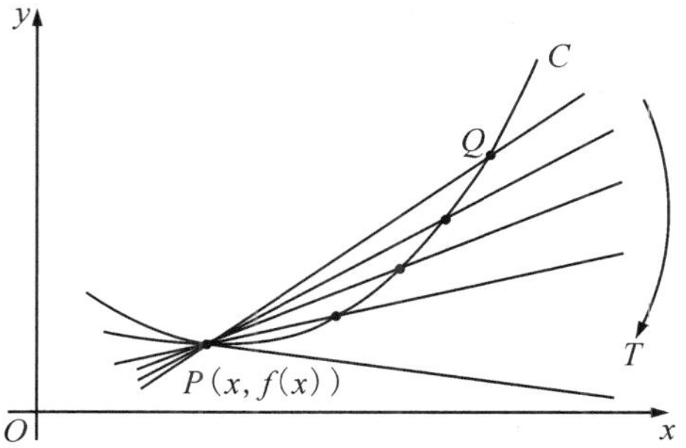

图 2－3

由中学学过的斜率公式可得：割线 PQ 的斜率为 $\dfrac{f(x+h)-f(x)}{(x+h)-x}=\dfrac{f(x+h)-f(x)}{h}$，如果 $\lim\limits_{h\to 0}\dfrac{f(x+h)-f(x)}{h}$ 存在，则切线 PT 的斜率为 $\lim\limits_{h\to 0}\dfrac{f(x+h)-f(x)}{h}$.

归纳：虽然它们的实际意义不同，但解决问题的数学方法是相同的，都是研究 $\dfrac{\Delta y}{\Delta x}$ 在 $\Delta x\to 0$ 时的极限.

（二）导数的概念

1. 函数在一点导数的概念

在数学中，我们将极限 $\lim\limits_{\Delta x\to 0}\dfrac{\Delta y}{\Delta x}$ 称为函数 $y=f(x)$ 的导数，具体定义如下.

定义 1　设函数 $y=f(x)$ 在 x_0 的某邻域内有定义，当自变量 x 在 x_0 处取得改变量 $\Delta x(\neq 0)$ 时，函数 y 取得相应的改变量 $\Delta y=f(x_0+\Delta x)-f(x_0)$，若当 $\Delta x\to 0$ 时，两个改变量之比 $\dfrac{\Delta y}{\Delta x}$ 的极限 $\lim\limits_{\Delta x\to 0}\dfrac{\Delta y}{\Delta x}=\lim\limits_{\Delta x\to 0}\dfrac{f(x_0+\Delta x)-f(x_0)}{\Delta x}$ 存在，则称函数 $y=f(x)$ 在 x_0 处可导，并称此极限值为函数 $y=f(x)$ 在 x_0 处的**导数**，记为 $f'(x_0)$ 或 $y'(x_0)$，$y'\Big|_{x=x_0}$，$\dfrac{\mathrm{d}y}{\mathrm{d}x}\Big|_{x=x_0}$ 或 $\dfrac{\mathrm{d}f}{\mathrm{d}x}\Big|_{x=x_0}$.

即 $f'(x_0)=\lim\limits_{\Delta x\to 0}\dfrac{f(x_0+\Delta x)-f(x_0)}{\Delta x}$.

若 $\lim\limits_{\Delta x\to 0}\dfrac{\Delta y}{\Delta x}$ 不存在，则称函数 $y=f(x)$ 在 x_0 处不可导.

若固定 x_0，令 $x_0+\Delta x=x$，则当 $\Delta x\to 0$ 时，有 $x\to x_0$，所以函数 $f(x)$ 在点

x_0 处的导数 $f'(x_0)$ 也可表示为 $f'(x_0)=\lim\limits_{x\to x_0}\dfrac{f(x)-f(x_0)}{x-x_0}$.

按照导数定义计算 $f'(x_0)$ 的三个步骤：

(1)计算 $\Delta y=f(x_0+\Delta x)-f(x_0)$；

(2)计算比值 $\dfrac{\Delta y}{\Delta x}$；

(3)计算极限 $\lim\limits_{\Delta x\to 0}\dfrac{\Delta y}{\Delta x}$.

例 3 设 $f(x)=x^2$，求 $f'(2)$.

解 $\Delta y=f(x_0+\Delta x)-f(x_0)=f(2+\Delta x)-f(2)=(2+\Delta x)^2-2^2$

$=[4+4\Delta x+(\Delta x)^2]-4=4\Delta x+(\Delta x)^2$,

$\dfrac{\Delta y}{\Delta x}=\dfrac{4\Delta x+(\Delta x)^2}{\Delta x}=4+\Delta x$,

$\lim\limits_{\Delta x\to 0}\dfrac{\Delta y}{\Delta x}=\lim\limits_{\Delta x\to 0}(4+\Delta x)=4$,

即 $f'(2)=4$.

例 4 某轮胎公司某型号轮胎的价格 p(元)与需求量 x(千只)之间的函数关系为 $p=f(x)=144-x^2$，求：

(1)需求量分别在 5 与 6，5 与 5.1，5 与 5.01 之间时，轮胎价格的平均变化率；

(2)当需求量 $x=5$(千只)时，轮胎价格的变化率.

解 (1)需求量在 x 与 $x+h$ 之间，轮胎价格的平均变化率为

$$\frac{f(x+h)-f(x)}{h}=\frac{[144-(x+h)^2]-(144-x^2)}{h}$$

$$=\frac{144-x^2-2xh-h^2-144+x^2}{h}=-2x-h,$$

当需求量在 5 与 6 之间时，$x=5,h=1$，p 的平均变化率为 $-2\times5-1=-11$；即每千只轮胎，价格平均减少 11 元.

当需求量在 5 与 5.1 之间时，$x=5,h=0.1$，p 的平均变化率为 $-2\times5-0.1=-10.1$；即每千只轮胎，价格平均减少 10.1 元.

当需求量在 5 与 5.01 之间时，$x=5,h=0.01$，p 的平均变化率为 $-2\times5-0.01=-10.01$. 即每千只轮胎，价格平均减少 10.01 元.

(2)如果需求量为 x(千只)，轮胎价格的变化率为

$$\lim_{h\to 0}\frac{f(x+h)-f(x)}{h}=\lim_{h\to 0}(-2x-h)=-2x,$$

所以，当 $x=5$(千只)时，轮胎价格的变化率为 -10(元/千只).

$f'(x)$ 为我们提供了一个工具，使我们可以方便地刻画一个量 y 关于另一个量 x 的变化率. 例如：如果 $y=f(x)$ 表示某商品销售 x 单位的收入，则 $\dfrac{f(a+h)-f(a)}{h}$ 表示销售量在 a 与 $a+h$ 之间时销售收入的平均变化率，而 $f'(a)$

表示销售量为 a 单位时销售收入的变化率.

例 5　某明星录制的激光唱片自投放市场后，t 年内的销售额为 $S(t)=\frac{5t}{t^2+1}$（百万元）. 求：

(1) t 年末，该唱片销售额的变化率；

(2) 唱片刚投放市场，销售额的变化率为多少 $(t=0)$？2 年末，销售额的变化率为多少？

解　(1) t 年末，该唱片销售额的变化率为 $S'(t)$. 由商的求导法则，

$$S'(t)=\left(\frac{5t}{t^2+1}\right)'=\frac{5(t^2+1)-5t\cdot 2t}{(t^2+1)^2}=\frac{5(1-t^2)}{(t^2+1)^2}.$$

(2) 唱片刚投放市场，销售额的变化率为

$$S'(0)=\frac{5(1-0^2)}{(0^2+1)^2}=\frac{5(1-0)}{(0+1)^2}=5,$$

所以，在第 1 年内，销售额预计将增加 5（百万元）；2 年末，销售额的变化率为

$$S'(2)=\frac{5(1-2^2)}{(2^2+1)^2}=-\frac{3}{5}=-0.6,$$

所以，在第 3 年内，销售额预计将减少 0.6（百万元）.

2. 导函数概念

定义 2　若函数 $f(x)$ 在区间 (a,b) 中的每一点处都可导，则称 $f(x)$ 在 (a,b) 内可导，这时，对于 (a,b) 内的每一个确定的 x 值，都对应着一个确定的函数值 $f'(x)$，于是建立了一个新函数，称其为函数的**导函数**，简称导数，记为 $f'(x)$，y'，$\frac{\mathrm{d}y}{\mathrm{d}x}$ 或 $\frac{\mathrm{d}f(x)}{\mathrm{d}x}$，即 $f'(x)=\lim\limits_{\Delta x\to 0}\frac{f(x+\Delta x)-f(x)}{\Delta x}$.

显然，$f(x)$ 在 x_0 处的导数 $f'(x_0)$ 等于 $f'(x)$ 在 x_0 点处的函数值，即 $f'(x_0)=f'(x)\big|_{x=x_0}$.

由导数的定义可知，**求函数 $f(x)$ 在点 x 处的导数一般需要以下三个步骤**：

第一步，求函数的增量 $\Delta y=f(x+\Delta x)-f(x)$；

第二步，算比值 $\frac{\Delta y}{\Delta x}=\frac{f(x+\Delta x)-f(x)}{\Delta x}$；

第三步，取极限 $f'(x)=\lim\limits_{\Delta x\to 0}\frac{\Delta y}{\Delta x}$.

例 6　已知 $y=\sin x$，求 y'.

解　$y'=\lim\limits_{\Delta x\to 0}\frac{\Delta y}{\Delta x}=\lim\limits_{\Delta x\to 0}\frac{\sin(x+\Delta x)-\sin x}{\Delta x}$

$$=\lim_{\Delta x\to 0}\frac{2\cos\left(x+\frac{\Delta x}{2}\right)\cdot\sin\frac{\Delta x}{2}}{\Delta x}$$

$$=\lim_{\Delta x\to 0}\left[\frac{\sin\frac{\Delta x}{2}}{\frac{\Delta x}{2}}\cdot\cos\left(x-\frac{\Delta x}{2}\right)\right]$$

$$=\lim_{\Delta x\to 0}\frac{\sin\frac{\Delta x}{2}}{\frac{\Delta x}{2}}\cdot\lim_{\Delta x\to 0}\cos\left(x+\frac{\Delta x}{2}\right)=\cos x.$$

所以 $(\sin x)'=\cos x$.

同理可得 $(\cos x)'=-\sin x$.

例 7 求函数 $f(x)=\log_a x\ (a>0,a\neq 1)$ 的导数.

解 $f'(x)=\lim\limits_{h\to 0}\frac{f(x+h)-f(x)}{h}=\lim\limits_{h\to 0}\frac{\log_a(x+h)-\log_a x}{h}$

$$=\lim_{h\to 0}\frac{1}{h}\log_a\left(\frac{x+h}{x}\right)=\frac{1}{x}\lim_{h\to 0}\frac{x}{h}\log_a\left(1+\frac{h}{x}\right)=\frac{1}{x}\lim_{h\to 0}\log_a\left(1+\frac{h}{x}\right)^{\frac{x}{h}}$$

$$=\frac{1}{x}\log_a \mathrm{e}=\frac{1}{x\ln a}.$$

即 $(\log_a x)'=\frac{1}{x\ln a}$.

特殊地，$(\ln x)'=\frac{1}{x}$.

二、基本初等函数求导公式

(1) $C'=0$.

(2) $(x^\alpha)'=\alpha x^{\alpha-1}\ (\alpha\neq 0)$；特殊地，$\left(\frac{1}{x}\right)'=-\frac{1}{x^2}$.

(3) $(a^x)'=a^x\cdot\ln a\ (a>0$ 且 $a\neq 1)$；特殊地，$(\mathrm{e}^x)'=\mathrm{e}^x$.

(4) $(\log_a x)'=\frac{1}{x\cdot\ln a}\ (a>0$ 且 $a\neq 1)$；特殊地，$(\ln x)'=\frac{1}{x}$.

(5) $(\sin x)'=\cos x$；$(\cos x)'=-\sin x$.

(6) $(\tan x)'=\sec^2 x=\frac{1}{\cos^2 x}$；$(\cot x)'=-\csc^2 x=-\frac{1}{\sin^2 x}$.

(7) $(\arcsin x)'=\frac{1}{\sqrt{1-x^2}}$；$(\arccos x)'=-\frac{1}{\sqrt{1-x^2}}$.

(8) $(\arctan x)'=\frac{1}{1+x^2}$；$(\text{arccot}\, x)'=-\frac{1}{1+x^2}$.

(9) $(\sec x)'=\sec x\cdot\tan x$；$(\csc x)'=-\csc x\cdot\cot x$.

三、导数的四则运算法则

(1) $(u\pm v)'=u'\pm v'$；

(2) $(u\cdot v)'=u'v+uv'$；

特殊地，$(c\cdot u)'=c\cdot u'$，$(u\cdot v\cdot \omega)'=u'\cdot v\cdot\omega+u\cdot v'\cdot\omega+u\cdot v\cdot\omega'$.

(3) $\left(\frac{u}{v}\right)'=\frac{u'v-uv'}{v^2}$.

例 8　求下列函数的导数 y'.

(1) $y=2x^3+2^x$；　　(2) $y=e^x+3\sin x+\pi^2$；

(3) $y=\ln x+2\cos x+\frac{1}{x}$；　　(4) $y=\frac{x^4+x^2+x+2}{x}$.

解　(1) $y'=(2x^3+2^x)'=6x^2+2^x\ln 2$；

(2) $y'=(e^x+3\sin x+\pi^2)'=e^x+3\cos x$；

(3) $y'=\left(\ln x+2\cos x-\frac{1}{x}\right)'=\frac{1}{x}-2\sin x-\frac{1}{x^2}$；

(4) $y=\frac{x^4+x^2+x+2}{x}=x^3+x+1+\frac{2}{x}$；

$y'=\left(x^3+x+1+\frac{2}{x}\right)'=3x^2+1-\frac{2}{x^2}$.

四、左导数与右导数

导数是一种极限，而极限有左、右极限，因而导数就有左、右导数，下面给出左、右导数的定义.

若极限 $\lim\limits_{\Delta x\to 0^-}\frac{f(x_0+\Delta x)-f(x_0)}{\Delta x}$ 存在，则称此极限为 $f(x)$ 在 x_0 的**左导数**，记作 $f'_-(x_0)$，即 $f'_-(x_0)=\lim\limits_{\Delta x\to 0^-}\frac{f(x_0+\Delta x)-f(x_0)}{\Delta x}$.

同理，若极限 $\lim\limits_{\Delta x\to 0^+}\frac{f(x_0+\Delta x)-f(x_0)}{\Delta x}$ 存在，则称此极限为 $f(x)$ 在 x_0 的**右导数**，记作 $f'_+(x_0)$，即 $f'_+(x_0)=\lim\limits_{\Delta x\to 0^+}\frac{f(x_0+\Delta x)-f(x_0)}{\Delta x}$.

定理 1　函数 $f(x)$ 在点 x_0 处可导的充分必要条件是 $f(x)$ 在点 x_0 处的左导数和右导数都存在且相等.

注意

(1) 通常把 $f'_-(x_0)$ 和 $f'_+(x_0)$ 统称为函数 $y=f(x)$ 在 x_0 处的单侧导数.

(2) 不难验证，函数 $y=f(x)$ 在点 x_0 处可导的充分必要条件是该函数在点 x_0 既存在左导数，又存在右导数，并且二者相等. 这是讨论分段函数在分界点处是否可导的依据.

(3) 如果函数 $y=f(x)$ 在开区间 (a,b) 内可导，且 $f'_+(a)$ 及 $f'_-(b)$ 都存在，就说函数 $y=f(x)$ 在闭区间 $[a,b]$ 上可导.

例 9　求函数 $f(x)=\begin{cases}x^2, & x\geqslant 0\\ -x^2, & x<0\end{cases}$ 在 $x=0$ 处的左、右导数.

解　在 $x=0$ 处的左导数为 $f'_-(0)=\lim\limits_{\Delta x\to 0^-}\frac{f(0+\Delta x)-f(0)}{\Delta x}=\lim\limits_{\Delta x\to 0^-}\frac{-(\Delta x)^2}{\Delta x}=0$，在 $x=0$ 处的右导数为 $f'_+(0)=\lim\limits_{\Delta x\to 0^+}\frac{f(0+\Delta x)-f(0)}{\Delta x}=\lim\limits_{\Delta x\to 0^+}\frac{(\Delta x)^2}{\Delta x}=0$.

例 10　设分段函数 $f(x)=\begin{cases}3x^2-2x, & x<0\\ 0, & x=0\\ \sin ax, & x>0\end{cases}$ 问当 a 取何值时，$f(x)$ 在

点$x=0$可导？

解 $f'_-(0)=\lim\limits_{x\to 0^-}\dfrac{f(x)-f(0)}{x}=\lim\limits_{x\to 0^-}\dfrac{3x^2-2x-0}{x}=-2$，

$f'_+(0)=\lim\limits_{x\to 0^+}\dfrac{f(x)-f(0)}{x}=\lim\limits_{x\to 0^+}\dfrac{\sin ax}{x}=a$.

如果$f'(0)$存在，则必有$f'_-(0)=f'_+(0)$，由此得到$a=-2$.

因此，当$a=-2$时，$f(x)$在点$x=0$可导.

五、可导与连续的关系

定理 2 若函数$y=f(x)$在x_0可导，则$y=f(x)$在x_0连续.

证 因$y=f(x)$在x_0可导，由可导的定义有$\lim\limits_{\Delta x\to 0}\dfrac{f(x_0+\Delta x)-f(x_0)}{\Delta x}$存在，因为分母的极限为零，故有分子的极限一定为零，

即$\lim\limits_{\Delta x\to 0}[f(x_0+\Delta x)-f(x_0)]=0$

所以，$\lim\limits_{\Delta x\to 0}f(x_0+\Delta x)=f(x_0)$

因此$y=f(x)$在x_0连续.

但定理的逆命题不成立，即若函数$y=f(x)$在点x_0处连续，$f(x)$在点x_0处不一定可导.

例如函数$y=f(x)=\sqrt[3]{x}$在$x=0$连续，但是$\Delta y=f(0+h)-f(0)=\sqrt[3]{0+h}-\sqrt[3]{0}=\sqrt[3]{h}$，$\lim\limits_{\Delta x\to 0}\dfrac{\Delta y}{\Delta x}=\lim\limits_{h\to 0}\dfrac{f(0+h)-f(0)}{h}=\lim\limits_{h\to 0}\dfrac{\sqrt[3]{h}}{h}=\lim\limits_{h\to 0}\dfrac{1}{\sqrt[3]{h^2}}=\infty$，

故$y=f(x)=\sqrt[3]{x}$在$x=0$处不可导.

几何上，函数$y=f(x)$在x_0处连续，表示函数在点$(x_0,f(x_0))$附近的图像左右能够“连”起来，曲线不断开，而函数$y=f(x)$在x_0可导，则表示曲线$y=f(x)$在点$(x_0,f(x_0))$处必有切线，因而具有某种“光滑性”.

注意

连续不可导的一种情形是曲线在某点附近有“尖角”. 例如函数$y=|x|$，如图 2-4 所示，在$x=0$处连续但不可导.

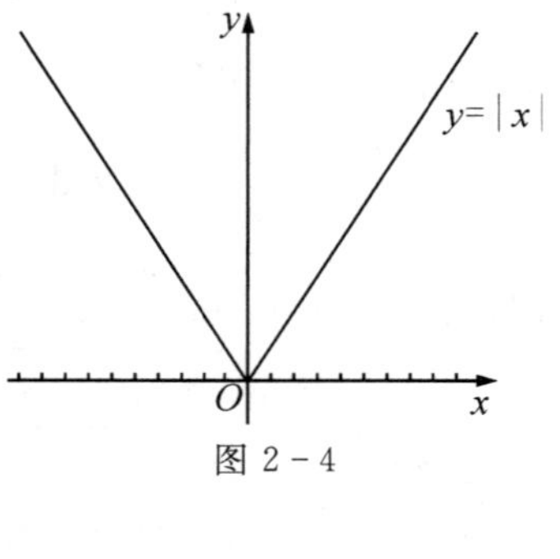

图 2-4

习题 2.1

基本题

1. 求 y'：

(1) $y=\sin x-\cos x$；

(2) $y=2\sin x+\dfrac{3}{x}+e^{x}+\pi^{2}$；

(3) $y=x^{3}+2\ln x+e^{2}+\cos x$.

一般题

2. 求 y'：

(1) $y=2x^{4}-\dfrac{1}{x}+\dfrac{1}{x^{2}}-\ln 5$；

(2) $y=3\cdot\sqrt[3]{x^{2}}-\log_{a}x+\sin\dfrac{\pi}{3}$；

(3) $y=6a^{x}-3\tan x+5$.

提高题

3. $y=\dfrac{2}{x^{3}}-\dfrac{4}{\sqrt{x}}$，求 y'.

4. $y=\dfrac{2x^{2}-3x+4}{\sqrt{x}}$，求 y'.

5. 求函数 $y=\dfrac{1+x}{\sqrt{x}}$ 的导数.

6. $f(x)=x^{3}+\cos x-\sin\dfrac{\pi}{2}$，求 $f'(x)$ 及 $f'\left(\dfrac{\pi}{2}\right)$.

第二节　导数四则运算法则

一、导数基本公式

(1) $C'=0$.

(2) $(x^{\alpha})'=\alpha x^{\alpha-1}(\alpha\neq 0)$；特殊地，$\left(\dfrac{1}{x}\right)'=-\dfrac{1}{x^{2}}$.

(3) $(a^{x})'=a^{x}\cdot\ln a\,(a>0$ 且 $a\neq 1)$；特殊地，$(e^{x})'=e^{x}$.

(4) $(\log_{a}x)'=\dfrac{1}{x\cdot\ln a}\,(a>0$ 且 $a\neq 1)$；特殊地，$(\ln x)'=\dfrac{1}{x}$.

(5) $(\sin x)'=\cos x$；$(\cos x)'=-\sin x$.

(6) $(\tan x)'=\sec^{2}x=\dfrac{1}{\cos^{2}x}$；$(\cot x)'=-\csc^{2}x=-\dfrac{1}{\sin^{2}x}$.

(7) $(\arcsin x)'=\frac{1}{\sqrt{1-x^2}}$；$(\arccos x)'=-\frac{1}{\sqrt{1-x^2}}$.

(8) $(\arctan x)'=\frac{1}{1+x^2}$；$(\operatorname{arccot} x)'=-\frac{1}{1+x^2}$.

(9) $(\sec x)'=\sec x\cdot\tan x$；$(\csc x)'=-\csc x\cdot\cot x$.

二、导数的四则运算法则

(1) $(u\pm v)'=u'\pm v'$.

(2) $(u\cdot v)'=u'v+uv'$；

特殊地，$(c\cdot u)'=c\cdot u'$，$(u\cdot v\cdot w)'=u'\cdot v\cdot w+u\cdot v'\cdot w+u\cdot v\cdot w'$.

(3) $\left(\frac{u}{v}\right)'=\frac{u'v-uv'}{v^2}$.

前面我们介绍了导数基本公式和四则运算公式，下面我们来介绍一下如何用导数公式和四则运算法则进行计算.

例 1 $y=\ln x\cdot\cos x$，求 y'.

解 $y'=(\ln x)'\cos x+(\ln x)(\cos x)'=\frac{\cos x}{x}-\ln x\cdot\sin x$.

例 2 $y=\frac{x}{x-2}$，求 y'.

解 $y'=\frac{1\cdot(x-2)-x}{(x-2)^2}=\frac{-2}{(x-2)^2}$.

例 3 $y=(2x^2-1)(x^3+3)$，求 y'.

解 $y=(2x^2-1)(x^3+3)=2x^5+6x^2-x^3-3$，

$y'=(2x^5+6x^2-x^3-3)'=10x^4+12x-3x^2$.

例 4 $y=\frac{x^4+x^3-1}{x}$，求 y'.

解 $y=\frac{x^4+x^3-1}{x}=x^3+x^2-\frac{1}{x}$，

$y'=\left(x^3+x^2-\frac{1}{x}\right)'=3x^2+2x+\frac{1}{x^2}$.

三、$f'(x_0)$的意义

（一）$f'(x_0)$的几何意义、代数意义和物理意义

$f'(x_0)$**的几何意义**：几何上 $f'(x_0)$表示曲线 $y=f(x)$在点 $M_0(x_0,f(x_0))$处的切线的斜率，即 $f'(x_0)=\tan\alpha=k$. 这就是导数的几何意义，如图 2-5 所示.

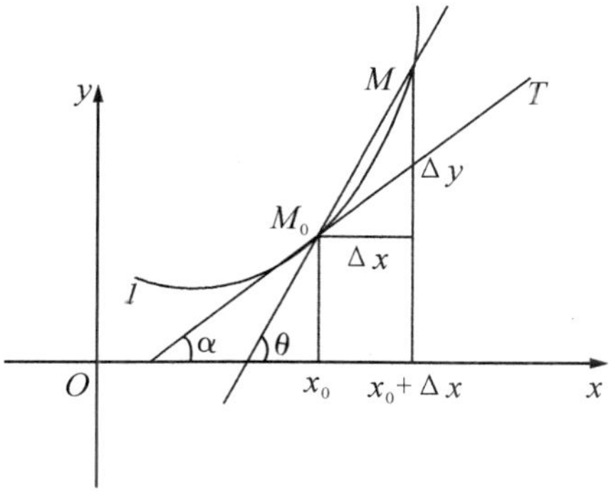

图 2－5

$f'(x_0)$的**代数意义**：代数上 $f'(x_0)$表示函数 $y=f(x)$在 x_0 处的变化率，即自变量在 x_0 有一个单位的改变量，那么函数值在 $y_0=f(x_0)$处有 $f'(x_0)$个单位的改变量.

$f'(x_0)$的**物理意义**：运动方程 $s=s(t)$在时刻 t_0 的导数表示运动物体在时刻 t_0 的瞬时速度 $v(t_0)=s'(t_0)$；运动方程 $s=s(t)$的导数是运动物体的速度方程 $s'(t)=v(t)$(引例 1 的结论).

(二)曲线 $y=f(x)$在点$(x_0,f(x_0))$处的切线方程与法线方程

过切点 $M_0(x_0,f(x_0))$且垂直于切线的直线叫作曲线 $y=f(x)$在点 M_0 处的**法线**.

切线方程为 $y-f(x_0)=f'(x_0)(x-x_0)$.

法线方程为 $y-f(x_0)=-\dfrac{1}{f'(x_0)}(x-x_0)$.

注意

(1)如果 $f'(x_0)=0$，则曲线 $y=f(x)$在点$(x_0,f(x_0))$处的切线平行于 x 轴，曲线的切线方程为 $y=y_0$，法线方程为 $x=x_0$；

(2)如果 $f'(x_0)=\infty$，则曲线 $y=f(x)$在点$(x_0,f(x_0))$处的切线垂直于 x 轴，曲线的切线方程为 $x=x_0$，法线方程为 $y=y_0$.

例 5　设 $y=\dfrac{1}{x}$，求函数在点(1,1)处的切线方程和法线方程.

解　$y'=\left(\dfrac{1}{x}\right)'=-\dfrac{1}{x^2}$，

$k_{切线}=y'(1)=-1$，$k_{法线}=-\dfrac{1}{-1}=1$，

所求切线方程为 $y-1=(-1)\cdot(x-1)$，即 $y=-x+2$，

所求法线方程为 $y-1=1\cdot(x-1)$，即 $y=x$.

例 6　求 $f(x)=\sqrt{x}$在点(4,2)处的切线方程和法线方程.

解　因为 $f'(x)=(\sqrt{x})'=(x^{\frac{1}{2}})'=\dfrac{1}{2}x^{-\frac{1}{2}}=\dfrac{1}{2\sqrt{x}}$，

所以切线的斜率 $k=f'(4)=\frac{1}{4}$.

因此,所求切线方程为 $y-2=\frac{1}{4}(x-4)$,即 $x-4y+4=0$;

所求法线方程为 $y-2=-4(x-4)$,即 $4x+y-18=0$.

例 7 求曲线 $y=x^3$ 在点(1,1)处的切线方程与法线方程.

解 $y'=3x^2$,$k_{切线}=y'(1)=3$,

所求的切线方程为 $y-1=3(x-1)$,即 $y=3x-2$,

法线方程为 $y-1=-\frac{1}{3}(x-1)$,即 $x+3y-4=0$.

习题 2.2

基本题

1. 求 y':

(1) $y=3x^2+\frac{5}{x}+a^x$;

(2) $y=\frac{x^4+2x^3+4x+1}{x}$;

(3) $f(x)=x^2+\sin x$;

(4) $y=(x^2+2)\cdot(x^2-1)$.

一般题

2. 求 y':

(1) $y=\cos x-\frac{1}{\sqrt[3]{x}}+\frac{1}{x}+\ln 3$;

(2) $y=\frac{x}{2^x}$;

(3) $y=e^x\cdot\cos x$;

(4) $y=\frac{2-3x}{2+x}$.

(5) $y=\frac{\ln x}{\sin x}$;

(6) $y=\frac{x}{1+x^2}$;

(7) $y=\frac{\cos x}{1-x^2}$.

提高题

3. 求函数 $y=\sqrt{x}\cos x$ 的导数.

4. 设函数 $f(x)=(1+x^3)\left(5-\frac{1}{x^2}\right)$,求 $f'(1)$,$f'(-1)$.

5. 求函数 $y=x\ln x\ \sin x$ 的导数.

6. 求函数 $y=\frac{2-3x}{2+x}$的导数.

7. 求曲线 $y=2x+x^{-\frac{1}{2}}$ 在点(1,3)处的切线方程.

8. 求曲线 $y=f(x)=2x+\frac{1}{\sqrt{x}}$过点(1,3)处切线的斜率 $k_{切}$.

9. 求曲线 $y=x^2$ 在点(1,1)处的切线方程与法线方程.

第三节　复合函数求导法则

引入：已知$(e^x)'=e^x$，那么$(e^{2x})'=e^{2x}$对吗？

因为$y'=(e^{2x})'=(e^x\cdot e^x)'=e^x\cdot e^x+e^x\cdot e^x=2e^{2x}$，所以$(e^{2x})'\neq e^{2x}$，其原因在于$y=e^{2x}$是复合函数，不能直接套用求导公式，下面我们来介绍复合函数的求导方法.

一、公式法

定理3　设函数$y=f(u)$，$u=\varphi(x)$，即y是x的一个复合函数$y=f[\varphi(x)]$，若$u=\varphi(x)$在点x有导数$\frac{du}{dx}=\varphi'(x)$，函数$y=f(u)$在对应点$u$处有导数$\frac{dy}{du}=f'(u)$，则复合函数$y=f[\varphi(x)]$在点$x$处可导，并且$\frac{dy}{dx}=\frac{dy}{du}\cdot\frac{du}{dx}=f'(u)\cdot\varphi'(x)=y'_u\cdot u'_x$.

注意

复合函数求导法则可推广到有限次复合的复合函数的情形，即如果$y=f(u)$，$u=\varphi(v)$，$v=\psi(x)$，则有$\frac{dy}{dx}=\frac{dy}{du}\cdot\frac{du}{dv}\cdot\frac{dv}{dx}=f'(u)\cdot\varphi'(v)\cdot\psi'(x)$.

例1　已知$y=e^{2x}$，求y'.

解　令$y=e^u$，$u=2x$，

则$y'_x=y'_u\cdot u'_x=(e^u)'_u\cdot(2x)'_x=e^u\cdot 2=2e^{2x}$.

例2　已知$y=(5x+2)^{20}$，求y'.

解　令$y=u^{20}$，$u=5x+2$，

则$y'_x=y'_u\cdot u'_x=(u^{20})'_u\cdot(5x+2)'_x=20u^{19}\cdot 5=100(5x+2)^{19}$.

例3　已知$y=e^{\sin x^2}$，求y'.

解　令$y=e^u$，$u=\sin v$，$v=x^2$，

则$y'_x=y'_u\cdot u'_v\cdot v'_x=(e^u)'_u\cdot(\sin v)'_v\cdot(x^2)'_x=e^u\cdot\cos v\cdot 2x=2xe^{\sin x^2}\cos x^2$.

例4　设$y=\sqrt{1-x^2}$，求$\frac{dy}{dx}$.

解　$y=\sqrt{1-x^2}$是由$y=\sqrt{u}=u^{\frac{1}{2}}$和$u=1-x^2$两个简单函数复合而成的，所以$\frac{dy}{dx}=\frac{dy}{du}\cdot\frac{du}{dx}=\frac{1}{2\sqrt{u}}\cdot(-2x)=-\frac{x}{\sqrt{1-x^2}}$.

从以上例子看出，求复合函数的导数，应先分析所给函数的复合过程，并设出中间变量，再使用复合函数的求导公式，求出导数.

用公式法求复合函数导数的具体步骤如下：

(1)分析所给函数的复合过程，写出复合函数的分解式；

(2)求每个分解函数的导数；

(3)用复合函数的求导法则，即复合函数的导数等于各分解函数导数的

乘积；

(4)将中间变量还原为 x 的函数.

二、默记法

对复合函数的复合过程掌握较好之后，就不必再写出中间变量，只要把中间变量所代替的式子默记在心里，按照复合的先后次序，应用复合函数的求导法则，由外到内，层层剥皮，逐层求导即可.

上述例 1～例 3 用默记法解题方法如下：

例 1 另解 $y'=e^{2x}\cdot(2x)'=e^{2x}\cdot 2=2e^{2x}$.

例 2 另解 $y'=20(5x+2)^{19}\cdot(5x+2)'=20(5x+2)^{19}\cdot 5=100(5x+2)^{19}$.

例 3 另解 $y'=e^{\sin x^2}\cdot(\sin x^2)'=e^{\sin x^2}\cdot\cos x^2\cdot(x^2)'=2x\cdot e^{\sin x^2}\cdot\cos x^2$.

例 5 求函数 $y=e^{\sin^2 x}$的导数.

解 $y'=e^{\sin^2 x}(\sin^2 x)'=e^{\sin^2 x}\cdot 2\sin x\ (\sin x)'=e^{\sin^2 x}\cdot 2\sin x\cdot\cos x$

$=e^{\sin^2 x}\cdot\sin 2x$.

例 6 $y=\ln\cos(e^x)$，求$\dfrac{dy}{dx}$.

解 $\dfrac{dy}{dx}=[\ln\cos(e^x)]'=\dfrac{1}{\cos(e^x)}\cdot[\cos(e^x)]'$

$=\dfrac{1}{\cos(e^x)}\cdot[-\sin(e^x)]\cdot(e^x)'=-e^x\tan(e^x)$.

例 7 某保健中心自开张起的会员数 $N(t)$（t 以周计）估计为 $N(t)=100(64+4t)^{2/3}(0\leqslant t\leqslant 108)$.

(1)求出 $N'(t)$；

(2)该保健中心开张伊始($t=0$)，其会员数以多块的速度增加？

(3)第 40 周，其会员数以多块的速度增加？

解 (1)设 $u=64+4t$，则

$N'(t)=(100(64+4t)^{2/3})'=100(u^{2/3})'\cdot(64+4t)'$

$=100\cdot\dfrac{2}{3}u^{-1/3}\times 4=\dfrac{800}{3(64+4t)^{1/3}}$.

(2)$N'(0)=\dfrac{800}{3\times(64)^{1/3}}=\dfrac{800}{12}\approx 66.7$，

所以，开张伊始，第 1 周内，该保健中心的会员数大约增加 67 人.

(3)$N'(40)=\dfrac{800}{3\times(64+160)^{1/3}}=\dfrac{800}{3\times 6.0732}\approx 43.9$，

所以，第 41 周内，该保健中心的会员数大约增加 44 人.

习题 2.3

基本题

1. 求 y'：

(1) $y=\cos(x^2+2)$；　(2) $y=(3x+2)^4$；

(3) $y=e^{5x+6}$；　(4) $y=\ln(2x+3)$.

一般题

2. 求下列函数的导数 y'：

(1) $y=\sin 3x$；　(2) $y=\ln\cos x$；

(3) $y=\ln(x^3-2x+6)$.

提高题

3. 求下列函数的导数：

(1) $y=\cos^2 x$；　(2) $y=\arcsin\sqrt{x}$；

(3) $y=\sqrt[3]{1+\ln^2 x}$；

(4) $y=\dfrac{x\sin 2x}{x^2+1}$.

第四节　隐函数求导法和高阶求导法

一、隐函数求导法

前面我们讨论的函数皆形如 $y=f(x)$，右端是自变量 x 和一些运算符号等组成的式子，它明显地显示出对 x 如何运算则可以得出对应的函数值，例如，$y=x^2+x-2$，$y=\sin 2x$ 等，这种函数称为**显函数**；而有的函数自变量 x 与因变量 y 的关系是通过方程 $F(x,y)=0$ 呈现出的，例如 $x+y-1=0$，$x+y^3-1=0$ 等，当自变量 x 在 $(-\infty,+\infty)$ 内取值时，变量 y 都有唯一确定的值与之对应，这种函数关系称为**隐函数**.

一般地，如果变量 x,y 之间的函数关系是由某一个方程 $F(x,y)=0$ 所确定，那么这种函数就叫作由方程所确定的隐函数.

把一个隐函数化成显函数，叫作隐函数的**显化**. 例如，由方程 $x+y^3-1=0$ 解出 $y=\sqrt[3]{1-x}$，就把隐函数化成了显函数. 但有的隐函数不易显化甚至不可能显化，例如，由方程 $y-x-\dfrac{1}{2}\sin y=0$ 所确定的隐函数就不能用显式表示出来. 对于由方程 $F(x,y)=0$ 所确定的隐函数求导，当然不能完全寄希望于把它显化，关键是要能从 $F(x,y)=0$ 直接把 y' 求出来.

我们知道，把方程 $F(x,y)=0$ 所确定的隐函数 $y=f(x)$ 代入原方程，结果是恒等式 $F[x,f(x)]=0$，把这个恒等式的两端对 x 求导，所得的结果也必然相等. 但应注意，左端 $F[x,f(x)]$ 是将 $y=f(x)$ 代入 $F(x,y)$ 后所得的结果，所以当方程 $F(x,y)=0$ 的两端对 x 求导时，要记住 y 是 x 的函数，然后用复合函数求导法则去求导，这样便可得到欲求的导数. 下面举例说明这种方法.

例 1 求由方程 $x^2+y^2=4$ 所确定的隐函数 $y=y(x)$ 的导数 y'.

解 方程的两边同时对 x 求导得 $2x+2y\cdot y'=0$，

解之得 $y'=-\dfrac{x}{y}$.

例 2 求由方程 $x^3\cdot y^2+\ln y=1$ 所确定的隐函数 $y=y(x)$ 的导数 y'.

解 方程两边同时对 x 求导得 $3x^2\cdot y^2+x^3\cdot 2y\cdot y'+\dfrac{1}{y}\cdot y'=0$，

$\left(2x^3y+\dfrac{1}{y}\right)y'=-3x^2\cdot y^2$，

解之得 $y'=-\dfrac{3x^2y^2}{2x^3y+\dfrac{1}{y}}=-\dfrac{3x^2y^3}{2x^3y^2+1}$.

例 3 求由方程 $xy-\mathrm{e}^x+\mathrm{e}^y=0$ 所确定的隐函数 $y=y(x)$ 的导数 y'.

解 方程两边同时对 x 求导得 $y+xy'-\mathrm{e}^x+\mathrm{e}^y y'=0$，

解之得 $y'=\dfrac{\mathrm{e}^x-y}{x+\mathrm{e}^y}$.

例 4 求曲线 $xy+\ln y=1$ 在点 $(1,1)$ 处的切线方程.

解 方程两边同时对 x 求导得 $y+xy'+\dfrac{1}{y}\cdot y'=0$，

即 $y'=-\dfrac{y^2}{xy+1}$，

由导数的几何意义知所求切线斜率是把 $x=1,y=1$ 代入上式

得 $k=y'\Big|_{\substack{x=1\\y=1}}=-\dfrac{1}{2}$，

因此，所求切线方程是 $y-1=-\dfrac{1}{2}(x-1)$，

整理得 $x+2y-3=0$.

二、高阶求导法

一般地，函数 $y=f(x)$ 的导函数 $y'=f'(x)$ 仍然是 x 的函数，如果它还是可导的，那么我们把 $y'=f'(x)$ 的导数叫作函数 $y=f(x)$ 的二阶导数，记作 y''、$f''(x)$ 或 $\dfrac{\mathrm{d}^2y}{\mathrm{d}x^2}$，即 $y''=(y')'$，$f''(x)=[f'(x)]'$ 或 $\dfrac{\mathrm{d}^2y}{\mathrm{d}x^2}=\dfrac{\mathrm{d}}{\mathrm{d}x}\left(\dfrac{\mathrm{d}y}{\mathrm{d}x}\right)$，相应地，把 $y=f(x)$ 的导数 y' 叫作函数 $y=f(x)$ 的一阶导数.

类似地，函数 $y=f(x)$ 的二阶导数的导数叫作 $y=f(x)$ 的三阶导数，三阶

导数的导数叫作 $y=f(x)$ 的四阶导数……一般地，$n-1$ 阶导数的导数叫作 $y=f(x)$ 的 n 阶导数. 分别记作 $y''', y^{(4)}, \cdots, y^{(n)}$ 或 $f'''(x), f^{(4)}(x), \cdots, f^{(n)}(x)$ 或 $\frac{d^3y}{dx^3}, \frac{d^4y}{dx^4}, \cdots, \frac{d^ny}{dx^n}$.

于是，根据定义有 $y^{(n)}=[y^{(n-1)}]', f^{(n)}(x)=[f^{(n-1)}(x)]', \frac{d^ny}{dx^n}=\frac{d}{dx}\frac{d^{(n-1)}y}{dx^{n-1}}$.

二阶及二阶以上的导数叫作 $y=f(x)$ 的高阶导数.

在物理学上，设物体做变速直线运动，其运动方程为 $s=s(t)$，则物体运动速度是路程 s 对时间 t 的导数，即 $v=s'(t)=\frac{ds}{dt}$，此时，若速度 v 仍是时间 t 的函数，我们可以求速度 v 对时间 t 的导数，用 a 表示，即 $a=v'(t)=s''(t)=\frac{d^2s}{dt^2}$，$a$ 就是物体运动的加速度，它是路程 s 对时间 t 的二阶导数. 通常把它叫作二阶导数的力学意义.

在经济学领域，二阶导数 $f''(x)$ 有如下解释：假设在 a 年与 b 年之间的某个国家的消费价格指数(CPI)由函数 $I(t)$ 表示($a\leqslant t\leqslant b$)，那么 $I'(t)$ 描述了消费价格指数的变化率，俗称通货膨胀率，$I'(t)>0$ 表示物价将上涨，$I'(t)<0$ 表示物价将下降，而 $I''(t)$ 则表示了通货膨胀率的变化率.

例 5　已知 $y=x^5$，求 $y^{(5)}$.

解　$y'=5x^4, y''=(y')'=(5x^4)'=20x^3$，同理可得 $y'''=(20x^3)'=60x^2$，$y^{(4)}=(60x^2)'=120x, y^{(5)}=(120x)'=120, y^{(6)}=(120)'=0$.

例 6　设 $f(x)=e^{2x-1}$，求 $f''(0)$.

解　$f'(x)=2e^{2x-1}, f''(x)=4e^{2x-1}, f''(0)=4e^{-1}=\frac{4}{e}$.

例 7　求指数函数 $y=a^x(a>0, a\neq1)$ 和 $y=e^x$ 的 n 阶导数.

解　$y'=a^x\ln a, y''=a^x(\ln a)^2, \cdots, y^{(n)}=a^x(\ln a)^n$，

所以 $(a^x)^{(n)}=a^x(\ln a)^n$.

对于 $y=e^x$，有 $(e^x)^{(n)}=e^x(\ln e)^n=e^x$.

例 8　$y=x\ln x+e^{2x}$，求 y''.

解　$y'=\ln x+x\cdot\frac{1}{x}+2e^{2x}=\ln x+2e^{2x}+1, y''=\frac{1}{x}+4e^{2x}$.

例 9　某一地区最近几年的消费价格指数由 $I(t)=-0.2t^3+3t^2+100$ $(0\leqslant t\leqslant 9)$ 描述，$t=0$ 对应 2011 年. 计算 $I'(6), I''(6)$. 并解释所得到的结果.

解　$I'(t)=-0.6t^2+6t, I''(t)=-1.2t+6$，

所以 $I'(6)=-0.6\times6^2+6\times6=14.4, I''(6)=-1.2\times6+6=-1.2$.

于是该地区 2017 年的消费价格指数的变化率即通货膨胀率为 14.4%，而通货膨胀率的变化率为 −1.2%. 计算结果表明：该地区 2017 年的物价仍将上涨，但上涨的速度会趋缓.

三、对数求导法(选讲内容)

对数求导法即等号两边取对数，将其化为隐函数，而后利用隐函数的求

导方法求导. 它可用来解决两种类型函数的求导问题。

1. 求幂函数的导数[形如 $y=\varphi(x)^{\psi(x)}$ 的函数称为幂函数]

例 10 求 $y=x^{\sin x}$的导数.

解 为了求该函数的导数,可以先在两边取对数,得 $\ln y=\sin x\ln x$,

上式两边对 x 求导,注意到 y 是 x 的函数,把 y 当作中间变量,按复合函数求导法则,得$\frac{1}{y}y'=\cos x\ \ln x+(\sin x)\frac{1}{x}$,

于是 $y'=y\left(\cos x\ \ln x+\frac{\sin x}{x}\right)=x^{\sin x}\left(\cos x\ \ln x+\frac{\sin x}{x}\right)$.

例 11 已知 $y=(1+x^2)^{\cos x}$,求 y'.

解 先将已知函数取自然对数,得 $\ln y=\cos x\cdot\ln(1+x^2)$,

上式两边同时对 x 求导(注意 y 是 x 的函数),得

$\frac{1}{y}\cdot y'=-\sin x\cdot\ln(1+x^2)+\cos x\cdot\frac{1}{1+x^2}\cdot 2x$,

所以 $y'=(1+x^2)^{\cos x}\left[\frac{2x\cos x}{1+x^2}-\sin x\cdot\ln(1+x^2)\right]$.

2. 由多个因子的积、商、乘方、开方构成的函数的求导问题

例 12 已知 $y=\sqrt{\frac{(x+1)(x+2)}{(x+3)(x+4)}}\ (x>-1)$,求 y'.

解 先将已知函数取自然对数,整理得

$\ln y=\frac{1}{2}[\ln(x+1)+\ln(x+2)-\ln(x+3)-\ln(x+4)]$,

上式两边同时对 x 求导(注意 y 是 x 的函数),得

$\frac{1}{y}y'=\frac{1}{2}\left(\frac{1}{x+1}+\frac{1}{x+2}-\frac{1}{x+3}-\frac{1}{x+4}\right)$,

$y'=\frac{1}{2}\sqrt{\frac{(x+1)(x+2)}{(x+3)(x+4)}}\left(\frac{1}{x+1}+\frac{1}{x+2}-\frac{1}{x+3}-\frac{1}{x+4}\right)$.

四、由参数方程所确定的函数的导数(选讲内容)

前面我们讨论了由 $y=f(x)$或 $F(x,y)=0$ 给出的函数关系的导数问题,但在研究物体运动轨迹时,曲线常被看作质点运动的轨迹,动点 $M(x,y)$的位置随时间 t 变化,因此动点坐标 x,y 可分别用时间 t 的函数表示.

例如研究抛射物体运动(空气阻力不计)时,抛射物体的运动轨迹可表示为$\begin{cases}x=v_1t\\ y=v_2t-\frac{1}{2}gt^2\end{cases}$,其中 v_1,v_2 分别是抛射物体的初速度的水平和垂直分量;g 是重力加速度;t 是时间;x,y 分别是抛射物体的横坐标和纵坐标,如图 2-6 所示.

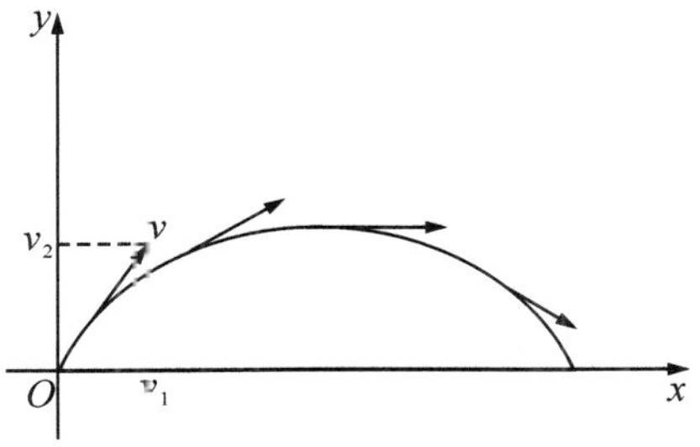

图 2-6

在上式中 x,y 都是 t 的函数，因此，x 与 y 之间通过 t 发生联系，这样 y 与 x 之间存在着确定的函数关系，消去 t，得 $y=\frac{v_2}{v_1}x-\frac{g}{2v_1^2}x^2$，这就是上述参数方程所确定的函数的显函数形式.

一般地，如果参数方程 $\begin{cases}x=\varphi(t)\\ y=\psi(t)\end{cases}$ 确定了 y 与 x 之间的函数关系，则称此函数关系所表示的函数为由参数方程所确定的函数.

对于参数方程所确定的函数的导数，通常也并不需要首先由参数方程消去参数 t 化为 y 与 x 之间的直接函数关系后再求导.

由参数方程确定的函数可以看成由 $y=\psi(t)$ 与 $t=\varphi^{-1}(x)$ 复合而成的函数，如果函数 $x=\varphi(t)$，$y=\psi(t)$ 都可导，且 $\varphi'(t)\neq 0$，根据复合函数的求导法则有 $\frac{\mathrm{d}y}{\mathrm{d}t}=\frac{\mathrm{d}y}{\mathrm{d}x}\cdot\frac{\mathrm{d}x}{\mathrm{d}t}$，由此有 $\frac{\mathrm{d}y}{\mathrm{d}x}=\frac{\frac{\mathrm{d}y}{\mathrm{d}t}}{\frac{\mathrm{d}x}{\mathrm{d}t}}=\frac{\psi'(t)}{\varphi'(t)}$.

例 13　求由参数方程 $\begin{cases}x=a(t-\sin t)\\ y=a(1-\cos t)\end{cases}$ 所确定的函数的导数 $\frac{\mathrm{d}y}{\mathrm{d}x}$.

解　$\frac{\mathrm{d}y}{\mathrm{d}x}=\frac{[a(1-\cos t)]'}{[a(t-\sin t)]'}=\frac{\sin t}{1-\cos t}$.

例 14　已知椭圆的参数方程为 $\begin{cases}x=a\cos t\\ y=b\sin t\end{cases}$，求椭圆在 $t=\frac{\pi}{4}$ 相应的点处的切线方程.

解　当 $t=\frac{\pi}{4}$ 时，椭圆上的相应点 M_0 的坐标是 $x_0=a\cos\frac{\pi}{4}=\frac{\sqrt{2}}{2}a$，$y_0=b\sin\frac{\pi}{4}=\frac{\sqrt{2}}{2}b$.

曲线在点 M_0 的切线斜率为 $\frac{\mathrm{d}y}{\mathrm{d}x}\Big|_{t=\frac{\pi}{4}}=\frac{(b\sin t)'}{(a\cos t)'}\Big|_{t=\frac{\pi}{4}}=\frac{b\cos t}{-a\sin t}\Big|_{t=\frac{\pi}{4}}=-\frac{b}{a}$.

代入点斜式方程，即得椭圆在点 M_0 处的切线方程 $y-\frac{\sqrt{2}}{2}b=-\frac{b}{a}\left(x-\frac{\sqrt{2}}{2}a\right)$.

习题 2.4

基本题

1. 求下列函数的二阶导数：

(1) $y=4x^2-2x+e^x$；　　(2) $y=-0.2x^2+0.3x+\cos x$；

(3) $y=2x^3-3x^2+\ln x$.

2. 求由方程 $x^2-y^3+\sin y=0$ 所确定的隐函数 $y=y(x)$ 的导数 y'.

一般题

3. 求下列函数的二阶导数：

(1) $y=x\cdot e^x$；　　(2) $y=x\cdot(2x+1)^2$；

(3) $y=x^3\cdot\ln x$.

4. 求由方程 $e^y-3x^2+y^2=1$ 所确定的隐函数 $y=y(x)$ 的导数 y'.

5. 求由方程 $x^3+y^3=3xy$ 所确定的隐函数 $y=y(x)$ 的导数 y'.

提高题

6. 求下列函数的二阶导数：

(1) $y=2x+3$；　　(2) $y=x\ln x$；

(3) $y=e^{-t}\cos t$.

7. 求由方程 $e^y\cdot x-5+y^2=0$ 所确定的隐函数 $y=y(x)$ 的导数 y'.

8. 求由方程 $y\cdot\ln x+\sin x=0$ 所确定的隐函数 $y=y(x)$ 的导数 y'.

9. 求由方程 $x=y+\arctan y$ 所确定的隐函数 $y=y(x)$ 的导数 y'.

10. 求由方程 $e^{x+y}-xy=1$ 所确定的隐函数 $y=y(x)$ 的导数 y'.

11. 已知物体运动方程为 $s=A\cos(\omega t+\varphi)$ (A,ω,φ 是常数)，求物体的加速度.

第五节　函数的微分

一、微分的定义

在实际应用和理论研究当中，往往需要求出一个函数 $y=f(x)$ 的增量 Δy，可惜 Δy 的精确值的确定往往十分麻烦甚至无计可施，我们强烈企盼有一种求得 Δy 的简便可靠的近似算法. 这种运算十分便捷，近似程度又可以相当满意的 Δy 的近似值就是所谓函数的微分.

下面我们先讨论一个具体的例子：一块正方形金属薄片受温度变化影响时，其边长由 x_0 变到 $x_0+\Delta x$，如图 2-7 所示，问此薄片的面积改变了多少？

设此薄片的边长为 x，面积为 A，则 A 是 x 的函数：$A=x^2$. 薄片受温度变化影响时，面积的改变量可以看成当自变量 x 自 x_0 取得增量 Δx 时，函数 A 相应的增量 ΔA，即 $\Delta A=(x_0+\Delta x)^2-x_0^2=2x_0\Delta x+(\Delta x)^2$.

从上式可以看出，ΔA 可分成两部分：一部分是 $2x_0\Delta x$，它是 Δx 的线性函数，即图中带有斜线的两个矩形面积之和；另一部分是 $(\Delta x)^2$，在图中是带有交叉斜线的小正方形的面积. 显然，如图 2-7 所示，$2x_0\Delta x$ 是面积增量 ΔA 的主要部分，而 $(\Delta x)^2$ 是次要部分，当 $|\Delta x|$ 很小时，$(\Delta x)^2$ 部分比 $2x_0\Delta x$ 要小得多. 也就是说，当 $|\Delta x|$ 很小时，面积增量 ΔA 可以近似地用 $2x_0\Delta x$ 表示，即 $\Delta A\approx 2x_0\Delta x$.

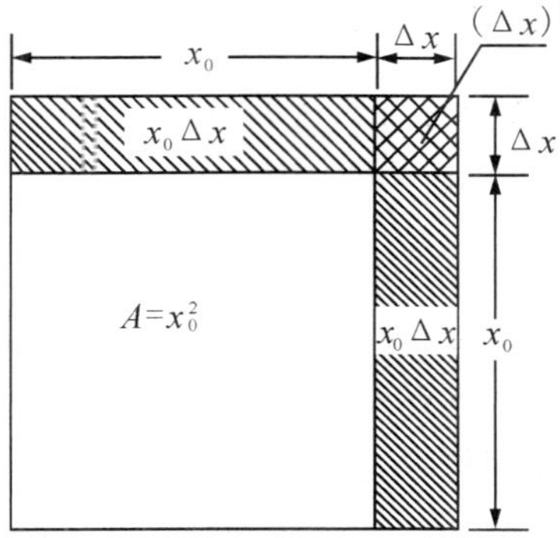

图 2-7

由此式作为 ΔA 的近似值，略去的部分 $(\Delta x)^2$ 是比 Δx 高阶的无穷小，即 $\lim\limits_{\Delta x\to 0}\dfrac{(\Delta x)^2}{\Delta x}=\lim\limits_{\Delta x\to 0}\Delta x=0$，又因为 $A'(x_0)=(x^2)'\big|_{x=x_0}=2x_0$，所以有 $\Delta A\approx A'(x_0)\Delta x$. 这表明，用来近似代替面积改变量 ΔA 的 $2x_0\Delta x$，实际上是函数 $A=x^2$ 在点 x_0 的导数 $2x_0$ 与自变量 x 的改变量 Δx 的乘积. 这种近似代替具有一定的普遍性.

定义 3　设函数 $y=f(x)$ 在 x_0 的某个邻域内有定义，当自变量在 x_0 处取得增量 Δx 时，如果函数的增量 $\Delta y=f(x_0+\Delta x)-f(x_0)$ 可以表示为 $\Delta y=A\Delta x+o(\Delta x)$，其中，$A$ 是与 x_0 有关而与 Δx 无关的常数，$o(\Delta x)$ 是比 Δx 高阶的无穷小量，则称函数 $y=f(x)$ 在点 x_0 处可微，$A\Delta x$ 称为函数 $y=f(x)$ 在点 x_0 处的**微分**，记作 $\mathrm{d}y\big|_{x=x_0}$，即 $\mathrm{d}y\big|_{x=x_0}=A\Delta x$.

接下来的问题是什么样的函数是可微的，对这个问题我们有如下结论：

定理 4　函数 $y=f(x)$ 在点 x_0 处可微的充要条件是函数 $y=f(x)$ 在点 x_0 处可导，且 $\mathrm{d}y\big|_{x=x_0}=f'(x_0)\Delta x$.

如果函数 $y=f(x)$ 在区间 I 内每一点都可微，称函数 $f(x)$ 是 I 内的可微函数，函数 $f(x)$ 在 I 内任意一点 x 处的微分就称为函数的微分，记作 $\mathrm{d}y$，即 $\mathrm{d}y=f'(x)\Delta x$.

因为当 $y=x$ 时，$\mathrm{d}y=\mathrm{d}x=(x)'\Delta x=\Delta x$，因此自变量 x 的增量 Δx 就是自变量的微分，即 $\mathrm{d}x=\Delta x$，于是函数 $y=f(x)$ 的微分又可记作 $\mathrm{d}y=f'(x)\mathrm{d}x$.

从而有 $\dfrac{\mathrm{d}y}{\mathrm{d}x}=f'(x)$. 这就是说，函数的微分 $\mathrm{d}y$ 与自变量的微分 $\mathrm{d}x$ 之商等于该函数的**导数**. 因此，导数也叫作“**微商**”. 以前我们用 $\dfrac{\mathrm{d}y}{\mathrm{d}x}$ 表示 y 对 x 的导

数，$\frac{dy}{dx}$被看作一个整体记号，现在可以把$\frac{dy}{dx}$看作一个分式，它是函数的微分 dy 与自变量的微分 dx 之商.

由上面讨论可知函数的微分有如下特点：

(1)函数 $f(x)$在 x 处可微与可导是等价的；

(2)微分 $f'(x_0)\Delta x$ 是增量 Δy 的近似值，其误差 $\alpha=\Delta y-f'(x_0)\Delta x$ 是比 Δx 高阶的无穷小量，$|\Delta x|$越小，误差越小；

(3)微分 dy 是 Δx 的一次函数(线性函数)；

(4)导数$\frac{dy}{dx}$为函数的微分与自变量的微分之商.

二、微分的计算

1. 求函数微分的计算公式

(1)$dy=y'dx$(函数微分计算公式).

(2)$dy=y'\cdot\Delta x$(实际问题的近似计算公式).

注意 当 $y=x$ 时，可得 $dy=dx=x'\cdot\Delta x=\Delta x$，即 $dx=\Delta x$.

2. 求函数在一点的微分的计算公式

$dy|_{x=x_0}=y'(x_0)dx$(函数在一点的微分计算公式).

$dy|_{x=x_0}=y'(x_0)\Delta x$(实际问题求函数在一点的微分的近似计算公式).

例 1 求函数 $y=x^2$ 在 $x=1,\Delta x=0.01$ 时的增量 Δy 与微分 dy.

解 函数 $y=x^2$ 在 $x=1$ 处的增量为 $\Delta y=(1+0.01)^2-1^2=0.0201$；

函数 $y=x^2$ 在 $x=1$ 处的微分为 $dy=(x^2)'|_{x=1}\Delta x=2\times0.01=0.02$.

例 2 求出函数 $y=f(x)=x^2-3x+5$ 当 $x=1$ 且(1)$\Delta x=0.1$；(2)$\Delta x=0.01$ 时的增量 Δy 与微分 dy.

解 函数增量
$$\begin{aligned}\Delta y&=[(x+\Delta x)^2-3(x+\Delta x)+5]-(x^2-3x+5)\\&=(2x-3)\Delta x+(\Delta x)^2\end{aligned}$$

函数微分 $dy=f'(x)\Delta x=(2x-3)\Delta x$，于是

(1)当 $x=1,\Delta x=0.1$ 时

$\Delta y=(2\times1-3)\times0.1+0.1^2=-0.09$，

$dy=(2\times1-3)\times0.1=-0.1$，

$\Delta y-dy=0.01$；

(2)当 $x=1,\Delta x=0.01$ 时

$\Delta y=(2\times1-3)\times0.01+0.01^2=-0.0099$，

$dy=(2\times1-3)\times0.01=-0.01$，

$\Delta y-dy=0.0001$.

由本例可以看到，$|\Delta x|$越小，Δy 与 dy 的差越小.

例 3 已知 $y=x^2$，求 dy 和$dy|_{x=2}$.

解 (1)$y'=2x,dy=(2x)dx$；

(2) $y'=2x$, $y'(2)=4$, $dy|_{x=2}=4dx$.

例 4　设 $y=e^x\cos x$，求 dy.

解　$dy=\cos x\cdot d(e^x)+e^x\cdot d(\cos x)=\cos x\cdot e^x dx-e^x\cdot\sin x\,dx$

$=e^x(\cos x-\sin x)dx$.

例 5　设 $y=\tan\frac{x}{2}$，求 dy.

解　因为 $y'=\frac{1}{2}\sec^2\frac{x}{2}$，所以 $dy=y'dx=\frac{1}{2}\sec^2\frac{x}{2}\,dx$.

三、微分的几何意义

为了对微分有比较直观的了解，下面我们来说明微分的几何意义.

设图 2-8 所示曲线是函数 $y=f(x)$ 的图像，过曲线上一点 M 作切线 MT，设 MT 的倾角为 α，则 $\tan\alpha=f'(x)$.

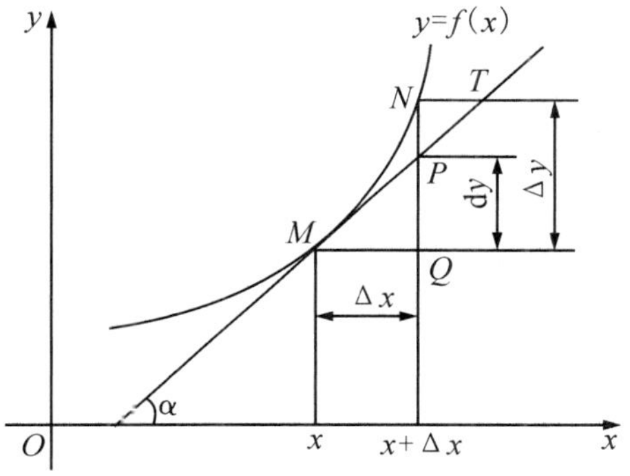

图 2-8

当自变量有增量 Δx 时，切线 MT 的纵坐标也有增量 $QP=\Delta x\tan\alpha=f'(x)\Delta x=dy$.

因此，函数 $y=f(x)$ 在 x 处的微分的几何意义是：曲线 $y=f(x)$ 在点 $M(x,y)$ 处的切线 MT 的纵坐标对应于 Δx 的相应增量 QP.

当 $|\Delta x|$ 很小时，$|\Delta y-dy|$ 比 $|\Delta x|$ 小得多，因此在点 M 的邻近，我们可以用切线段来近似代替曲线段.

四、微分公式与法则

由于 $dy=f'(x)dx$，所以微分公式与法则和学过的导数公式与法则如出一辙.

1. 基本初等函数的微分公式

由基本初等函数的导数公式，可以直接写出基本初等函数的微分公式：

(1) $dc=0$　(c 为常数)；

(2) $d(x^\mu)=\mu x^{\mu-1}dx$　(μ 为任意常数)；

(3) $d(\sin x)=\cos x\,dx$；

(4) $d(\cos x)=-\sin x\,dx$；

(5) $d(\tan x)=\sec^2 x\,dx$；

(6) $d(\cot x)=-\csc^2 x\,dx$；

(7) $d(\sec x)=\sec x\tan x\,dx$；

(8) $d(\csc x)=-\csc x\cot x\,dx$；

(9) $d(a^x)=a^x\ln a\,dx$；

(10) $d(e^x)=e^x dx$；

(11) $d(\log_a x)=\frac{1}{x\ln a}dx$；

(12) $d(\ln x)=\frac{1}{x}dx$；

(13) $d(\arcsin x)=\frac{1}{\sqrt{1-x^2}}dx$；

(14) $d(\arccos x)=-\frac{1}{\sqrt{1-x^2}}dx$；

(15) $d(\arctan x)=\frac{1}{1+x^2}dx$；

(16) $d(\text{arccot}\,x)=-\frac{1}{1+x^2}dx$.

2. 微分的四则运算法则

由导数的四则运算法则，可推得相应的微分法则（设 $u=u(x)$，$v=v(x)$ 都可导）：

(1) $d(u\pm v)=du\pm dv$；

(2) $d(cu)=c\,du$ （c 为常数）；

(3) $d(uv)=v\,du+u\,dv$；

(4) $d\left(\frac{u}{v}\right)=\frac{v\,du-u\,dv}{v^2}$ （$v\neq 0$）.

五、复合函数的微分法则

设 $y=f(u)$ 及 $u=\varphi(x)$ 都可导，则复合函数 $y=f(\varphi(x))$ 的微分为 $dy=y'_x dx=f'(u)\varphi'(x)dx$.

由于 $\varphi'(x)dx=du$，所以复合函数 $y=f(\varphi(x))$ 的微分公式可以写成 $dy=f'(u)du$ 或 $dy=y'_u du$.

由此可见，无论 u 是自变量还是另一个变量的可微函数，微分形式 $dy=f'(u)du$ 保持不变. 这一性质称为微分形式不变性. 应用此性质可方便地求复合函数的微分.

例 6 求 $y=\ln(3x+2)$ 的微分 dy.

解 $y'=\frac{3}{3x+2}$，$dy=\frac{3}{3x+2}dx$.

例 7 设 $y=e^{\sin^2 x}$，求 dy.

解 利用微分形式不变性有

$$\begin{aligned} dy &= e^{\sin^2 x} d(\sin^2 x) \\ &= e^{\sin^2 x} 2\sin x \ d(\sin x) \\ &= e^{\sin^2 x} 2\sin x \cos x \ dx \\ &= \sin 2x \ e^{\sin^2 x} dx \end{aligned}$$

例 8　张先生一家人最近考虑购买一套商品房，需要向银行抵押借贷 120 000 元．设贷款年利率为 r，每月等额还款，30 年内还清贷款．每月应还银行 P：$P=f(r)=\dfrac{10\,000r}{1-(1+r/12)^{-360}}$（元）．如果银行的年利率由 10%增加到 10.2%，试估算张先生每月向银行多还多少元贷款？

解　$\Delta P \approx dP = f'(r)dr, r=0.1, dr=0.002$，

$$f'(r)=\frac{10\,000}{1-(1+r/12)^{-360}}+\frac{-10\,000r\cdot 360(1+r/12)^{-361}(1/12)}{(1-(1+r/12)^{-360})^2},$$

$f'(0.1)=8\,867.599\,479\,79$，

$\Delta P \approx dP = f'(r)dr = 8\,867.599\,479\,79 \times 0.002 = 17.735\,2$（元）．

这样如果银行的年利率由 10%增加到 10.2%，则张先生每月向银行约多还 17.74 元贷款．

六、微分的应用（选讲内容）

在工程问题中，经常会遇到一些复杂的计算公式，如果直接用这些公式进行计算，那是很费力的，利用微分往往可以把一些复杂的计算公式改用简单的近似公式来代替．

设函数 $y=f(x)$ 在 x_0 处可微，其微分为 dy，当 Δx 很小时，$\Delta y \approx dy$，$|\Delta x|$ 越小，近似值的精度越高．近似计算公式为 $f(x_0+\Delta x)-f(x_0)\approx f'(x_0)\Delta x$ 或 $f(x_0+\Delta x)\approx f(x_0)+f'(x_0)\Delta x$．

第一个式子常用来求函数改变量，第二个式子常用来求函数的近似值．

利用上述近似公式进行相应的近似计算时，关键要把握以下两点：

(1)对于给定的问题，要选择合适的函数 $f(x)$；

(2)函数 $f(x)$ 选定后，要适当选择点 x_0；选择 x_0 的原则是 $f'(x_0)$ 容易求出且 $|\Delta x|$ 很小．

例 9　用微分求 $\sqrt{25.8}$ 的近似值，并验证所得到的结果．

解　选择 $f(x)=\sqrt{x}$，$x_0=25$，$\Delta x=0.8$，

由 $f(x_0+\Delta x)\approx f(x_0)+f'(x_0)\cdot\Delta x$，

因为 $f'(x)=(\sqrt{x})'=(x^{\frac{1}{2}})'=\dfrac{1}{2}x^{-\frac{1}{2}}$，

所以 $\sqrt{25.8}\approx\sqrt{25}+\left(\dfrac{1}{2}x^{-\frac{1}{2}}\right)\Bigg|_{x=25}\times 0.8=5+\dfrac{1}{10}\times 0.8=5.08$.

用计算器算出 $\sqrt{25.8}=5.079\,370\,04$（保留 8 位小数），误差为 0.000 629 96.

例 10　求 $\sqrt[4]{0.99}$ 的近似值．

解 设 $f(x)=\sqrt[4]{x}, x_0=1, \Delta x=-0.01, f'(x)=\dfrac{1}{4}x^{-\frac{3}{4}}$,

$$f(0.99)=f(1-0.01)\approx f(1)+f'(1)\times(-0.01)$$
$$=\sqrt[4]{1}+\frac{1}{4}\times 1^{-\frac{3}{4}}\times(-0.01)=1-0.0025=0.9975.$$

例 11 钢管内径 100 厘米,管厚 2 厘米,求钢管横截面积的近似值.

解 截面为圆环,内半径 $r=50$ 厘米,其截面积恰为圆半径自 $r_0=50$ 增加 $\Delta r=2$ 时,圆面积的增量,故由面积公式 $S=\pi r^2$,有 $\Delta S\approx dS=(\pi r^2)'|_{r=50}\cdot\Delta r=2\pi r_0\cdot\Delta r\approx 628$(平方厘米).

例 12 设某国的国民经济消费模型为 $y=10+0.4x+0.01x^{\frac{1}{2}}$,其中,$y$ 为总消费(单位:10 亿元);x 为可支配收入(单位:10 亿元). 当 $x=100.05$ 时,问总消费是多少?

解 令 $x_0=100, \Delta x=0.05, y'=0.4+\dfrac{0.01}{2\sqrt{x}}, f(100.05)\approx f(100)+f'(100)\times 0.05=(10+0.4\times 100+0.01\times 100^{\frac{1}{2}})+\left(0.4+\dfrac{0.01}{2\sqrt{100}}\right)\times 0.05=50.120025$(10 亿元).

例 13 某种载重卡车行驶 500 千米路程的总成本 $C(v)$(元)是其平均速率 v(千米/小时)的函数 $C(v)=125+v+\dfrac{4500}{v}$,试求:当平均速率由 55 千米/小时增加到 58 千米/小时时,其总成本改变量的近似值.

解 $v=55, \Delta v=dv=58-55=3$,

所以 $\Delta C\approx dC=C'(v)dv=\left(1-\dfrac{4500}{v^2}\right)\Big|_{v=55}\cdot 3=\left(1-\dfrac{4500}{3025}\right)\cdot 3\approx -1.46.$

计算结果表明:当平均速率由 55 千米/小时增加到 58 千米/小时时,其总成本将减少 1.46 元. 这可以部分解释许多独立行驶的载重卡车的平均速率会超过 55 千米/小时(最高限速)的原因.

例 14 某公司的广告支出 x(千元)与总销售额 $S(x)$(千元)之间的函数关系为 $S(x)=-0.002x^3+0.6x^2+x+500\quad(0\leqslant x\leqslant 200)$,如果该公司的广告支出从 100 000 元($x=100$)增加到 105 000 元($x=105$),试估算该公司销售额的改变量.

解 估算销售额的改变量即求销售额的改变量的近似值,所以

$\Delta S\approx dS=S'(x)|_{x=100}dx=(-0.006x^2+1.2x+1)|_{x=100}\cdot 5=(-60+120+1)\cdot 5=305.$

销售额大约增加 305 000 元.

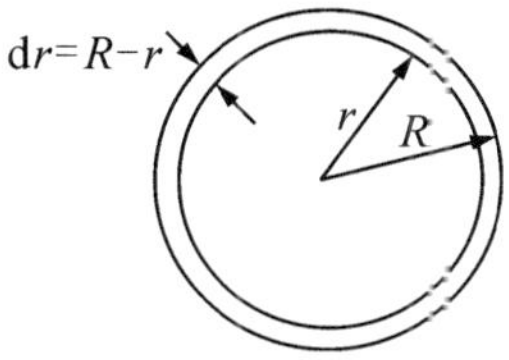

图 2-9

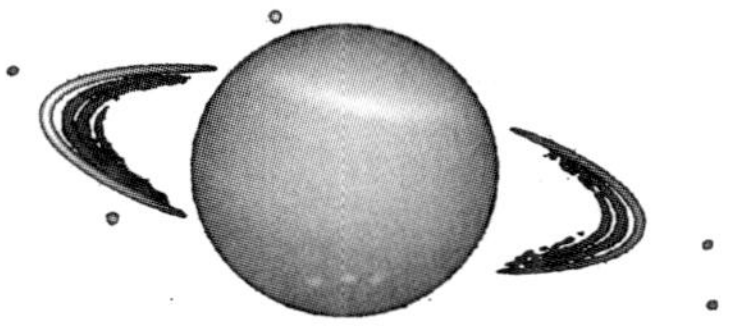

图 2-10

例 15　(1)如图 2-9 所示圆环,外圆半径为 R,内圆半径为 r,$R-r$ 远远小于 r,用微分估算圆环的面积;

(2)根据最近的观察(包括海王星探测器"旅行者 1 号""旅行者 2 号"传回的数据)海王星外围的环状结构比先前所了解的要复杂很多.并不是如先前认为的就是由一个大环组成,而是由大量的互相可识别的一系列环所构成,如图 2-10 所示.其中最外层的一个环(编号为 1989NIR)的内半径约为 62 900(千米)(从海王星的中心算起),环的宽度 $R-r$ 约为 50(千米).试用这些数据,估算海王星最外层那个环的面积.

解　(1)圆的面积公式为 $A=\pi r^2$,

所以 $\pi R^2-\pi r^2=\Delta A\approx \mathrm{d}A=f'(r)\mathrm{d}r=2\pi r(R-r)$;

(2)由 $r=62\,900, R-r=50$,

根据(1)的计算,所以海王星最外层那个环的面积约为

$\Delta A\approx \mathrm{d}A=2\pi r(R-r)=2\pi\times 62\,900\times 50=19\,769\,618$(平方千米).

这个面积大约为整个地球表面积的 4%.

注意

对于近似计算公式 $f(x_0+\Delta x)-f(x_0)\approx f'(x_0)\Delta x$ 或 $f(x_0+\Delta x)\approx f(x_0)+f'(x_0)\Delta x$,当 $x_0=0, x=\Delta x$,当 $|x|$ 非常小时,则有 $f(x)\approx f(0)+f'(0)x$.

由此可以推得几个常用的近似公式(下面都假定 $|x|$ 是较小的数值):

(1) $\sqrt[n]{1+x}\approx 1+\frac{1}{n}x$;

(2) $\sin x\approx x$ (x 用弧度作单位来表达);

(3) $e^x\approx 1+x$;

(4) $\tan x\approx x$ (x 用弧度作单位来表达);

(5) $\ln(1+x)\approx x$.

习题 2.5

基本题

1. 求 $\mathrm{d}y$:

(1) $y=8x^3-x^2+7x$;　　(2) $y=\frac{2}{x^3}-\frac{4}{\sqrt{x}}$;

(3) $y=6a^x-3\tan x+5$.

一般题

2. 求 dy：

(1) $y=x\sin x$；　(2) $y=x^2\cos x$；

(3) $y=\dfrac{\ln x}{\sin x}$；　(4) $y=\dfrac{x^2+1}{\sin x}$.

提高题

3. 求 dy：

(1) $y=e^x\sin x$；　(2) $y=\dfrac{3x^2+1}{x^2-\cos x}$；

(3) $y=x^2\tan x+\arcsin x$；　(4) $y=e^x\cot x-x\arctan x$.

4. 求 dy：

(1) $y=\dfrac{x-1}{1+x}$；　(2) $y=\dfrac{x^3+2x}{e^x}$；

(3) $y=\dfrac{\tan x}{e^x}$；　(4) $y=\dfrac{\sin x}{1+\cos x}$；

(5) $y=(\sec x+2)\cdot\sin x$.

5. 求下列各式的近似值：

(1) $\sqrt{99.7}$；　(2) $\sqrt[5]{0.99}$；

(3) $\sin 29°$；　(4) $\ln 1.05$.

第六节　多元函数微分学简介

一、多元函数的实际例子

以前我们所讨论的函数都是关于一个变量的函数，也称为一元函数，但在许多实际应用中，常常需要考虑两个或两个以上变量的函数，这样的函数我们称为多元函数. 例如某公司生产销售 A 型、B 型、C 型三种不同的产品，销售一件相应产品的收入分别为 10 元、8 元、6 元，分别以 x,y,z 表示相应产品的销售量，则收入函数为 $R=10x+8y+6z$，R 就是三个变量的函数.

生产函数模型是对生产活动进行数据分析的有效工具，作为其中之一的技术进步速度，就是一项在一定时期内反应技术进步速度的综合指标，其公式如下：$\gamma=y-k\alpha-l\beta$，其中 γ 为技术进步速度，α,β 为资本与劳动的产出弹性，y,k,l 分别为产出、资本、劳动等数量的增长速度，销售某产品所得收入 R 依赖于销售量 Q 和销售价格 P，即 $R=QP$. 当销售量 Q 和销售价格 P 一定时，就有唯一确定的收入与之对应.

一般来说，多元函数的有关概念（定义域、值域、图像、极限、连续性等）比一元函数复杂. 例如二元函数 $z=f(x,y)$ 的定义域一般为 xOy 坐标平面内的一个区域,若二元函数 $z=f(x,y)$ 在此区域内每一点都连续,则函数 $z=f(x,y)$ 在整个区域内都连续,并且该连续函数的图形是一块不断开的连续曲面.

二、二元函数的偏导数和全微分

(一)二元函数的偏导数

对于二元函数,若同时考虑两个自变量都在变化,则它的变化比较复杂,不便于讨论,于是分别考虑只有一个自变量变化而引起的二元函数的变化情况.

已知二元函数 $z=f(x,y)$,在点 (x_0,y_0) 处及其附近有定义,若只有 x 变化,而 y 不变化,即 y 恒等于 y_0,这时二元函数 $z=f(x,y)$ 就化为自变量为 x 的一元函数 $z=f(x,y_0)$,可以考虑它在点 x_0 处对 x 的导数;同样,若只有 y 变化,而 x 不变化,即 x 恒等于 x_0,这时二元函数 $z=f(x,y)$ 就化为自变量为 y 的一元函数 $z=f(x_0,y)$,可以考虑它在点 y_0 处对于 y 的导数.

定义 4　已知二元函数 $z=f(x,y)$ 在点 (x_0,y_0) 的某一邻域内有定义,当 y 固定在 y_0,而 x 在 x_0 处有改变量 Δx 时,相应地,函数有改变量 $f(x_0+\Delta x,y_0)-f(x_0,y_0)$,如果极限 $\lim\limits_{\Delta x\to 0}\dfrac{f(x_0+\Delta x,y_0)-f(x_0,y_0)}{\Delta x}$ 存在,则称此极限值为函数 $z=f(x,y)$,在点 (x_0,y_0) 处对 x 的**偏导数**,记为 $\left.\dfrac{\partial z}{\partial x}\right|_{\substack{x=x_0\\ y=y_0}}$,$\left.\dfrac{\partial f}{\partial x}\right|_{\substack{x=x_0\\ y=y_0}}$,$\left.z'_x\right|_{\substack{x=x_0\\ y=y_0}}$ 或 $f'_x(x_0,y_0)$.

类似地,当 x 固定在 x_0,而 y 在 y_0 处有改变量 Δy 时,如果极限 $\lim\limits_{\Delta y\to 0}\dfrac{f(x_0,y_0+\Delta y)-f(x_0,y_0)}{\Delta y}$ 存在,则称此极限值为函数 $z=f(x,y)$ 在点 (x_0,y_0) 处对 y 的**偏导数**,记为 $\left.\dfrac{\partial z}{\partial y}\right|_{\substack{x=x_0\\ y=y_0}}$,$\left.\dfrac{\partial f}{\partial y}\right|_{\substack{x=x_0\\ y=y_0}}$,$\left.z'_y\right|_{\substack{x=x_0\\ y=y_0}}$ 或 $f'_y(x_0,y_0)$.

如果函数 $z=f(x,y)$ 在区域 D 内每一点 (x,y) 处对 x 的偏导数都存在,这个偏导数就是 x,y 的函数.称为 $z=f(x,y)$ 对自变量 x 的偏导函数,记作 $\dfrac{\partial z}{\partial x}$,$\dfrac{\partial f}{\partial x}$,$z'_x$ 或 $f'_x(x,y)$.

类似地,可以定义函数 $z=f(x,y)$ 对自变量 y 的偏导函数,记作 $\dfrac{\partial z}{\partial y}$,$\dfrac{\partial f}{\partial y}$,$z'_y$ 或 $f'_y(x,y)$.

以后如不混淆,偏导函数简称为偏导数.

至于实际求 $z=f(x,y)$ 的偏导数,并不需要用新的方法,因为这里只有一个自变量在变动,另一个自变量是看作固定的,所以仍旧是一元函数的微分法问题.求 $\dfrac{\partial f}{\partial x}$ 时,只要把 y 暂时看作常量而对 x 求导数;求 $\dfrac{\partial f}{\partial y}$ 时,则只要把 x 暂时看作常量而对 y 求导数.

简单来说，**求偏导数的方法如下**：

(1)z'_x：把 y 看作常数；

(2)z'_y：把 x 看作常数.

归纳 求二元函数 $z=f(x,y)$ 关于某个变量的偏导数，只需将另一个自变量看作常数，然后利用一元函数求导公式和求导法则就可求得结果. 三元或三元以上函数关于某一个变量的偏导数同样定义和计算.

(二)全微分的概念

如果一元函数 $y=f(x)$ 在点 x 可微，那么函数 $y=f(x)$ 的改变量 $\Delta y=f(x+\Delta x)-f(x)$ 可以表示为 Δx 的线性函数与一个比 Δx 高阶的无穷小之和，即 $\Delta y=f(x+\Delta x)-f(x)=A\Delta x+o(\Delta x)$，其中 A 与 Δx 无关，仅与 x 有关，$o(\Delta x)$ 是当 $\Delta x\to 0$ 时，比 Δx 高阶的无穷小.

对于二元函数 $z=f(x,y)$ 在点 (x,y) 的全改变量 $\Delta z=f(x+\Delta x,y+\Delta y)-f(x,y)$，与一元函数的情况类似，希望能分离出自变量的改变量 Δx、Δy 的线性函数，从而引入如下定义：

定义 5 设二元函数 $z=f(x,y)$ 在点 (x,y) 的某邻域内有定义，如果函数 $z=f(x,y)$ 在点 (x,y) 的全改变量 $\Delta z=f(x+\Delta x,y+\Delta y)-f(x,y)$ 可以表示为 $\Delta z=A\Delta x+B\Delta y+o(\rho)$. 其中 A,B 与 $\Delta x,\Delta y$ 无关，仅与 x,y 有关，$\rho=\sqrt{(\Delta x)^2+(\Delta y)^2}$，$o(\rho)$ 是当 $\rho\to 0$ 时比 ρ 高阶的无穷小，则称函数 $z=f(x,y)$ 在点 (x,y) 处可微分，并称 $A\Delta x+B\Delta y$ 是函数 $z=f(x,y)$ 在点 (x,y) 处的**全微分**，记作 $\mathrm{d}z$，即 $\mathrm{d}z=A\Delta x+B\Delta y$.

如果函数在区域 D 内各点处都可微，那么称该函数在 D 内可微.

二元函数在某点的各个偏导数即使都存在，却不能保证函数在该点连续，但是，由上述定义可知，如果函数 $z=f(x,y)$ 在点 (x,y) 可微，那么此函数在该点必定连续.

事实上，由 $\Delta z=A\cdot\Delta x+B\Delta y+o(\rho)$ 可得 $\lim\limits_{\substack{\Delta x\to 0\\ \Delta y\to 0}}\Delta z=0$，从而 $\lim\limits_{\substack{\Delta x\to 0\\ \Delta y\to 0}}f(x+\Delta x,y+\Delta y)=\lim\limits_{\substack{\Delta x\to 0\\ \Delta y\to 0}}[f(x,y)+\Delta z]=f(x,y)$. 因此函数 $z=f(x,y)$ 在点 (x,y) 处连续.

下面进一步讨论函数 $z=f(x,y)$ 在点 (x,y) 可微的条件.

定理 5(必要条件) 如果函数 $z=f(x,y)$ 在点 (x,y) 可微，则该函数在点 (x,y) 的偏导数 $\frac{\partial z}{\partial x},\frac{\partial z}{\partial y}$ 必定存在，且函数 $z=f(x,y)$ 在点 (x,y) 的全微分为 $\mathrm{d}z=\frac{\partial z}{\partial x}\Delta x+\frac{\partial z}{\partial y}\Delta y$.

一般地，自变量的改变量 $\Delta x,\Delta y$ 分别为 $\mathrm{d}x,\mathrm{d}y$，故函数 $z=f(x,y)$ 在点 (x,y) 处的全微分可写成 $\mathrm{d}z=\frac{\partial z}{\partial x}\mathrm{d}x+\frac{\partial z}{\partial y}\mathrm{d}y$.

定理 6（充分条件）　如果函数 $z=f(x,y)$ 的偏导数 $\frac{\partial z}{\partial x},\frac{\partial z}{\partial y}$ 在点 (x,y) 连续，则函数在该点可微.

该定理的证明从略.

例 1　设函数 $z=2x^2+3xy-6y^2$，求：(1)偏导数 z'_x,z'_y；(2)求 dz.

解　(1) $z'_x=(2x^2+3xy-6y^2)'_x=4x+3y$，$z'_y=(2x^2+3xy-6y^2)'_y=3x-12y$；

(2) $dz=(4x+3y)dx+(3x-12y)dy$.

例 2　设函数 $z=xy+\ln x$，求：(1)偏导数 z'_x,z'_y；(2) dz.

解　(1) $z'_x=(xy+\ln x)'_x=y+\frac{1}{x}$，$z'_y=(xy+\ln x)'_y=x$；

(2) $dz=\left(y+\frac{1}{x}\right)dx+xdy$.

例 3　设 $z=2x^2y+y^3$，求 dz.

解　因为 $z'_x=4xy$，$z'_y=2x^2+3y^2$，所以 $dz=4xydx+(2x^2+3y^2)dy$.

例 4　求函数 $z=e^{5x^2+2y}$ 的偏导数和全微分.

解　$z'_x=e^{5x^2+2y}\cdot(5x^2+2y)'_x=10xe^{5x^2+2y}$，

$z'_y=e^{5x^2+2y}\cdot(5x^2+2y)'_y=2e^{5x^2+2y}$，

$dz=10xe^{5x^2+2y}dx+2e^{5x^2+2y}dy$.

例 5　求函数 $z=(x+y)\sin(x-y)$ 的偏导数和全微分.

解　根据乘积求导法则及偏导数的定义，有

$z'_x=(x+y)'_x\cdot\sin(x-y)+(x+y)[\sin(x-y)]'_x=\sin(x-y)+(x+y)\cos(x-y)$，

$z'_y=(x+y)'_y\cdot\sin(x-y)+(x+y)[\sin(x-y)]'_y=\sin(x-y)-(x+y)\cos(x-y)$，

$dz=[\sin(x-y)+(x+y)\cos(x-y)]dx+[\sin(x-y)-(x+y)\cos(x-y)]dy$.

例 6　求二元函数 $z=e^{xy}$ 的偏导数.

解　将二元函数 $z=e^{xy}$ 分解为 $z=e^u$，$u=xy$，根据一元复合函数求导运算法则，得

$z'_x=e^{xy}(xy)'_x=ye^{xy}$，$z'_y=e^{xy}(xy)'_y=xe^{xy}$.

例 7　设 $z=\frac{x}{y}\sin(x^2y^3)$，求 $\frac{\partial z}{\partial x},\frac{\partial z}{\partial y}$.

解　求 $\frac{\partial z}{\partial x}$ 时，把变量 y 看作常量，利用乘积的求导法则，得

$$\frac{\partial z}{\partial x}=\frac{x}{y}\frac{\partial}{\partial x}[\sin(x^2y^3)]+\left[\frac{\partial}{\partial x}\left(\frac{x}{y}\right)\right]\sin(x^2y^3)$$

$$=\frac{x}{y}\cos(x^2y^3)\cdot 2xy^3+\frac{1}{y}\sin(x^2y^3)$$

$$=2x^2y^2\cos(x^2y^2)+\frac{1}{y}\sin(x^2y^3).$$

求 $\frac{\partial z}{\partial y}$ 时，把变量 x 看作常量，得

$$\frac{\partial z}{\partial y}=\frac{x}{y}\frac{\partial}{\partial y}[\sin(x^2y^3)]+\left[\frac{\partial}{\partial y}\left(\frac{x}{y}\right)\right]\sin(x^2y^3)$$

$$=\frac{x}{y}\cos(x^2y^3)\cdot 3x^2y^2-\frac{x}{y^2}\sin(x^2y^3)$$

$$=3x^3y\cos(x^2y^3)-\frac{x}{y^2}\sin(x^2y^3).$$

三、二阶偏导数

定义 6 设函数 $z=f(x,y)$ 在区域 D 内具有偏导数 $\frac{\partial z}{\partial x}=f'_x(x,y)$，$\frac{\partial z}{\partial y}=f'_y(x,y)$，那么在 D 内 $f'_x(x,y)$，$f'_y(x,y)$ 都是 x，y 的函数. 如果这两个函数的偏导数也存在，则称它们是函数 $z=f(x,y)$ 的二阶偏导数. 按照对变量求导次序的不同有下列 4 个二阶偏导数：

$$\frac{\partial}{\partial x}\left(\frac{\partial z}{\partial x}\right)=\frac{\partial^2 x}{\partial x^2}=z''_{xx},$$

$$\frac{\partial}{\partial y}\left(\frac{\partial z}{\partial x}\right)=\frac{\partial^2 z}{\partial x\partial y}=z''_{xy},$$

$$\frac{\partial}{\partial x}\left(\frac{\partial z}{\partial y}\right)=\frac{\partial^2 z}{\partial y\partial x}=z''_{yx},$$

$$\frac{\partial}{\partial y}\left(\frac{\partial z}{\partial y}\right)=\frac{\partial^2 z}{\partial y^2}=z''_{yy}.$$

其中第二、第三两个偏导数称为混合偏导数.

例 8 求 $z=x^3+y^3-3xy^2$ 的各二阶偏导数.

解 $z'_x=3x^2-3y^2$，$z'_y=3y^2-6xy$，

$z''_{xx}=6x$，$z''_{xy}=-6y$，$z''_{yx}=-6y$，$z''_{yy}=6y-6x$.

例 9 设 $z=x^3y^2+\frac{x}{y}$，求它的 4 个二阶偏导数.

解 $z'_x=3x^2y^2+\frac{1}{y}$，$z'_y=2x^3y-\frac{x}{y^2}$，

所以 4 个二阶偏导数分别为

$z''_{xx}=6xy^2$，$z''_{xy}=6x^2y-\frac{1}{y^2}$，

$z''_{yx}=6x^2y-\frac{1}{y^2}$，$z''_{yy}=2x^3+\frac{2x}{y^3}$.

从该例中可以看到，两个二阶混合偏导数相等，即 $\frac{\partial^2 z}{\partial x\partial y}=\frac{\partial^2 z}{\partial y\partial x}$，这不是偶然的，事实上有如下定理：

定理 7 如果函数 $z=f(x,y)$ 的两个二阶混合偏导数 $\frac{\partial^2 z}{\partial y\partial x}$ 及 $\frac{\partial^2 z}{\partial x\partial y}$ 在区域 D 内连续，那么在该区域内这两个二阶混合偏导数必相等.

从该定理可知，二阶混合偏导数在连续的条件下与求导的次序无关.

例 10 求二元函数 $z=x\ln(x+y)$ 的二阶偏导数.

解 $\frac{\partial z}{\partial x}=\ln(x+y)+x\,\frac{1}{x+y}(x+y)'_x=\ln(x+y)+\frac{x}{x+y}$

$$\frac{\partial z}{\partial y}=x\,\frac{1}{x+y}(x+y)'_y=\frac{x}{x+y}$$

所以二阶偏导数分别为

$$\frac{\partial^2 z}{\partial x^2}=\frac{1}{x+y}(x+y)'_x+\frac{(x+y)-x}{(x+y)^2}=\frac{1}{x+y}+\frac{y}{(x+y)^2}=\frac{x+2y}{(x+y)^2}$$

$$\frac{\partial^2 z}{\partial x\partial y}=\frac{\partial^2 z}{\partial y\partial x}=\left(\frac{x}{x+y}\right)'_x=\frac{(x+y)-x}{(x+y)^2}=\frac{y}{(x+y)^2}$$

$$\frac{\partial^2 z}{\partial y^2}=-\frac{x}{(x+y)^2}(x+y)'_y=-\frac{x}{(x+y)^2}.$$

四、二元函数的极值问题(选讲内容)

之前我们讨论了关于一元函数的极值、最值问题以及解决方法. 但在工程技术、管理技术、经济分析等实际问题中,往往涉及多元函数的极值和最值问题. 本节就来重点讨论二元函数的极值和最值问题. 先看下面一个实例。

某商店卖两种牌子的果汁,本地牌子每瓶进价 1 元,外地牌子每瓶进价 1.2 元,店主估计,如果本地牌子的每瓶卖 x 元,外地牌子的每瓶卖 y 元,则每天可卖出 $70-5x+4y$ 瓶本地牌子的果汁,$80+6x-7y$ 瓶外地牌子的果汁,问:店主每天以什么价格卖两种牌子的果汁可取得最大收益?

每天收益的目标函数为 $f(x,y)=(x-1)(70-5x+4y)+(y-1.2)(80+6x-7y)$.

求最大收益问题就是求此二元函数的最大值问题. 要解决此问题,必须首先来讨论二元函数的极值问题.

定义 7　设函数 $z=f(x,y)$ 在点 (x_0,y_0) 的某个邻域内有定义,对于该邻域内不同于 (x_0,y_0) 的任一点 (x,y),如果都有 $f(x,y)\leqslant f(x_0,y_0)$,则称 $f(x,y)$ 在点 (x_0,y_0) 有极大值 $f(x_0,y_0)$;如果都有 $f(x,y)\geqslant f(x_0,y_0)$,则称 $f(x,y)$ 在点 (x_0,y_0) 有极小值 $f(x_0,y_0)$.

同一元函数类似,极值是函数的局部性质.

定理 8(极值的必要条件)　如果 $z=f(x,y)$ 在点 (x_0,y_0) 取得极值,且函数在该点的偏导数存在,则必有 $f'_x(x_0,y_0)=0, f'_y(x_0,y_0)=0$.

使 $f'_x(x_0,y_0)=0, f'_y(x_0,y_0)=0$ 同时成立的点 (x_0,y_0) 称为函数的驻点. 所以对于偏导数存在的函数,极值点一定是驻点,但驻点不一定是极值点,另外,函数的极值点也可以在偏导数不存在的点取得.

定理 9(极值的充分条件)　设 $z=f(x,y)$ 在点 (x_0,y_0) 的某个邻域内有连续的一阶、二阶偏导数,且 (x_0,y_0) 是 $z=f(x,y)$ 的驻点. 记 $A=f''_{xx}(x_0,y_0)$, $B=f''_{xy}(x_0,y_0)$, $C=f''_{yy}(x_0,y_0)$,则

(1)当 $B^2-AC<0$,且 $A<0$ 时,$f(x_0,y_0)$ 为极大值,当 $B^2-AC<0$,且 $A>0$ 时,$f(x_0,y_0)$ 为极小值;

(2)当 $B^2-AC>0$ 时,$f(x_0,y_0)$ 不是极值;

(3)当 $B^2-AC=0$ 时,不能确定 $f(x_0,y_0)$ 是不是极值.

由定理 7 及定理 8,得到求二元函数 $z=f(x,y)$ 极值的步骤如下:

(1)解方程组$\begin{cases} f'_x(x,y)=0 \\ f'_y(x,y)=0 \end{cases}$,求出驻点坐标;

(2)在每一个驻点处,求出二阶偏导数的值 A,B,C;

(3)计算 B^2-AC,依据 B^2-AC 及 A 的符号,确定(x_0,y_0)是否为极值点;

(4)若(x_0,y_0)是极值点,求出对应的极值 $f(x_0,y_0)$.

例 11 求函数 $f(x,y)=x^3-y^3+3x^2+3y^2-9x$ 的极值.

解 令$\begin{cases} f'_x=3x^2+6x-9=0 \\ f'_y=-3y^2+6y=0 \end{cases}$,得驻点:(1,0),(1,2),(−3,0),(−3,2).

$A=f''_{xx}=6x+6, B=f''_{xy}=0, C=f''_{yy}=-6y+6$,

得 $B^2-AC=36(x+1)(y-1)$.

列表如下:

驻点	A	B	C	B^2-AC	结论
(1,0)	$12>0$	0	$6>0$	$-72<0$	极小值点
(1,2)	$12>0$	0	$-6<0$	$72>0$	非极值点
(−3,0)	$-12<0$	0	$6>0$	$72>0$	非极值点
(−3,2)	$-12<0$	0	$-6<0$	$-72<0$	极大值点

故在点(1,0)处函数取得极小值 $f(1,0)=-5$;在点(−3,2)处函数取得极大值 $f(-3,2)=31$.

二元函数的最大(小)值是整体性概念,而极值是局部性概念,两者是有所区别的.与一元函数相类似,对于有界闭区域 D 上连续的二元函数 $f(x,y)$,一定能在该区域上取得最大值和最小值.使函数取得最值的点既可能在 D 的内部,也可能在 D 的边界上.

求有界闭区域 D 上的连续函数 $f(x,y)$ 的最值的方法和步骤如下:

(1)求出在 D 的内部的可能的极值点,并计算出在这些点处的函数值;

(2)求出 $f(x,y)$ 在 D 的边界上的最值;

(3)比较上述函数值的大小,最大者就是函数的最大值;最小者就是函数的最小值.

例 12 某厂要用铁板做成一个体积为 8 立方米的有盖长方体水箱.问当长、宽、高各取多少时,才能使用料最省?

解 设水箱的长为 x 米,宽为 y 米,则其高应为$\frac{8}{xy}$米.

此水箱所用材料的面积为

$$A=2\left(xy+y\cdot\frac{8}{xy}+x\cdot\frac{8}{xy}\right)=2\left(xy+\frac{8}{x}+\frac{8}{y}\right)\quad(x>0,y>0).$$

令 $A'_x=2\left(y-\frac{8}{x^2}\right)=0, A'_y=2\left(x-\frac{8}{y^2}\right)=0$,得 $x=2, y=2$.

根据题意可知水箱所用材料面积的最小值一定存在,并在开区域

$D\{(x,y)|x>0,y>0\}$内取得.因为函数A在D内只有一个驻点,所以此驻点一定是A的最小值点,即当水箱的长为2米、宽为2米、高为$\frac{8}{2\times2}=2$米时,水箱所用的材料最省.因此A在D内的唯一驻点(2,2)处取得最小值,即长为2米、宽为2米、高为$\frac{8}{2\times2}=2$米时,所用材料最省.

例13　某工厂生产两种产品甲和乙,出售单价分别为10元与9元,生产x单位的产品甲与生产y单位的产品乙的总费用是$400+2x+3y+0.01(3x^2+xy+3y^2)$元,求取得最大利润时,两种产品的产量各为多少?

解　用$L(x,y)$表示获得的总利润,则总利润等于总收益与总费用之差,即利润目标函数

$$L(x,y)=(10x+9y)-[400+2x+3y+0.01(3x^2+xy+3y^2)]$$
$$=8x+6y-0.01(3x^2+xy+3y^2)-400\quad(x>0,y>0),$$

令$\begin{cases}L'_x=8-0.01(6x+y)=0\\L'_y=6-0.01(x+6y)=0\end{cases}$,解得唯一驻点(120,80).

又因$A=L''_{xx}=-0.06<0,B=L''_{xy}=-0.01,C=L''_{yy}=-0.06$,得

$B^2-AC=0.01^2-0.06^2=-3.5\times10^{-3}<0$,

得极大值$L(120,80)=320$.根据实际情况,此极大值就是最大值.故生产120单位产品甲与80单位产品乙时所得利润最大为320元.

五、条件极值(选讲内容)

对自变量有约束条件的极值问题,称为条件极值问题;而对自变量除了限制在定义域内外,并无其他条件的极值问题称为无条件极值问题.

例如,求表面积保持一定,而体积最大的长方体的体积问题.设x,y,z表示长方体的三条棱长,则体积$V=xyz$,因为表面积为定值$2a$,所以自变量还需满足附加条件$2(xy+yz+zx)=2a$.这种对自变量有附加条件的极值问题称为条件极值.

一些较简单的条件极值可以化成无条件极值,然后用学过的方法加以解决.一般的条件极值,要化为无条件极值往往比较困难,以下介绍一种求条件极值最常用的方法——拉格朗日乘数法.

求函数$z=f(x,y)$在约束条件$\varphi(x,y)=0$下求极值的步骤如下:

(1)构造辅助函数(称为拉格朗日函数)$F(x,y,\lambda)=f(x,y)+\lambda\varphi(x,y)$,其中$\lambda$为待定常数,称为**拉格朗日乘数**;

(2)求解方程组$\begin{cases}F'_x(x,y,\lambda)=f'_x(x,y)+\lambda\varphi'_x(x,y)=0\\F'_y(x,y,\lambda)=f'_y(x,y)+\lambda\varphi'_y(x,y)=0\\F'_\lambda(x,y,\lambda)=\varphi(x,y)=0\end{cases}$,消去$\lambda$,得出所有可能的极值点$(x,y)$;

(3)判别求出的点(x,y)是否为极值点,通常可以根据问题的实际意义直

接判定.

例 14 设销售收入 R(单位:万元)与花费在两种广告宣传的费用 x,y(单位:万元)之间的关系为 $R=\dfrac{200x}{x+5}+\dfrac{100y}{y+10}$,利润额相当 1/5 的销售收入,并要扣除广告费用.已知广告费用总预算金是 25 万元,试问如何分配两种广告费用才能使利润最大?

解 如果广告总支出限制在 25 万元,现在要求 $z=f(x,y)$ 在条件 $x+y=25$下的极大值.

设 $L(x,y,\lambda)=\dfrac{1}{5}R-(x+y)+\lambda(x+y-25)=\dfrac{40x}{x+5}+\dfrac{20y}{y+10}-x-y+\lambda(x+y-25)$;

解方程组$\begin{cases}L'_x=0\\L'_y=0\\x+y=25\end{cases}$,即$\begin{cases}\dfrac{200}{(x+5)^2}-1+\lambda=0\\\dfrac{200}{(y+10)^2}-1+\lambda=0\\x+y=25\end{cases}$,得到 $x=15,y=5$.

点(15,5)是函数 $z=f(x,y)$ 在条件 $x+y=25$ 下的唯一极值点,而实际问题确实存在最大净销售利润.所以点(15,5)就是函数 $z=f(x,y)$ 在条件 $x+y=25$下的最大值点,两种广告宣传的支出分别是 15 万元和 5 万元.

六、全微分在近似计算中的应用(选讲内容)

由二元函数全微分的定义及关于全微分存在的充分条件可知,当二元函数 $z=f(x,y)$在点 $P(x,y)$的两个偏导数 $f'_x(x,y)$,$f'_y(x,y)$连续,并且$|\Delta x|$,$|\Delta y|$都较小时,就有近似等式 $\Delta z\approx dz=f'_x(x,y)\Delta x+f'_y(x,y)\Delta y$.

上式也可以写成 $f(x+\Delta x,y+\Delta y)\approx f(x,y)+f'_x(x,y)\Delta x+f'_y(x,y)\Delta y$.

例 15 计算$(1.04)^{2.02}$的近似值.

解 设函数 $f(x,y)=x^y$.显然,要计算的值就是函数在 $x=1.04,y=2.02$时的函数值 $f(1.04,2.02)$.由于

$f(1,2)=1$,

$f'_x(x,y)=yx^{y-1}$,$f'_y(x,y)=x^y\ln x$,

$f'_x(1,2)=2$,$f'_y(1,2)=0$,

所以,应用公式可得$(1.04)^{2.02}\approx 1+2\times 0.04+0\times 0.02\approx 1.08$.

例 16 有一圆柱体,受压后发生形变,它的半径由 20 厘米增大到 20.05 厘米,高度由 100 厘米减少到 99 厘米,求此圆柱体体积变化的近似值.

解 设圆柱体的半径、高和体积分别为 r,h,V,则有 $V=\pi r^2h$.

记 r,h,V 的增量分别为 $\Delta r,\Delta h,\Delta V$.

由公式得 $\Delta V\approx dV=V'_r\Delta r+V'_h\Delta h=2\pi rh\Delta r+\pi r^2\Delta h$,

即 $\Delta V\approx 2\pi\times 20\times 100\times 0.05+\pi\times 20^2\times(-1)=-200\pi$(立方厘米).

习题 2.6

基本题

1. 求下列函数的一阶偏导数：

(1) $z=x^3-2x^2y+3y^4$；　　(2) $z=x\cdot\sin y$；

(3) $z=\dfrac{2y}{x^2}$.

一般题

2. 求下列函数的一阶和二阶偏导数：

(1) $z=x^3-2x^2y+3y^4$；　　(2) $z=xy+x^2\cdot\sin y$.

提高题

3. 求下列函数的一阶偏导数：

(1) $z=(x^2+y^2)^{\frac{2}{3}}$；　　(2) $z=\sin(x-y)$；

(3) $z=\sqrt{x^2+y^2}$.

4. 求下列函数的一阶和二阶偏导数：

(1) $z=\ln(x^2+y^2)$；　　(2) $z=\dfrac{x+y}{x-y}$.

第七节　导数在经济分析中的应用

导数的实质就是函数的变化率和变化速度，经济学中常用到变化率的概念，如成本的变化率、产量的变化率、利润的变化率、需求的变化率、供给的变化率等. 这些变化率大体可以分成两类：绝对变化率（“边际”）和相对变化率（“弹性”）.

一、$f'(x_0)$的经济学含义

（一）三大常用经济学函数

(1) 总成本函数：$C=C_0+C_1(q)$；

(2) 总收入函数：$R=p\cdot q$；

(3) 利润函数：$L(q)=R(q)-C(q)$.

（二）求函数的变化率

我们知道求函数的变化率即求函数的导数，例如求成本函数的变化率即求 C'.

（三）$f'(x_0)$的几何意义

几何上 $f'(x_0)$表示曲线 $y=f(x)$在点 $M_0(x_0,f(x_0))$处的切线的斜率，即 $k_{切线}=f'(x_0)$.

下面我们来介绍一下 $f'(x_0)$的**代数意义**：代数上 $f'(x_0)$表示函数 $y=f(x)$在 x_0 处的变化率，即自变量在 x_0 有一个单位的改变量，那么函数值在 $y_0=f(x_0)$处有 $f'(x_0)$个单位的改变量.

（四）经济函数的实际意义

结合经济函数的实际意义，它的经济学解释如下。

(1)例如：$C'(100)=300$(q 的单位是件，C 的单位是元)的经济含义。

经济解释 1：当产量在 100 件时，如果再多生产一件，总成本将增加 300 元.

经济解释 2：生产第 101 件产品所增加的成本大约是 300 元.

(2)例如：$R'(50)=100$(q 的单位是件，R 的单位是元)的经济含义。

经济解释 1：当销售量在 50 件时，如果再多销售一件，总收入将增加 100 元.

经济解释 2：销售第 51 件商品所增加的收入大约是 100 元.

(3)例如：$L'(2\ 000)=3\ 000$(q 的单位是件，L 的单位是元)的经济含义。

经济解释 1：当销售量在 2 000 件时，如果再多销售一件，总利润将增加3 000 元.

经济解释 2：销售第 2001 件商品所增加的利润大约是 3 000 元.

例 1 某公司某产品的日生产能力为 500 台，每日产品的总成本 C(千元)是日产量 x(台)的函数：$C(x)=400+2x+5\sqrt{x}\ (0\leqslant x\leqslant 500)$，求：(1)当产量为 400 台时的总成本；(2)当产量为 400 台时的平均成本；(3)当产量为 400 台时总成本的变化率.

解 (1)当产量为 400 台时，总成本为

$C(400)=400+2\times400+5\sqrt{400}=1\ 300$ (千元)；

(2)当产量为 400 台时，平均成本为

$$\overline{C}(400)=\frac{C(400)}{400}=\frac{1\ 300}{400}=3.25 \text{ (千元/台)；}$$

(3)当产量为 400 台时，总成本的变化率为

$$C'(x)=(400+2x+5\sqrt{x})'=(400+2x+5x^{\frac{1}{2}})'=2+5\cdot\frac{1}{2}x^{-\frac{1}{2}}=2+\frac{5}{2}x^{-\frac{1}{2}},$$

$$C'(400)=2+\frac{5}{2}\times400^{-\frac{1}{2}}=2.125 \text{ (千元).}$$

上式中，$C'(400)=2.125$(千元)表示当日产量为 400 台时，若再多生产 1 台，总成本将增加 2.125 千元.

二、边际分析

边际概念是经济学中的一个重要概念，通常是经济变量的变化率.

定义 8　设函数 $y=f(x)$ 在 x 处可导，则称导数 $f'(x)$ 为 $f(x)$ 的边际函数，$f'(x)$ 在 x_0 处的值 $f'(x_0)$ 称为边际函数值.

边际函数值 $f'(x_0)$ 的经济意义是：函数 $y=f(x)$ 在 $x=x_0$ 处，当自变量 x 再增加 1 个单位时，函数 $f(x)$ 的改变量的近似值为 $f'(x_0)$. 但实际应用中解释边际函数值的具体意义时常常略去"近似"二字.

用边际函数来分析经济量的变化，通常称为边际分析.

（一）边际成本

在经济学中，边际成本定义为产量增加一个单位时所增加的成本. 简单地说：求边际成本就是对成本函数求导数即 $C'(q)$.

设某产品产量为 q 单位时的成本为 $C=C(q)$，于是 $C(q+1)-C(q)=\Delta C(q)\approx \mathrm{d}C(q)=C'(q)\Delta q=C'(q)$.

所以边际成本约等于成本函数的变化率，通常就把边际成本理解为总成本函数的变化率.

（二）边际收入

在经济学中，边际收入定义为销售量增加一个单位时所增加的销售收入. 简单地说，求边际收入就是对收入函数求导数即 $R'(q)$.

（三）边际利润

在经济学中，边际利润定义为销售量增加一个单位时所增加的销售利润. 简单地说，求边际利润就是对利润函数求导数即 $L'(q)$.

例 2　某种扩音器系统的单价 p(元)与需求量 q(套)之间的函数关系为 $p=-0.02q+400\ (0\leqslant q\leqslant 20\ 000)$. 求：(1)收入函数 R；(2)边际收入函数 R'；(3)计算 $R'(2\ 000)$，解释所得到的结果.

解　(1)收入函数 $R=R(q)=pq=q(-0.02q+400)=-0.02q^2+400q$（元）$(0\leqslant q\leqslant 20\ 000)$.

(2)边际收入为 $R'=R'(q)=(-0.02q^2+400q)'=-0.04q+400$.

(3)$R'(2\ 000)=-0.04\cdot 2\ 000+400=320$.

所得到的结果表明销售第 2 001 套扩音器系统所增加的收入大约为 320 元.（或者解释为：当销售量在 2 000 套时，如果再多销售一套，总收入将增加 320 元.）

例 3　收入函数如例 2，即 $R=-0.02q^2+400q$，再设制造 q 套扩音器系统的总成本为 $C(q)=100q-200\ 000$(元). 求：

(1)利润函数 $L(q)$；

(2)边际利润函数 $L'(q)$；

(3)计算 $L'(2\,000)$，并解释所得到的结果.

解 (1)由例 2(1)，利润函数 $L(q)=R(q)-C(q)=(-0.02q^2+400q)-(100q+200\,000)=-0.02q^2+300q-200\,000$；

(2)边际利润函数为 $L'(q)=(-0.02q^2+300q-200\,000)'=-0.04q+300$；

(3)$L'(2\,000)=-0.04\cdot 2\,000+300=220$.

结果表明销售第 2 001 套扩音器系统所增加的利润大约为 220 元.(或者解释为：当销售量在 2 000 套时，如果再多销售一套，总利润将增加 220 元.)

三、弹性分析

现在很多商场在搞降价促销，那么是不是所有商品都适合降价促销呢？我们可以用一个数学概念——弹性来进行分析，即研究这样一个问题：对于一种商品，如果价格在 $p=p_0$ 处下降 1%，那么需求量将如何变化，变化幅度有多大？

(一)弹性概念

定义 9 设函数 $y=f(x)$ 在 x 处可导，函数的相对改变量 $\dfrac{\Delta y}{y}=\dfrac{f(x+\Delta x)-f(x)}{f(x)}$ 与自变量的相对改变量 $\dfrac{\Delta x}{x}$ 之比 $\dfrac{\frac{\Delta y}{y}}{\frac{\Delta x}{x}}$，称为函数 $f(x)$ 从 x 到 $x+\Delta x$ 两点间的弹性. 当 $\Delta x\to 0$ 时，若 $\dfrac{\frac{\Delta y}{y}}{\frac{\Delta x}{x}}$ 的极限存在，则称该极限值为 $f(x)$ 在 x 处的弹性，记作 $Ef(x)$，即 $Ef(x)=\lim\limits_{\Delta x\to 0}\dfrac{\frac{\Delta y}{y}}{\frac{\Delta x}{x}}=y'\cdot\dfrac{x}{y}=\dfrac{x}{f(x)}\cdot f'(x)$，由于 $Ef(x)$ 也是 x 的函数，即称它为 $f(x)$ 的**弹性函数**.

在经济学中，设某一商品的需求函数为 $Q=Q(p)$，p 为该商品的单价，Q 为该商品的需求量，则需求弹性公式为 $EQ(p)=\dfrac{p}{Q(p)}\cdot Q'(p)$.

需求函数在一点处的弹性：$EQ(p_0)<0$.

说明：因为需求函数是减函数，所以 $Q'(p)<0$，又因为 $p>0$，$Q>0$，所以 $EQ(p_0)=\dfrac{p_0}{Q(p_0)}\cdot Q'(p_0)=A<0$.

$EQ(p_0)$ 的**经济含义**：当 $p=p_0$ 时，如果价格下降 1%，需求量将增加 $|A|$%.(或者：当 $p=p_0$ 时，如果价格上涨 1%，需求量将减少 $|A|$%.)

弹性刻画了函数值对自变量相对变化的强烈程度(灵敏度或幅度).

例 4　某公司某型号的扩音器系统的需求函数为 $Q=Q(p)=-50p+20\,000$，求：

(1)需求弹性 $EQ(p)$；

(2)计算 $EQ(100)$，并解释得到的结果；

(3)计算 $EQ(300)$，并解释得到的结果.

解　(1)
$$EQ(p)=\frac{p}{Q(p)}\cdot Q'(p)=\frac{p}{-50p+20\,000}(-50p+20\,000)'=\frac{p}{-50p+20\,000}\times(-50)=\frac{p(-50)}{-50p+20\,000}=\frac{p}{p-400};$$

(2)$EQ(100)=\frac{100}{100-400}=-\frac{1}{3}\approx-0.33$，$EQ(100)\approx-0.33$ 的经济含义为：当每套该型号扩音器售价 100 元时，若价格下降 1%，则需求量将增加 0.33%(或者：当每套该型号扩音器售价 100 元时，若价格上涨 1%，则需求量将减少 0.33%).

(3)$EQ(300)=\frac{300}{300-400}=-3$. $EQ(300)=-3$ 的含义为：当每套该型号扩音器售价 300 元时，若价格下降 1%，则需求量将增加 3%.(或者：当每套该型号扩音器售价 300 元时，若价格上涨 1%，则需求量将减少 3%).

说明：在上例中，当 $p=100$ 时，若价格下降 1%，则需求仅增加 0.33%，此时，降价措施并不能有效促进需求；当 $p=300$ 时，若价格下降 1%，则需求增加 3%，此时适当降价，就可以有效促进需求.

(二)弹性的分类

若 $|EQ(p_0)|>1$，称需求量对价格富有弹性，即价格的相对变化将引起需求量的较大相对变化(注：这类商品适合降价促销)；

若 $|EQ(p_0)|=1$，称为单位弹性，即价格的相对变化与需求量的相对变化同步；

若 $|EQ(p_0)|<1$，称需求量对价格缺乏弹性，即价格的相对变化只能引起需求量的微小相对变化.

可以简单记为：
$$EQ(p_0)=\begin{cases}|A|>1,\text{富有弹性}\\|A|=1,\text{单位弹性}\\|A|<1,\text{缺乏弹性}\end{cases}$$

在上述例 4 中，$EQ(100)\approx-0.33$，此时需求量对价格缺乏弹性，即降价只能引起需求量的微小增加；$EQ(300)=-3$，此时需求量对价格富有弹性，即降价可以引起需求量的较大幅度增加.

(三)收入弹性求法

如果只知道需求函数 $Q=Q(p)$,如何求函数在一点处收入弹性?

1. 计算公式

$ER(p_0)=1+EQ(p_0)$;

2. 计算方法

(1)$EQ(p)=\dfrac{p}{Q(p)}\cdot Q'(p)$;

(2)$EQ(p_0)=A$;

(3)$ER(p_0)=1+EQ(p_0)=1+A=\begin{cases}B>0, \uparrow(同方向解释)\\ B<0, \downarrow(反方向解释)\end{cases}$

3. 收入弹性含义

$ER(p_0)$的经济含义:当 $p=p_0$ 时,如果价格上涨(下降)1%,收入将如何变化.

(1)当 $B>0$ 时,收入将增加(减少)$|B|$%;

(2)当 $B<0$ 时,收入将减少(增加)$|B|$%;

例 5 设某商品的需求函数为 $Q=75-p^2$.求:

(1)$p=4$ 时的需求弹性,并解释所得到的结果;

(2)$p=4$ 时,若价格上涨 1%,收入如何变化,变化的幅度多大?

解 (1)$EQ(p)=\dfrac{p}{Q(p)}\cdot Q'(p)=\dfrac{p}{75-p^2}(75-p^2)'=\dfrac{p}{75-p^2}\times(-2p)=\dfrac{-2p^2}{75-p^2}$,

$EQ(4)=\dfrac{-2\times4^2}{75-4^2}=-\dfrac{32}{59}\approx-0.54$,

所以当 $p=4$ 时,若价格上涨(下降)1%,需求将减少(增加)0.54%.

(2)$ER(4)=1+EQ(4)=1-0.54=0.46$,所以当 $p=4$ 时,若价格上涨 1%,总收入大约增加 0.46%.

习题 2.7

基本题

1.设某商品生产 q 件的成本函数为 $C(q)=0.001q^3-0.3q^2+40q+1\,000$(元),求:(1)边际成本函数 $C'(q)$;(2)$C'(50)$,并解释 $C'(50)$的经济学含义.

一般题

2.设某商品需求函数为 $p=20-\dfrac{q}{5}$,q 表示销售量(件),p 表示销售价格(万元),求:(1)销售量为 15 件商品时的总收入 $R(15)$;(2)销售量为 15 件商品时的平均收入$\overline{R}(15)$;(3)销售量为 15 件商品时的边际收入 $R'(15)$;(4)销售量从 15 件增加到 20 件时的总收入的平均变化率.

3.求以下各种情形的需求弹性,并决定弹性的类型:

(1)$Q=-\frac{3}{2}p+9,p=2$;

(2)$Q=-\frac{5}{4}p+20,p=10$;

(3)$Q+\frac{1}{3}p-20=0,p=30$;

(4)$0.4Q+p-20=0,p=10$.

提高题

4.某扩音器制造公司估计一年内该公司扩音器产品的需求函数为 $p=-0.04q+800\ (0\leqslant q\leqslant 20\,000)$(元),这里 p 为扩音器的销售价,q 为销售量(套),求:(1)收入函数 $R(q)$;(2)边际收入函数 $R'(q)$;(3)计算 $R'(500)$,并解释所得到的结果.

5.已知 $R=800q-0.04q^2$,若该公司一年内生产 q 套产品的成本函数为 $C(q)=200q+300\,000$(元),求:(1)利润函数 $L(q)$;(2)边际利润函数 $L'(q)$;(3)计算 $L'(5\,000)$,$L'(8\,000)$,并解释所得到的结果.

6.某商品的需求函数为 $Q=10-\frac{p}{2}$,求:(1)$EQ(p)$;(2)$EQ(3)$;(3)当 $p=3$ 时,若价格上涨 1%,其总收入如何变化?变化的幅度有多大?

7.某种手提式电吹风一周的需求量 Q(百只)与每只零售价 p(十元)之间关系式为 $Q=\frac{1}{5}\cdot(225-p^2)\ (0\leqslant p\leqslant 15)$,求:(1)需求弹性 $EQ(p)$;(2)$p=8$ 时的需求弹性值,确定弹性类型并解释其经济含义;(3)当 $p=8$ 时,若价格上涨 1%,其总收入如何变化?变化的幅度有多大?(4)求 $p=10$ 时的需求弹性值,确定弹性类型并解释其经济含义;(5)当 $p=10$ 时,若价格上涨 1%,其总收入如何变化?变化的幅度有多大?(6)p 为多少时,需求量对价格属于单位弹性?

第八节　函数的单调性和极值

一、函数的单调性

定理 10　设函数 $y=f(x)$ 在 $[a,b]$ 上连续,在开区间 (a,b) 内可导.

(1)如果在 (a,b) 内,$f'(x)>0$,那么函数 $y=f(x)$ 在 $[a,b]$ 上单调增加;

(2)如果在 (a,b) 内,$f'(x)<0$,那么函数 $y=f(x)$ 在 $[a,b]$ 上单调减少.

关于函数单调性的判别法,我们提出几点注释:

(1)上述定理中的区间 $[a,b]$ 若改为其他区间甚至无穷区间,其定理结论同样成立;

(2)有的可导函数在区间内的个别点处导数为零,而在其他地方恒为正或恒为负,则函数 $f(x)$ 在该区间上仍是单调增加或单调减少,例如,幂函数 $y=x^3$ 的导数 $y'=3x^2$,当 $x=0$ 时,$y'=0$,但它在 $(-\infty,+\infty)$ 内单调增加.

提出问题:任意给出一个函数 $y=f(x)$,如何求出它在哪个区间递增?哪个区间递减?

例 1 某社区 2011 年至 2018 年期间较大宗犯罪数量可由下列模型计算:$N(t)=-0.1t^3+1.5t^2+100$(起),t 以年计,$t=0$ 相当于 2011 年. 试求出 $N(t)$ 的单调区间及极值,并解释所得到的结果.

例 2 某扩音器系统制造销售公司的利润函数为 $P(x)=-0.02x^2+300x-200\,000$(元),其中 x 为该公司扩音器系统销售量(套). 试求出利润函数的单调区间及极值.

求函数 $y=f(x)$ 单调区间的方法如下:

(1)写出 $y=f(x)$ 的定义域.

(2)求 y',令 $y'=0$ 解出所有驻点,并找出 $f'(x)$ 的不存在的点,即 $f'(x)$ 没有定义的点,检验上述点是否落在定义域内,若不是就舍去.

(3)按上述点将定义域分为若干个小区间,判断各区间内 $f'(x)$ 的符号,若 $y'>0$,则函数单调增加;若 $y'<0$,则函数单调减小.

例 3 求函数 $f(x)=x^3-3x$ 的单调区间.

解 $f(x)$ 的定义域为 $(-\infty,+\infty)$,$f'(x)=3x^2-3=3(x+1)(x-1)$,

令 $f'(x)=0$,求得解 $x_1=-1$,$x_2=1$. 函数的区间划分如下表:

x	$(-\infty,-1)$	-1	$(-1,1)$	1	$(1,+\infty)$
$f'(x)$	+		−		+
$f(x)$	↑		↓		↑

所以增区间:$(-\infty,-1)$,$(1,+\infty)$,减区间:$(-1,1)$.

例 4 求出函数 $f(x)=x^3-3x^2-24x+32$ 的单调区间.

解 $f(x)$ 的定义域为 $(-\infty,+\infty)$,$f'(x)=3x^2-6x-24=3(x+2)(x-4)$,

令 $f'(x)=0$,求得解 $x_1=-2$,$x_2=4$. 函数的区间划分如下表:

x	$(-\infty,-2)$	-2	$(-2,4)$	4	$(4,+\infty)$
$f'(x)$	+		−		+
$f(x)$	↑		↓		↑

所以增区间:$(-\infty,-2)$,$(4,+\infty)$,减区间:$(-2,4)$.

例 5 确定函数 $f(x)=2x^3-9x^2+12x-3$ 的单调区间.

解 $f(x)$ 在 $(-\infty,+\infty)$ 上有定义,因为 $f'(x)=6x^2-18x+12=6(x-1)(x-2)$,故 $f(x)$ 在定义区间内无不可导点,令 $f'(x)=0$,得驻点 $x_1=1$,$x_2=2$,从而把定义域 $(-\infty,+\infty)$ 分成三个开区间:$(-\infty,1)$,$(1,2)$,$(2,+\infty)$. 具体见下表:

x	$(-\infty,1)$	1	$(1,2)$	2	$(2,+\infty)$
$f'(x)$	+	0	−	0	+
$f(x)$	↑		↓		↑

由表可知，函数 $f(x)=2x^3-9x^2+12x-3$ 在 $(-\infty,1)$ 及 $(2,+\infty)$ 内是单调增加的，在 $(1,2)$ 内是单调减少的.

二、函数的极值

（一）极值概念

定义 10　设函数 $f(x)$ 在点 x_0 的某邻域 $U(x_0)$ 内有定义，如果对 $U(x_0)$ 内的任意 $x(x\neq x_0)$，$f(x)<f(x_0)$ 均成立，那么就说 $f(x_0)$ 是函数 $f(x)$ 的一个极大值，点 x_0 叫作函数 $f(x)$ 的一个极大值点；如果对 $U(x_0)$ 内的任意 $x(x\neq x_0)$，$f(x)>f(x_0)$ 均成立，那么就说 $f(x_0)$ 是函数 $f(x)$ 的一个极小值，点 x_0 叫作函数 $f(x)$ 的一个极小值点. 函数的极大值与极小值统称为**极值**. 函数的极大值点与极小值点统称为函数的极值点.

例如，在图 2－11 中，$f(c_1)$，$f(c_4)$ 是函数的极大值，c_1，c_4 是函数的极大值点；$f(c_2)$，$f(c_5)$ 是函数的极小值，c_2，c_5 是函数的极小值点.

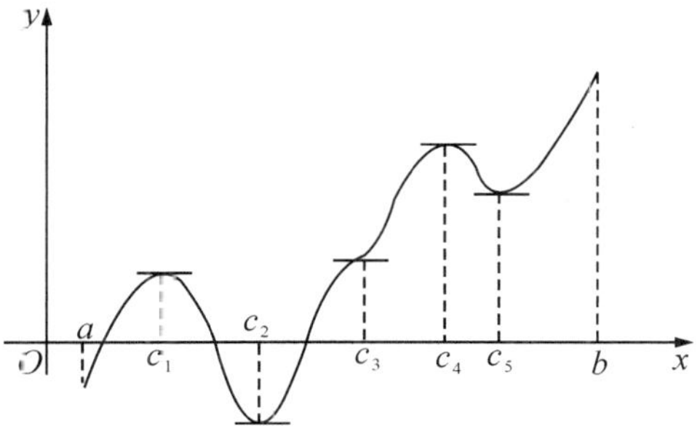

图 2－11

关于函数的极值，我们作几点说明.

（1）极值是指函数值，而极值点是指自变量的值，两者不能混淆.

（2）函数的极值是局部性的，它只是与极值点近旁的所有点的函数值相比较为较大或较小，这并不意味着它在函数的整个定义区间上是最大或最小. 因此函数的极大值不一定比极小值大，如图 2－11 中的极大值 $f(c_1)$ 就比极小值 $f(c_5)$ 小.

（3）函数的极值点只能在开区间 (a,b) 内取得，而函数的最大值点和最小值点可能出现在区间内部，也可能在区间的端点处取得.

定理 11（极值存在的必要条件）　设函数 $y=f(x)$ 在 x_0 处可导，如果函数 $f(x)$ 在点 x_0 处取得极值，则必有 $f'(x_0)=0$，对于函数 $y=f(x)$，使 $f'(x_0)=0$ 的点 x_0 称为 $y=f(x)$ 的驻点.

注意

(1)在导数存在的前提下,驻点仅仅是极值点的必要条件但不是充分条件,即极值点必是驻点,但驻点未必是极值点.例如 $y=x^3$,$x=0$ 是驻点,但不是极值点.如图 2-12 所示.

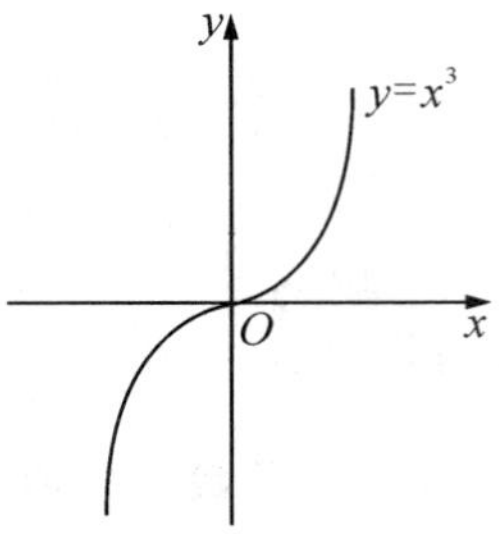

图 2-12

(2)在导数不存在的点,函数可能有极值,也可能没有极值.例如 $f(x)=|x|$,在 $x=0$ 处导数不存在,但函数有极小值 $f(0)=0$;又如 $f(x)=x^{\frac{1}{3}}$ 在 $x=0$ 处导数不存在,但函数没有极值.

(二)求极值方法 1

那么,如何判别函数 $f(x)$ 的极值呢?

极值的求法 1 是在本节前述求函数的单调区间前三步的基础上,增加一步,即:

判断分界点是否为极值,若是,求出其函数值.

例 6 求 $f(x)=x^3-3x$ 的极值.

解 在例 3 中已求得解 $x_1=-1$,$x_2=1$.得到函数的各区间如下表:

x	$(-\infty,-1)$	-1	$(-1,1)$	1	$(1,+\infty)$
$f'(x)$	+		—		+
$f(x)$	↑	极大值 2	↓	极小值 -2	↑

所以增区间:$(-\infty,-1)$、$(1,+\infty)$,减区间:$(-1,1)$.

所以 $f_{极大值}(-1)=2$,$f_{极小值}(1)=-2$.

例 7 求函数 $y=\frac{1}{3}x^3-4x+4$ 的极值.

解 函数的定义域为$(-\infty,+\infty)$,$y'=x^2-4=(x+2)(x-2)$.

令 $f'(x)=0$,得到两个驻点 $x_1=-2$,$x_2=2$.得到函数的各区间如下表:

x	$(-\infty,-2)$	-2	$(-2,2)$	2	$(2,+\infty)$
$f'(x)$	+	0	—	0	+
$f(x)$	↑	极大值	↓	极小值	↑
		$9\frac{1}{3}$		$-1\frac{1}{3}$	

所以 $f_{极大值}(-2)=9\frac{1}{3}$,$f_{极小值}(2)=-1\frac{1}{3}$.

例 8 求函数 $f(x)=(x^2-1)^3+1$ 的极值.

解 函数的定义域为$(-\infty,+\infty)$,$f'(x)=6x(x+1)^2(x-1)^2$.

令 $f'(x)=0$,得到三个驻点 $x_1=-1$,$x_2=0$,$x_3=1$,定义域内没有不可导点.

列表如下,考查 $f'(x)$ 的符号.由表可知函数的极小值为 $f(0)=0$,驻点

$x_1=-1$，$x_3=1$ 不是极值点.

x	$(-\infty,-1)$	-1	$(-1,0)$	0	$(0,1)$	1	$(1,+\infty)$
$f'(x)$	$-$	0	$-$	0	$+$	0	$+$
$f(x)$	↓	无极值	↓	极小值 0	↑	无极值	↑

所以 $f_{极小值}(0)=0$.

例 9　确定函数 $f(x)=\frac{2}{3}x-(x-1)^{\frac{2}{3}}$ 的极值.

解　该函数的定义域为 $(-\infty,+\infty)$.

$f'(x)=\frac{2}{3}-\frac{2}{3}(x-1)^{-\frac{1}{3}}=\frac{2}{3}\left(1-\frac{1}{\sqrt[3]{x-1}}\right)$.

当 $f'(x)=0$ 时，得驻点 $x=2$，此外，显然 $x=1$ 为 $f(x)$ 的不可导点. 列表如下.

x	$(-\infty,1)$	1	$(1,2)$	2	$(2,+\infty)$
$f'(x)$	$+$	不存在	$-$	0	$+$
$f(x)$	↑	极大值 $\frac{2}{3}$	↓	极小值 $\frac{1}{3}$	↑

所以 $f_{极大值}(1)=\frac{2}{3}$，$f_{极小值}(2)=\frac{1}{3}$.

（三）求极值方法 2

求极值方法 2 的步骤：

(1)写出定义域，求 y'，y''；

(2)令 $y'=0$，解出所有驻点 x_0，检验这些驻点是否落在定义域内，若不是就舍去；

(3)将上述驻点逐一代入 $y''(x_0)=\begin{cases}A>0，取得极小值，求出函数值\\A<0，取得极大值，求出函数值.\\A=0，改用方法 1\end{cases}$

例 10　求函数 $y=x^3-3x^2-24x+32$ 的极值.

解　定义域为 $(-\infty,+\infty)$，

$y'=3x^2-6x-24=3(x+2)(x-4)$，$y''=6x-6$，

令 $y'=0$，求得解 $x_1=-2$，$x_2=4$，

$y''(-2)=-18<0$，$y''(4)=18>0$，

所以 $y_{极大值}(-2)=60$，$y_{极小值}(4)=-48$.

三、解决问题

现在再给出提出问题时列出的两个例子的解.

例 1　某社区 2011 年至 2018 年期间较大宗犯罪数量可由下列模型计算：$N(t)=-0.1t^3+1.5t^2+100$(起)，t 以年计，$t=0$ 相当于 2011 年. 试求出

$N(t)$的单调区间及极值，并解释所得到的结果.

解 $N'(t)=-0.3t^2+3t=-0.3t(t-10)$，

令 $N'(t)=0$，得到 $t=10$，$t=0$（舍去）. 函数的区间划分如下表.

t	$(0,10)$	10	$(10,+\infty)$
$N'(x)$	$+$		$-$
$N(x)$	↑	极大值 150	↓

所以增区间为$(0,10)$，减区间为$(10,+\infty)$，$N_{极大值}(10)=150$（起）.

根据上述计算：该社区较大宗犯罪数量自 2011 年开始呈上升趋势，2021 年达到高峰（150 起），2021 年以后呈下降趋势.

例 2 某扩音器系统制造销售公司的利润函数为 $P(x)=-0.02x^2+300x-200\,000$（元），其中 x 为该公司扩音器系统销售量（套）. 试求出利润函数的单调区间及极值.

解 利润函数的导数为 $P'(x)=-0.04x+300=-0.04(x-7\,500)$，

由 $P'(x)=0$ 得到 $x=7\,500$. 函数的区间划分如下表：

x	$(0,7\,500)$	$7\,500$	$(7\,500,+\infty)$
$P'(x)$	$+$		$-$
$P(x)$	↑	极大值 925 000	↓

所以增区间为$(0,7\,500)$，减区间为$(7\,500,+\infty)$，$P_{极大值}(7\,500)=925\,000$（元）.

习题 2.8

基本题

1. 求下列函数的极值：

(1) $y=x^3-3x^2+1$；　　(2) $y=2x^2+x+1$.

一般题

2. 求下列函数的单调区间和极值：

(1) $y=2x^3-3x^2$；　　(2) $y=\dfrac{1}{2x+3}$.

提高题

3. 求下列函数的单调区间和极值：

(1) $y=x\sqrt{x+1}$；　　(2) $y=\dfrac{x^2}{x-1}$.

第九节　函数的最大值和最小值

在工农业生产、工程技术实践和各种经济分析中，在一定条件下，往往会遇到怎样使“产品最多”“用料最省”“成本最低”“利润最大”等问题，这类问题在数学上可归结为求某个函数(称为目标函数)的最大值或最小值问题. 求函数最大值、最小值的问题就称为最值问题.

中学介绍了一些很简单的函数最值的求法，如利用不等式、配方等来求二次函数的最值：$y=x^2-2x+2=(x-1)^2+1\geqslant 1$，其最小值为 1. 显然，这些方法对一些特殊的函数来说是可行的，但对一般函数而言它就无能为力了. 因此有必要寻求一种对一般函数都适合的求最值的方法. 先看下面两个例子.

例 1　一房地产公司有 50 套公寓要出租，当月租金定为 2 000 元时，公寓会全部租出去；当月租金每增加 100 元时，就会多一套公寓租不出去，而租出去的公寓每月需花费 200 元的维修费. 试问租金定为多少可获得最大收入？最大收入是多少？

例 2　某公司制造销售计算器，每日的平均成本函数为$\overline{C}(x)=0.000\,1x^2-0.08x+40+\dfrac{5\,000}{x}$(元)$(x>0)$，其中 x 为每日的生产量(只)，试求出$\overline{C}(x)$的最小值.

一、闭区间上连续函数的最值

最值定理　若函数 $f(x)$ 在闭区间$[a,b]$上连续，则它在这个区间上一定有最大值和最小值.

设函数 $f(x)$ 在$[a,b]$上连续，则由闭区间上连续函数的性质可知，$f(x)$在$[a,b]$上一定存在最大值、最小值，但定理未告诉其究竟在何处？

若函数 $f(x)$ 在闭区间$[a,b]$上连续，由最值定理知一定存在 $\zeta_1,\zeta_2\in[a,b]$，对于任意 $x\in[a,b]$，均有 $m=f(\zeta_1)\leqslant f(x)\leqslant f(\zeta_2)=M$.

(1)如果 m,M 在区间的端点取得，则必为 $f(a)$ 或 $f(b)$；

(2)如果 m,M 在区间的内部取得，即存在 $\zeta_1\in(a,b)$ 或 $\zeta_2\in(a,b)$，使得：$m=f(\zeta_1)$或 $M=f(\zeta_2)$，则此时的 ζ_1 或 ζ_2 一定是 $f(x)$ 的极值点(注意：极值点产生于驻点或不可导点).

通过以上分析，可得**闭区间$[a,b]$上连续函数的最大值、最小值的求法**：

(1)求出函数 $f(x)$ 在开区间(a,b)内所有的驻点及不可导点；

(2)计算以上各点以及区间端点处的函数值，比较大小，可得函数最大值及最小值.

求最值的具体方法如下：

(1)求 y'，令 $y'=0$ 解出所有驻点 x_0，找出 y' 不存在点，并检验上述点是否落在定义区间内，若不是，就舍去.

(2)分别求出在其驻点、导数不存在的点以及区间端点处的函数值，并加以比较. 其中较大者即为该函数在闭区间上的最大值，较小者即为该函数在闭区间上的最小值.

例 3 求函数 $f(x)=x^3-3x^2-9x+5$ 在区间 $[-4,4]$ 上的最大值和最小值.

解 $f'(x)=3x^2-6x-9=3(x+1)(x-3)$,

令 $f'(x)=0$，得驻点 $x_1=-1, x_2=3$,

$f(-4)=-71, f(-1)=10, f(3)=-22, f(4)=-15$,

所以 $f_{\max}(-1)=10, f_{\min}(-4)=-71$.

例 4 求函数 $f(x)=(x-2)^2(x+1)^{\frac{2}{3}}$ 在闭区间 $[-2,3]$ 上的最大值及最小值.

解 $f'(x)=2(x-2)(x+1)^{\frac{2}{3}}+\dfrac{2}{3}(x-2)^2(x+1)^{-\frac{1}{3}}=\dfrac{2(x-2)(4x+1)}{3\sqrt[3]{x+1}}$,

驻点：$x=2, -\dfrac{1}{4}$,

不可导点：$x=-1$,

$f(-1)=0, f\left(-\dfrac{1}{4}\right)=\left(\dfrac{9}{4}\right)^2\left(\dfrac{3}{4}\right)^{\frac{2}{3}}, f(2)=0, f(-2)=16, f(3)=4^{\frac{2}{3}}$,

所以 $f_{\max}(-2)=16, f_{\min}(-1)=f_{\min}(2)=0$.

二、在 (a,b) 上连续函数 $y=f(x)$ 最值的一种特殊情况

开区间上连续函数的最值情况较为复杂，有可能有，有可能没有，有可能仅有一个最大值或最小值，接下来只讨论如下这种较常用的情况.

定理 12 如果连续函数 $y=f(x)$ 在开区间 (a,b) 内可导，且只有一个极值点，则该极值点一定是函数 $y=f(x)$ 在区间 (a,b) 内的最值点.

实际上，定理中的开区间 (a,b) 可换为一般的区间.

三、求实际问题最值方法

在求实际问题的最值时，一般先建立描述问题的函数关系(这一步是关键，假设目标函数在定义域内可导)，然后求出该函数在其有意义的区间内是否存在唯一驻点，如果有，验证该唯一驻点是否为极值，从而判断它是否为最值.

求最值的具体方法如下：

(1)求 y'；

(2)令 $y'=0$ 解出所有驻点，结合实际意义，判断是否存在唯一驻点 x_0；

(3)求 y''；

(4) $y''(x_0)=\begin{cases}A>0，取得极小值，即最小值，求出函数值\\A<0，取得极大值，即最大值，求出函数值\end{cases}$.

例 5　某工厂每月生产 q 吨产品的总成本为：$C=0.1q^2+q$，每月销售这些产品的总收入为：$R=3q+10$（单位：万元），问产品的产量为多少时，工厂获得的利润最大？最大利润是多少？

解　$L=R-C=(3q+10)-(0.1q^2+q)=3q+10-0.1q^2-q=2q+10-0.1q^2$，

$L'=2-0.2q$，

令 $L'=0$，解得 $q=10$（唯一驻点），

$L''=-0.2, L''(10)=-0.2<0$，

故 $q=10$ 是极大值点，也是最大值点.

故当产量 $q=10$ 件时利润最大，最大利润是 $L(10)=2\times10+10-0.1\times10^2=20$ 万元.

例 6　某工厂生产成本函数是 $C(q)=0.001q^2+4q+9\,000$，求这厂生产多少件产品时，平均成本最小（单位：元）.

解　$\overline{C}=\dfrac{C(q)}{q}=0.001q+4+\dfrac{9\,000}{q}$，

$\overline{C}'=0.001+9\,000\cdot\left(-\dfrac{1}{q^2}\right)$，

令 $\overline{C}'=0$，解得 $q=3\,000$ 或 $q=-3\,000$（舍去），

$\overline{C}''=-9\,000\cdot(-2)\cdot q^{-3}=\dfrac{9\,000\times2}{q^3}$，

$\overline{C}''(3\,000)=\dfrac{9\,000\times2}{3\,000^3}>0$，

所以 $q=3\,000$ 是极小值点，也是最小值点.

所以当产量 $q=3\,000$ 件时平均成本最小，此时的最小平均成本为

$\overline{C}(3\,000)=0.001\times3\,000+4+\dfrac{9\,000}{3\,000}=10$（元）.

四、解决问题

本节开头提出的两个例题解如下.

例 1　一房地产公司有 50 套公寓要出租，当月租金定为 2 000 元时，公寓会全部租出去，当月租金每增加 100 元时，就会多一套公寓租不出去，而租出去的公寓每月需花费 200 元的维修费. 试问租金定为多少可获得最大收入？最大收入是多少？

解　设每套公寓月租金定为 x 元，房地产公司每月所获收入为 y 元. 则目标函数为

$$y=\left(50-\frac{x-2\,000}{100}\right)\cdot(x-200)$$

$$=\frac{1}{100}(-x^2+7\,200x-1\,400\,000),$$

$$y'=\frac{1}{100}(-2x+7\,200),$$

令 $y'=0$，得唯一驻点 $x=3\,600$，

$y''=-\frac{1}{50}<0$，

$y''(3\,600)=-\frac{1}{50}<0$，

所以 $x=3\,600$ 是函数的极大值点，即最大值点. 最大值为

$y=\left(50-\frac{3\,600-2\,000}{100}\right)\times(3\,600-200)=115\,600.$

所以，每套租金定为 3 600 元时可获得最大收入，最大收入为 115 600 元.

例 2 某公司制造销售计算器，每日的平均成本函数为 $\overline{C}(x)=0.000\,1x^2-0.08x+40+\frac{5\,000}{x}$（元/日）$(x>0)$，其中 x 为每日的生产量（只），试求出 $\overline{C}(x)$ 的最小值.

解 $\overline{C}'=0.000\,2\,x-0.08-\frac{5\,000}{x^2}$，

由 $\overline{C}'(x)=0$，得唯一驻点 $x=500$，

$\overline{C}''=0.000\,2-5\,000\cdot(-2)x^{-3}=0.000\,2+\frac{10\,000}{x^3}$，

$\overline{C}''(500)=0.000\,2+\frac{10\,000}{500^3}>0$，

所以 $x=500$ 是 $\overline{C}(x)$ 的极小值点，即最小值点，

$\overline{C}_{\min}(500)=35$（元/只）.

习题 2.9

基本题

1. 求下列函数在指定区间上的最值：

(1) $y=3x^4+4x^3,[-2,1]$；　　(2) $y=2x^2+3x-4,[-1,1]$.

2. 某工厂生产某种产品 q 吨的成本函数为：$C=3+2q$，收入函数为：$R=5q-\frac{1}{2}q^2$（单位：万元），问产品的产量为多少吨时，工厂获得的利润最大？最大利润是多少？

一般题

3. 求函数 $y=\frac{x^2}{1+x}$ 在区间 $\left[-\frac{1}{2},1\right]$ 上的最值.

4. 某工厂生产某种产品 q 吨的成本函数为 $C(q)=3q$，收入函数为 $R=4.6q-0.005q^2$（单位：万元），问产品的产量为多少吨时，工厂获得的利润最大？最大利润是多少？

5. 设某工厂生产某种产品 q 件时的成本函数是 $C(q)=0.5q^2+36q+$

9 800，求该厂生产多少件产品时，平均成本最小(单位：元).

提高题

6. 已知成本函数 $C=20\ 000+100q$，收入函数为 $R=400q-\frac{1}{2}q^2$，求最大利润时的产量及最大利润.

7. 已知生产 q 台产品的成本函数 $C=2.2\times10^3q+8\times10^7$(单位：元)，收入函数为 $R=6.2\times10^3q-0.02q^2$，问产量 q 为何值时可使利润最大？最大利润是多少？

8. 当一个人咳嗽时，气管略为收缩，二氧化碳等废气被迫以最大速度喷出. 据研究，咳嗽期间，体内废气喷出的速度可由下列模型计算：$v=f(r)=kr^2(R-r)$，这里 r 为咳嗽期间气管的半径(厘米)，R 为正常期间气管的半径(厘米)，k 为正常数. 试问：r 为多少时，$f(r)$ 最大？并解释所得到的结果.

延伸阅读(一)　柯西简介

柯西(1789—1857)是 19 世纪法国数学家. 幼年时在父亲的教导下学习数学，拉格朗日、拉普拉斯常和他的父亲交往，曾预言柯西日后必成大器. 1805 年柯西进入高等工业学校学习，安培是他的老师之一. 大学毕业后，因数学上的成就被推荐为科学院院士，同时任工科大学教授，后来在巴黎大学任教授，一直到逝世.

柯西在学术上成果相当多. 在代数学上，他有行列式论和群论的创始性的功绩；在理论物理学、光学、弹性理论等方面，也有显著的贡献. 他的特长是在分析学方面，他的研究奠定了微积分严密的基础，他还证明了复变函数论的主要定理以及在实变数和复变数的情况下微分方程解的存在定理.

1821 年，在拉普拉斯和泊松的鼓励下，柯西出版了《分析教程》《无穷小计算讲义》《无穷小计算在几何中的应用》这几部划时代的著作. 他给出了分析学一系列基本概念的严格定义，特别是现在普遍使用的 ε-δ 极限定义，正是从柯西的 ε 方法演变而来.

延伸阅读(二)　微积分的起源

微积分是微分学和积分学的统称，它的萌芽、产生与发展经历了漫长的时期. 早在古希腊时期，欧多克斯就提出了穷竭法，这是微积分的先驱，而我国庄子的《天下篇》中也有“一尺之棰，日取其半，万世不竭”的极限思想. 公元 263 年，刘徽为《九章算术》作注时提出了“割圆术”，是极限论思想的成功运用.

在 16 世纪、17 世纪，科学技术和生产力迅猛发展，哥伦布发现新大陆，哥白尼创立日心说，伽利略出版《力学对话》，开普勒发现行星运动规律，航海的发展、矿山的开发、天体的观测等提出了一系列力学和数学的问题，微积分在这样的条件下诞生是必然的.

微分方法的先驱工作起源于1629年费尔玛陈述的概念，他给出了如何确定极大值和极小值的方法. 其后剑桥大学巴罗教授又给出了求切线的方法，进一步推动了微分学概念的产生. 前人工作终于使牛顿和莱布尼茨在17世纪下半叶各自独立创立了微积分. 1665年5月20日，在牛顿手写的一篇文章中开始有“流数术”的记载，微积分的诞生便以这一天为标志. 牛顿在1665—1676年间的许多著作中，完整地提出了微、积分是一对互逆运算，并且给出了换算的公式，这就是后来著名的牛顿-莱布尼茨公式.

如果说牛顿是从力学研究中提出了“流数术”，那么莱布尼茨则是从几何学上考察切线问题得出了微分法. 从始创微积分的时间上讲，牛顿比莱布尼茨大约早10年，但从正式公开发表的时间来说，牛顿要比莱布尼茨晚. 因此后人将他们两人并列为微积分的创始人.

本章小结

一、导数

1. 导数的概念.

2. 导数的几何意义：$f'(x_0)$表示曲线 $y=f(x)$在$(x_0,f(x_0))$处切线的斜率.

3. 求导的基本计算方法：

(1)直接求导法：用基本公式和运算法则求简单函数的导数；

(2)复合函数求导：用复合函数求导的法则；

(3)隐函数求导法：求由一个关于x,y的二元方程$F(x,y)=0$确定的隐函数$y(x)$的导数，利用复合函数求导公式定义将所给方程两边同时对x求导，然后解方程求出y'；

(4)取对数求导法：多个函数相乘、相除和幂指函数求导问题可以通过两边取对数转化为隐函数求导；

(5)参数求导法：由参数方程确定的函数可以看成由$y=\psi(t)$与$t=\varphi^{-1}(x)$复合而成的函数，如果函数$x=\varphi(t)$，$y=\psi(t)$都可导，且$\varphi'(t)\neq 0$，根据复合函数的求导法则有$\frac{\mathrm{d}y}{\mathrm{d}t}=\frac{\mathrm{d}y}{\mathrm{d}x}\cdot\frac{\mathrm{d}x}{\mathrm{d}t}$，由此有$\frac{\mathrm{d}y}{\mathrm{d}x}=\frac{\frac{\mathrm{d}y}{\mathrm{d}t}}{\frac{\mathrm{d}x}{\mathrm{d}t}}=\frac{\psi'(t)}{\varphi'(t)}$；

(6)高阶导数求导法：方法就是逐阶求导.

4. 导数的简单应用.

(1)曲线$y=f(x)$在点(x_0,y_0)处的切线方程为$y-f(x_0)=f'(x_0)(x-x_0)$；

(2)曲线 $y=f(x)$在点$(x_0,f(x_0))$处的法线方程为 $y-f(x_0)=-\frac{1}{f'(x_0)}(x-x_0)$.

二、微分

设函数 $y=f(x)$在 x_0 处可微，其微分为 $\mathrm{d}y$，当 Δx 很小时，$\Delta y\approx \mathrm{d}y$，$|\Delta x|$越小，近似值的精度越高. 近似计算公式为 $f(x_0+\Delta x)-f(x_0)\approx f'(x_0)\Delta x$ 或 $f(x_0+\Delta x)\approx f(x_0)+f'(x_0)\Delta x$. 特别当 $x_0=0$，$x=\Delta x$，当$|x|$非常小时，有 $f(x)\approx f(0)+f'(0)x$.

三、多元函数微分学

(一)二元函数的偏导数和全微分

求二元函数偏导数时，只需将一个自变量看作常数，对另一个自变量运用一元函数求导公式和四则运算法则即可. 求$\frac{\partial z}{\partial x}$是将 y 视为常数，求$\frac{\partial z}{\partial y}$是将 x 视为常数.

二元函数的高阶偏导数是相应的低一阶偏导数的偏导数，对$\frac{\partial z}{\partial x}$关于 x，y 分别求偏导数，可得 $\frac{\partial^2 z}{\partial x^2}$，$\frac{\partial^2 z}{\partial x\partial y}$，对 $\frac{\partial z}{\partial y}$ 关于 x，y 分别求偏导数，可得 $\frac{\partial^2 z}{\partial y\partial x}$，$\frac{\partial^2 z}{\partial y^2}$.

二元函数的全微分概念类似于一元函数，$\mathrm{d}f(x,y)=f'_x(x,y)\mathrm{d}x+f'_y(x,y)\mathrm{d}y$.

(二)二元函数的极值

在求二元函数 $z=f(x,y)$的无条件极值时，应按下述步骤进行.

1. 由函数极值存在的必要条件，求解$\begin{cases}f'_x(x,y)=0\\ f'_y(x,y)=0\end{cases}$，得到所有的驻点.

2. 对于每一驻点(x_0,y_0)，计算 $z=f(x,y)$的二阶偏导数在该点的值：$A=f''_{xx}(x_0,y_0)$，$B=f''_{xy}(x_0,y_0)$，$C=f''_{yy}(x_0,y_0)$.

3. 判断(x_0,y_0)是否为极值点，利用极值的充分条件：

(1)当 $B^2-AC<0$ 时，点(x_0,y_0)是极值点，且若 $A<0$，点(x_0,y_0)是极大值点；若 $A>0$，点(x_0,y_0)是极小值点；

(2)当 $B^2-AC>0$ 时，点(x_0,y_0)是非极值点；

(3)当 $B^2-AC=0$ 时，不能确定(x_0,y_0)是否为极值点.

对求条件极值，可以转化为无条件极值去解决，也可以用拉格朗日乘数法. 条件极值一般都用于解决某些最大值、最小值问题. 在实际问题中，往往根据问题本身就可以判定最大(最小)值是否存在，并不需要比较复杂的条件(充分条件)去判断.

四、洛必达法则

若分式$\frac{f(x)}{g(x)}$是“$\frac{0}{0}$”型或是“$\frac{\infty}{\infty}$”型未定式，而$\lim\limits_{x\to a}\frac{f'(x)}{g'(x)}=A$(或$\infty$)，则有$\lim\limits_{x\to a}\frac{f(x)}{g(x)}=\lim\limits_{x\to a}\frac{f'(x)}{g'(x)}=A$(或$\infty$).

五、导数在经济分析中的应用

1.边际成本表示产量增加1个单位所增加的成本；边际收入表示销售量增加1个单位所增加的销售收入；边际利润表示销售量增加1个单位所增加的销售利润.

2.需求弹性函数：设某商品的市场需求量为Q，价格为p，若需求函数$Q=f(p)$可导，则$f'(p)\cdot\frac{p}{f(p)}$为该商品的需求价格弹性函数，简称为需求弹性函数.

3.经济中的最优问题.

六、导数在研究函数特性方面的应用

1.求函数的单调区间.

如果在(a,b)上有$f'(x)>0$，则$f(x)$在(a,b)上单调增加；

如果在(a,b)上有$f'(x)<0$，则$f(x)$在(a,b)上单调减少.

2.求函数的极值.

(1)设$f'(x_0)=0$，若

当$x<x_0$时，有$f'(x)<0$；$x>x_0$时，有$f'(x)>0$.那么$f(x_0)$是$f(x)$的极小值；

当$x<x_0$时，有$f'(x)>0$；$x>x_0$时，有$f'(x)<0$.那么$f(x_0)$是$f(x)$的极大值；

(2)用二阶导数的符号判断：

当$f''(x_0)>0$，则$f(x_0)$是$f(x)$的极小值；

当$f''(x_0)<0$，则$f(x_0)$是$f(x)$的极大值；

3.求闭区间上函数的最大值和最小值.

用函数在闭区间上的极值与两端点的值进行比较求出最大值和最小值.

总习题

1.函数$y=\sin^4 x$是由简单函数________复合而成.

2.设$y=e^2+\ln x$，则$y'=$________，$y''=$________.

3.已知$y=\sin 3x$，则函数$dy=$________.

4.函数$y=3x^3+2e^x+\sin x$，则$y'=$________，$y''=$________.

5. 求曲线 $y=3x^2-1$ 在点(1,2)处的切线方程.

6. 设 $y=\frac{3x^2-2x+\sqrt{x}}{x}$,求 $y'(x)$.

7. 设 $y=(3x-4)^{10}$,求 y',$y'(1)$.

8. 设 $y=\frac{2x^3}{\cos x}$,求 y',$\mathrm{d}y$.

9. 设 $y=\mathrm{e}^{2x}\cos 5x$,求 y'.

10. 求函数 $y=x^2+3x-6$ 在点(1,−2)处的切线方程.

11. $y=\frac{x^2+1}{\sin x}$,求 $\mathrm{d}y$.

12. 已知函数 $y=\sin(5x+3)$,求 y'.

13. 设 $y=(\sec x)\cdot\sin x$,求 y',$\mathrm{d}y$.

14. 设 $y=\frac{x^4+x+2}{x^2}$,求 y',$\mathrm{d}y$.

15. 设 $y=\sin x^2-\mathrm{e}^{-2x}$,求 y',$\mathrm{d}y$.

16. 设某商品生产 q 台的成本函数为 $C(q)=100q+20\,000$(元),收入函数为 $R(q)=-0.02q^2+500q$(元),求:(1)边际成本;(2)边际收入;(3)边际利润;(4)求 $L'(100)$ 并解释其经济学含义.

17. 求函数 $y=x^4-4x^3+8$ 的单调区间和极值.

18. 求函数 $y=2x^3+3x^2-12x+14$ 在区间[−3,4]上的最大值和最小值.

19. 某工厂生产某种产品 q 件的成本函数为 $C(q)=300+\frac{1}{12}q^3-5q^2+100q$,收入函数为 $R(q)=100q$(单位:元),产品的产量为多少件时,工厂获得的利润最大?最大利润是多少?

20. 求函数 $z=x^4-4x^2y^2+y^4$ 的一阶、二阶偏导数和全微分.

21. 某工厂生产某种产品 q 吨的成本函数为 $C=\frac{1}{4}q^2+1$,收入函数为 $R=8\sqrt{q}$(单位:万元),产品的产量为多少吨时,工厂获得的利润最大?最大利润是多少?

22. 求函数 $y=x^3-3x^2-24x+32$ 在区间[−3,1]上的最大值和最小值.

23. 已知成本函数 $C=300+\frac{q^2}{100}$(C 的单位:元,q 的单位:件),求:(1)产量在 100 件时的平均成本;(2)产量在 100 件时的边际成本并解释结果.

24. 求函数 $y=36x^5+15x^4-40x^3-7$ 的单调区间.

25. 求函数 $z=x^3-2x^2y+3y^4$ 的一阶、二阶偏导数和全微分.

第三章　积分及其应用

前两章介绍了一元函数的微分学，而在许多经济管理的实际问题中，往往会遇到导数或微分的逆运算. 在积分学中，已知某个函数的导数求其所有的原函数，即为不定积分，求特定和式极限的问题，即为定积分. 积分学为计算平面图形的面积、空间几何体的体积等提供了一套通用的方法.

本章主要讲述一元函数的不定积分与定积分的基本概念和性质、计算及其应用.

第一节　不定积分的概念与性质

一、问题的引入

首先我们来看看如下几个问题：

(1)几何中，曲线 $y=f(x)$在任一点 x 处的切线斜率 $k_{切}=f'(x)$. 那么如果已知曲线任一点 x 处的切线斜率为 $k_{切}=f'(x)$，能否求出对应的曲线方程？

(2)在运动学中，若沿直线做变速运动的物体路程由 $S=S(t)$确定，则由第二章的讨论，我们知道，该物体的运动速度为 $v(t)=S'(t)$；那么反过来，若已知变速直线运动物体的速度 $v=v(t)$，如何求路程函数 $S=S(t)$呢？从微积分的角度来看，问题即为已知函数 $v=S'(t)$，求函数 $S(t)$.

(3)在经济学中，已知生产成本与产量 x 之间的函数关系 $C=C(x)$，则边际成本(成本 C 关于产量 x 的变化率)即是成本函数的一阶导数 $C'(x)$. 那么反过来，若我们已知边际成本 $C'(x)$，如何求出成本函数 $C=C(x)$？

以上几个问题，有着一个共同的特点：已知 $f'(x)=\varphi$，则 $f(x)=?$

二、原函数与不定积分

定义 1　如果在区间 I 上存在函数 $F(x)$，使得对于任意 $x\in I$，都有 $F'(x)=f(x)$ 或 $\mathrm{d}F(x)=f(x)\mathrm{d}x$，那么称 $F(x)$ 为 $f(x)$ 在 I 上的一个**原函数**. 函数 $f(x)$ 的全体原函数称为 $f(x)$ 的**不定积分**，记作 $\int f(x)\mathrm{d}x$，其中 $\int$ 称为**积分号**，x 称为积分变量，$f(x)$称为**被积函数**，$f(x)\mathrm{d}x$ 称为被积表达式.

根据原函数的定义，只要 $F'(x)=f(x)$，就称 $F(x)$是 $f(x)$的一个原函数.

例如，$(\cos x)'=-\sin x$，所以 $\cos x$ 是 $-\sin x$ 的一个原函数.

再如，$(x^2)'=(x^2+\sqrt{3})'=2x$，所以 x^2 和 $x^2+\sqrt{3}$都是 $2x$ 的原函数. 不仅

如此，$x^2+1, x^2+2, \cdots$ 都是 $2x$ 的原函数.

定理 1　在区间 I 上连续的函数在 I 上一定存在原函数.

定理 2　如果函数 $f(x)$ 存在一个原函数 $F(x)$，则 $f(x)$ 一定存在无穷多个原函数，$f(x)$ 的所有原函数的表达式为 $F(x)+C$ （C 为任意常数），且任意两个不同原函数之间只相差一个常数.

这是因为若 $F'(x)=f(x)$. 由和式求导法则有 $[F(x)+C]'=F'(x)+C'=f(x)$.

若另有 $f(x)$ 的原函数 $G(x)$，则有 $[F(x)-G(x)]'=f(x)-f(x)=0$. 根据拉格朗日中值定理的推论，即有 $F(x)-G(x)=C$，这就说明 $f(x)$ 的两个不同原函数之间仅相差一个常数.

由上述定理可知，若 $F(x)$ 是 $f(x)$ 的一个原函数，则有 $\int f(x)\mathrm{d}x=F(x)+C$ （C 为任意常数）.

所以求函数 $f(x)$ 的不定积分，可以先求出其一个原函数 $F(x)$ 后加上任意常数 C 即可.

例如，因为 $(x^2)'=2x$. 所以 $\int 2x\mathrm{d}x=x^2+C$；因为 $\left(\frac{1}{4}x^4\right)'=x^3$，所以 $\int x^3\mathrm{d}x=\frac{1}{4}x^4+C$.

一般当 $\alpha\neq-1$ 时，$\left(\frac{1}{\alpha+1}x^{\alpha+1}\right)'=x^\alpha$，所以对幂函数来说，有 $\int x^\alpha\mathrm{d}x=\frac{1}{\alpha+1}x^{\alpha+1}+C(\alpha\neq-1)$.

例 1　求 $\int x^2\mathrm{d}x$.

解　$\int x^2\mathrm{d}x=\frac{1}{2+1}x^{2+1}+C=\frac{1}{3}x^3+C$.

例 2　求 $\int\sqrt[3]{x}\mathrm{d}x$.

解　$\int\sqrt[3]{x}\mathrm{d}x=\int x^{\frac{1}{3}}\mathrm{d}x=\frac{3}{4}x^{\frac{4}{3}}+C$.

再如 $(\sin x)'=\cos x$，所以有：$\int\cos x\,\mathrm{d}x=\sin x+C$.

三、不定积分的基本公式

根据定义，不定积分其实就是导数的逆运算，由第二章的求导公式逆推，即可得到一些**基本初等函数的积分公式**，具体积分公式如下：

(1) $\int k\mathrm{d}x=kx+C$；

(2) $\int x^\alpha\mathrm{d}x=\frac{x^{\alpha+1}}{\alpha+1}+C$ （$\alpha\neq-1$）；

(3) $\int\frac{1}{x}\mathrm{d}x=\ln|x|+C$；

(4) $\int \cos x\,\mathrm{d}x=\sin x+C$；

(5) $\int \sin x\,\mathrm{d}x=-\cos x+C$；

(6) $\int \mathrm{e}^x\mathrm{d}x=\mathrm{e}^x+C$；

(7) $\int a^x\mathrm{d}x=\dfrac{a^x}{\ln a}+C$ ($a>0$ 且 $a\neq 1$)；

(8) $\int \sec x\tan x\,\mathrm{d}x=\sec x+C$；

(9) $\int \csc x\cot x\,\mathrm{d}x=-\csc x+C$；

(10) $\int \csc^2 x\,\mathrm{d}x=-\cot x+C$；

(11) $\int \sec^2 x\,\mathrm{d}x=\tan x+C$；

(12) $\int \dfrac{1}{1+x^2}\mathrm{d}x=\arctan x+C=-\mathrm{arccot}\,x+C$；

(13) $\int \dfrac{1}{\sqrt{1-x^2}}\mathrm{d}x=\arcsin x+C=-\arccos x+C$.

四、不定积分的几何意义

例 3 已知平面上一曲线经过点(3,6)，且曲线上切线斜率等于 $2x$，求该曲线方程.

解 由导数的几何意义可知，切线的斜率 $k_{切}=y'$.

由曲线上切线斜率为 $2x$ 可知曲线方程应为：$y=\int 2x\mathrm{d}x=x^2+C$，

又因曲线经过点(3,6)，故而 $6=3^2+C$，得 $C=-3$，

所求曲线方程为 $y=x^2-3$.

由上例可以看出：函数 $f(x)$ 的每一个原函数 $F(x)$ 的图像为一条曲线，这种曲线称为 $f(x)$ 的**积分曲线**. $f(x)$ 的不定积分所得到的 $F(x)+C$ 为所有的积分曲线，称为**积分曲线族**. 特点是在同一点 x_0 处的切线斜率是相等的. 这就是不定积分的几何意义.

如图 3-1 所示的是切线斜率为 $y'=2x$ 的一族曲线.

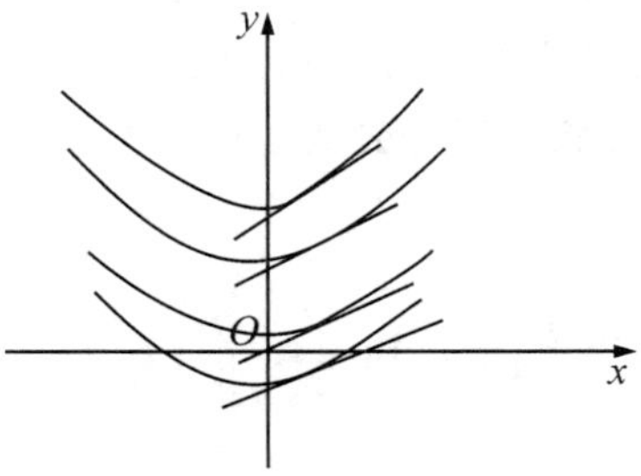

图 3-1

五、不定积分的性质与直接积分法

由不定积分的定义，可知求不定积分与求导数互为逆运算，据此易得不定积分的下列性质：

性质 1　$\left[\int f(x)\mathrm{d}x\right]'=f(x)$；$\int f'(x)\mathrm{d}x=f(x)+C$.

对函数 $f(x)$ 先积分再求导，两种运算抵消；而先求导再积分，结果相差一个积分常数 C.

性质 2　$\int[f(x)\pm g(x)]\mathrm{d}x=\int f(x)\mathrm{d}x\pm\int g(x)\mathrm{d}x$.

函数之和与差的积分等于积分之和与差. 该性质可推广至有限多个函数相加或相减的情形.

性质 3　$\int kf(x)\mathrm{d}x=k\int f(x)\mathrm{d}x$（其中 k 为常数，$k\neq 0$）.

利用不定积分的性质和基本积分公式，可求出一些比较简单的不定积分，这种利用积分运算性质和基本积分公式求解不定积分的方法，称为直接积分法.

例 4　求 $\int(x^2-3\mathrm{e}^x+2\cos x)\mathrm{d}x$.

解　$\int(x^2-3\mathrm{e}^x+2\cos x)\mathrm{d}x=\int x^2\mathrm{d}x-3\int \mathrm{e}^x\mathrm{d}x+2\int \cos x\,\mathrm{d}x=\frac{1}{3}x^3-3\mathrm{e}^x+2\sin x+C$.

注意

因为任意常数的和、差仍然是任意常数，所以本例虽然分成三个积分进行计算，但是最后运算结果只需写一个任意常数即可.

例 5　求 $\int\frac{(x-2)^2}{x}\mathrm{d}x$.

解　$\int\frac{(x-2)^2}{x}\mathrm{d}x=\int\frac{x^2-4x+4}{x}\mathrm{d}x=\int\left(x-4+\frac{4}{x}\right)\mathrm{d}x=\int x\mathrm{d}x-4\int\mathrm{d}x+4\int\frac{1}{x}\mathrm{d}x=\frac{1}{2}x^2-4x+4\ln|x|+C$.

例 6　已知某产品的总收入与产量之间的函数关系为 $R(x)$，若已知总收入函数的一阶导数为 $R'(x)=36-18x$（万元/百台），$R(0)=0$，求：(1)收入函数 $R(x)$；(2)当产量 x 从 2 百台增加到 5 百台时，总收入增加了还是减少了？

解　(1)$R(x)=\int R'(x)\mathrm{d}x=\int(36-18x)\mathrm{d}x=36\int\mathrm{d}x-18\int x\mathrm{d}x=36x-9x^2+C$，

将 $R(0)=0$，代入上式得到 $C=0$，

所以收入函数 $R(x)=36x-9x^2$（万元）.

(2)当产量 x 从 2 百台增加到 5 百台，总收入变化量为：$R(5)-R(2)=[36\times5-9\times5^2]-[36\times2-9\times2^2]=-81$，故成本函数为 $R(x)=36x-9x^2$，当产量 x 从 2 百台增加到 5 百台时，总收入减少了 81 万元.

例 7 已知某商品的当前生产量为每月 1 万件，现在准备扩大生产，计划从本月开始接下来 x 个月生产量的增长率为 $32+\sqrt{x}$（单位：件/月）. 求从现在起之后的第 12 个月的生产量将是多少？

解 设从现在起 x 月该产品的生产量为 $S(x)$，由题意，接下来 x 月的生产量增长率为

$S'(x)=32+\sqrt{x}$，且 $S(0)=10\,000$，

所以 $S(x)=\int S'(x)\mathrm{d}x=\int (32+\sqrt{x})\mathrm{d}x=32x+\frac{2}{3}x^{\frac{3}{2}}+C$.

将 $S(0)=10\,000$ 代入上式，得到 $C=10\,000$.

从现在起 x 个月的生产量为 $S(x)=32x+\frac{2}{3}x^{\frac{3}{2}}+10\,000$.

所以从现在起 12 个月的生产量为 $S(12)=32\cdot 12+\frac{2}{3}(12)^{\frac{3}{2}}+10\,000\approx 10\,412$（件）.

习题 3.1

基本题

1. 填空题

(1) $\int (x^2)'\mathrm{d}x=$________，$\left(\int x^3\mathrm{d}x\right)'=$________；

(2) $\int f'(x)\mathrm{d}x=$________，$\left(\int f(x)\mathrm{d}x\right)'=$________；

(3) 已知 $f(x)$ 的一个原函数为 $\ln x$，则 $f'(x)=$________；

(4) 已知 $f(x)$ 的一个原函数为 $\sin x$，则 $f(x)=$________，$\int f(x)\mathrm{d}x=$________；

(5) $\int f'(x)\mathrm{d}x=x^2+2x+C$，则 $f(x)=$________.

2. 选择题

(1) $\int 2\mathrm{d}x=$（　　）.

A. $2+C$　　B. $2x+C$　　C. 2　　D. x^2+C

(2) 已知 x^2 是 $f(x)$ 的一个原函数，那么 $f(x)$ 的另一个原函数是（　　）.

A. x^2+1　　B. $2x+1$　　C. $\frac{1}{3}x^3+C$　　D. $2x$

(3) 下列函数中，哪一个是函数 $f(x)=\frac{1}{x}$ 的原函数？（　　）.

A. $\ln|x|$　　B. $-\frac{1}{x}$　　C. $\frac{1}{x}$　　D. $-\frac{1}{x^2}$

(4) $\int \sin x\,\mathrm{d}x=$（　　）.

A. $\sin x+C$　　B. $\cos x+C$　　C. $-\cos x+C$　　D. $\cos x$

(5) $\int f(x)\mathrm{d}x = x^5 + C$，则 $f(x) = ($　　$)$.

A. $4x^3$　　B. x^5　　C. $\frac{1}{6}x^5$　　D. $5x^4$

一般题

3. 求下列不定积分：

(1) $\int x^4 \mathrm{d}x$；

(2) $\int x^2\sqrt{x}\mathrm{d}x$；

(3) $\int (2x + \cos x)\mathrm{d}x$；

(4) $\int \frac{x^2 + 2x - 5}{x}\mathrm{d}x$；

(5) $\int \left(2\sin x + \frac{1}{2x}\right)\mathrm{d}x$；

(6) $\int (2x + x^2 - 5)\mathrm{d}x$；

(7) $\int \frac{x^2}{1 + x^2}\mathrm{d}x$；

(8) $\int \frac{x^2 - 2\sqrt{x} + 5x}{x}\mathrm{d}x$.

提高题

4. 已知生产某产品的边际收入为产量 x 的函数，且 $R'(x) = 60 - 2x$，试求收入函数 $R(x)$ 和平均收入函数.

5. 假设生产某产品，其边际成本函数为 $C'(x) = 24 - 6x$（万元/台），x 表示产量，固定成本 $C_0 = 8$ 万元，边际收入 $R'(x) = 12 - 2x$（万元/台），求：(1) 总成本和总收入函数；(2) 获得最大利润时的产量.

第二节　不定积分的换元积分法

上一节我们介绍了直接积分法，能够计算出一些简单的不定积分，比如 $\int \cos x \,\mathrm{d}x = \sin x + C$. 仅利用直接积分法只能求出一些较为简单的不定积分，而对于一些比较复杂的积分，比如复合函数的不定积分，则需要一些特殊的方法来计算.

那么如何计算复合函数的不定积分呢？例如 $\int \cos 3x \,\mathrm{d}x = ?$

一、第一类换元积分法（凑微分法）

问题：能否利用直接积分法求解积分 $\int \cos 3x \,\mathrm{d}x$ 呢？

答案是否定的. 显然 $\int \cos 3x \,\mathrm{d}x \neq \sin 3x + C$，因为 $(\sin 3x + C)' = 3\cos 3x \neq \cos 3x$.

其实，我们可以设 $u = 3x$，由微分公式知 $\mathrm{d}u = \mathrm{d}(3x) = 3\mathrm{d}x$，即 $\mathrm{d}x = \frac{1}{3}\mathrm{d}u$，对积

分进行换元,可得:$\int \cos 3x\,dx=\int \frac{1}{3}\cos u\,du=\frac{1}{3}\int \cos u\,du=\frac{1}{3}\sin u+C=\frac{1}{3}\sin 3x+C$,对于这一类复合函数求不定积分有如下定理:.

定理 3 设函数 $f(u)$ 具有原函数 $F(u)$,且 $u=\varphi(x)$ 可导,则有第一类换元积分公式 $\int f(\varphi(x))\varphi'(x)dx=\int f(\varphi(x))d\varphi(x)\overset{令u=\varphi(x)}{=}\int f(u)du=F(u)+C=F(\varphi(x))+C$.

证明 由复合函数求导的链式法则可知:

$F(\varphi(x))'=F'(\varphi(x))\varphi'(x)$,

从而有 $\int F'(\varphi(x))\varphi'(x)dx=\int (F(\varphi(x))'dx=F(\varphi(x))+C$.

又因为 $F(u)$ 是 $f(u)$ 的原函数,可知 $F'(u)=f(u)$,其中 $u=\varphi(x)$,故有

$\int f(\varphi(x))\varphi'(x)dx=\int f(u)du=\int F'(u)du=F(u)+C=F(\varphi(x))+C$.

上述换元法也称为凑微分法.**凑微分**的**关键**是利用微分公式 $\varphi'(x)dx=d(\varphi(x))$,通过凑微分把积分变量由 x 变成 $\varphi(x)$ 再进行计算,即 $\int f(\varphi(x))\varphi'(x)dx=\int f(\varphi(x))d\varphi(x)$. 在比较熟练之后,可省去换元步骤,上述积分直接等于 $F(\varphi(x))+C$.

例 1 求 $\int (3x+5)^4 dx$.

解 第一步变形,利用微分公式 $d(3x+5)=3dx\Rightarrow dx=\frac{1}{3}d(3x+5)$,对所求积分进行变形:$\int (3x+5)^4 dx=\frac{1}{3}\int (3x+5)^4 d(3x+5)$;

第二步换元,令 $u=3x+5$,将积分化为简单函数的积分 $\frac{1}{3}\int u^4 du$;

第三步计算,利用基本积分公式计算出积分:$\frac{1}{3}\int u^4 du=\frac{1}{3}\cdot\frac{1}{5}u^5+C=\frac{1}{15}u^5+C$;

第四步回代,把 $u=3x+5$ 回代入计算结果,从而得:$\int (3x+5)^4 dx=\frac{1}{15}(3x+5)^5+C$.

由上例可知,**利用凑微分法**(第一类换元积分法)**的一般步骤**可归纳如下:

(1)凑微分(变形),即 $\int f(\varphi(x))\varphi'(x)dx=\int f(\varphi(x))d\varphi(x)$;

(2)变量代换(换元),令 $u=\varphi(x)$,$du=\varphi'(x)dx$ 后计算出积分:

$$\int f(\varphi(x))d\varphi(x)=\int f(u)du=F(u)+C;$$

(3)还原(回代),即 $\int f(u)du=F(u)+C=F(\varphi(x))+C$.

例 2　求 $\int \cos(3x+2)\,\mathrm{d}x$.

解　由微分公式：$\mathrm{d}(3x-2)=3\mathrm{d}x \Rightarrow \mathrm{d}x=\frac{1}{3}\mathrm{d}(3x+2)$，对积分变形可得

$$\int \cos(3x+2)\,\mathrm{d}x=\frac{1}{3}\int \cos(3x+2)\,\mathrm{d}(3x+2).$$

令 $u=3x+2$ 换元可得

$$\int \cos(3x+2)\,\mathrm{d}x=\frac{1}{3}\int \cos u\,\mathrm{d}u=\frac{1}{3}\sin u+C.$$

最后，将 $u=3x+2$ 回代入上式得

$$\int \cos(3x+2)\,\mathrm{d}x=\frac{1}{3}\sin(3x+2)+C.$$

注意

若对凑微分法比较熟练，则积分变形之后可将 $3x+2$ 看作中间变量 u，省略换元过程，直接计算出结果即可，如上例可写为 $\int \cos(3x+2)\,\mathrm{d}x=\frac{1}{3}\int \cos(3x+2)\,\mathrm{d}(3x+2)=\frac{1}{3}\sin(3x+2)+C$.

例 3　求 $\int e^{5x}\mathrm{d}x$.

解　由微分公式：$\mathrm{d}(5x)=5\mathrm{d}x \Rightarrow \mathrm{d}x=\frac{1}{5}\mathrm{d}(5x)$，对所求积分进行变形、计算可得

$$\int e^{5x}\mathrm{d}x=\frac{1}{5}\int e^{5x}\mathrm{d}(5x)=\frac{1}{5}e^{5x}+C.$$

例 4　求 $\int \frac{1}{2+6x}\mathrm{d}x$.

解　由微分公式：$\mathrm{d}(2+6x)=6\mathrm{d}x \Rightarrow \mathrm{d}x=\frac{1}{6}\mathrm{d}(2+6x)$，对所求积分进行变形、计算可得 $\int \frac{1}{2+6x}\mathrm{d}x=\frac{1}{6}\int \frac{1}{2+6x}\mathrm{d}(2+6x)=\frac{1}{6}\ln|2+6x|+C$.

由微分公式 $\mathrm{d}(ax+b)=a\mathrm{d}x \Leftrightarrow \mathrm{d}x=\frac{1}{a}\mathrm{d}(ax+b)$，

所以若 $\int f(u)\mathrm{d}u=F(u)+C$，

则 $\int f(ax+b)\mathrm{d}x=\frac{1}{a}\int f(ax+b)\mathrm{d}(ax+b)=\frac{1}{a}F(ax+b)+C$.

例 5　求 $\int xe^{x^2}\mathrm{d}x$.

解　由微分公式 $\mathrm{d}(x^2)=2x\mathrm{d}x \Rightarrow x\mathrm{d}x=\frac{1}{2}\mathrm{d}(x^2)$，对所求积分进行变形、计算可得 $\int xe^{x^2}\mathrm{d}x=\int e^{x^2}(x\mathrm{d}x)=\int e^{x^2}\cdot\frac{1}{2}\mathrm{d}(x^2)=\frac{1}{2}\int e^{x^2}\mathrm{d}(x^2)=\frac{1}{2}e^{x^2}+C$.

例 6 $\int \sin 2x\,\mathrm{d}x$.

解 首先，由二倍角公式可知：$\sin 2x=2\sin x\cos x$，所以原积分可化简为

$$\int \sin 2x\,\mathrm{d}x=2\int \sin x\cos x\,\mathrm{d}x.$$

再根据微分公式 $\mathrm{d}(\sin x)=\cos x\,\mathrm{d}x$，$\mathrm{d}(\cos x)=-\sin x\,\mathrm{d}x$，可由以下几种方法求解：

方法一 $\int \sin 2x\,\mathrm{d}x=2\int \sin x\,(\cos x\,\mathrm{d}x)=2\int \sin x\,\mathrm{d}(\sin x)=(\sin x)^2+C$；

方法二 $\int \sin 2x\,\mathrm{d}x=2\int \cos x\,(\sin x\,\mathrm{d}x)=-2\int \cos x\,\mathrm{d}(\cos x)=-(\cos x)^2+C$；

方法三 $\int \sin 2x\,\mathrm{d}x=\frac{1}{2}\int \sin 2x\,\mathrm{d}(2x)=-\frac{1}{2}\cos 2x+C$.

一般而言，所选用凑微分的方式不同，则求解积分的难易程度不同，而且最后的结果也会有所不同、这是为什么呢？留给读者自己思考.

例 7 求 $\int \frac{8\mathrm{e}^x}{3+\mathrm{e}^x}\mathrm{d}x$.

解 由微分公式 $\mathrm{d}(\mathrm{e}^x)=\mathrm{e}^x\mathrm{d}x\Rightarrow \mathrm{e}^x\mathrm{d}x=\mathrm{d}(\mathrm{e}^x)$，对所求积分进行凑微分、计算可得

$$\int \frac{8\mathrm{e}^x}{3+\mathrm{e}^x}\mathrm{d}x=8\int \frac{1}{3+\mathrm{e}^x}(\mathrm{e}^x\mathrm{d}x)=8\int \frac{1}{3+\mathrm{e}^x}\mathrm{d}(\mathrm{e}^x+3)=8\ln(\mathrm{e}^x+3)+C.$$

例 8 求 $\int \frac{1}{x\ln x}\mathrm{d}x$.

解 $\int \frac{1}{x\ln x}\mathrm{d}x=\int \frac{1}{\ln x}\left(\frac{1}{x}\mathrm{d}x\right)=\int \frac{1}{\ln x}\mathrm{d}\ln x=\ln|\ln x|+C$.

例 9 求 $\int x\sqrt{x^2-7}\,\mathrm{d}x$.

解 $\int x\sqrt{x^2-7}\,\mathrm{d}x=\int \sqrt{x^2-7}(x\mathrm{d}x)=\frac{1}{2}\int (x^2-7)^{\frac{1}{2}}\mathrm{d}(x^2-7)=\frac{1}{3}(x^2-7)^{\frac{3}{2}}+C$.

例 10 求 $\int \cos^2 x\,\mathrm{d}x$.

解 由余弦函数的二倍角公式 $\cos 2x=2\cos^2 x-1\Rightarrow \cos^2 x=\frac{1+\cos 2x}{2}$，

故
$$\begin{aligned}\int \cos^2 x\mathrm{d}x&=\int \frac{1+\cos 2x}{2}\mathrm{d}x=\frac{1}{2}\int (1+\cos 2x)\mathrm{d}x\\&=\frac{1}{2}\int \mathrm{d}x+\frac{1}{2}\int \cos 2x\,\mathrm{d}x\\&=\frac{1}{2}x+\frac{1}{4}\sin 2x+C.\end{aligned}$$

通过上面的例题，可以看出第一类换元积分法（凑微分法）在计算不定积分的众多方法中很重要，其难点在于凑微分时需要用到微分公式的逆运算.因此，想要掌握好凑微分法，应多做练习加强经验积累.

读者不妨尝试做一下以下各题：

1. $\int x\cdot\sqrt{1-x^2}\,dx$；　　2. $\int \frac{2x+1}{x^2+x-1}dx$；

3. $\int \frac{\ln x+1}{x}dx$；　　4. $\int \cos x\cdot\sin^2 x\,dx$；

5. $\int x\cos(x^2+1)\,dx$.

二、第二类换元积分法

利用凑微分法能够很简便地求解出一些复杂的积分，但是我们也会遇到一些凑微分法很难奏效的积分，例如被积函数含有根式：$\int\frac{1}{1+\sqrt{x}}dx$，$\int\frac{1}{\sqrt{x^2+a^2}}dx$ 等.此类积分比较难求，其主要原因在于被积函数中含有根式，因此我们应设法将根式代换掉，这就是第二类换元积分法.

定理 4　设 $x=\varphi(t)$ 单调可导，且 $\varphi'(t)\neq 0$，如果 $f(\varphi(t))\cdot\varphi'(t)$ 具有原函数 $F(t)$，则有：$\int f(x)dx=\int f(\varphi(t))\varphi'(t)dt=F(t)+C=F(\varphi^{-1}(x))+C$.

定理 4 的这种计算方法，我们称为**第二类换元积分法**，其一般步骤如下：

1. 换元，令 $x=\varphi(t)$，将积分换元：$\int f(x)dx=\int f(\varphi(t))\varphi'(t)dt$；

2. 求解出新积分 $\int f(\varphi(t))\varphi'(t)dt$ 的结果；

3. 还原（回代），利用 $x=\varphi(t)$ 将计算结果中的 t 还原成关于 x 的结果.

应用第二类换元积分法的关键在于适当选取换元变量 $x=\varphi(t)$，通过换元将积分 $\int f(x)dx$ 化为以 t 为积分变量的积分 $\int f(\varphi(t))\varphi'(t)dt$ 再进行计算.

例 11　求 $\int\frac{1}{1+\sqrt{x+2}}dx$.

解　选取换元变量：令 $\sqrt{x+2}=t$，则 $x=t^2-2$，$dx=2tdt$.

换元：$\int\frac{1}{1+\sqrt{x+2}}dx=\int\frac{1}{1+t}\cdot 2tdt=\int\frac{2t}{1+t}dt$.

求解新积分：
$$\int\frac{2t}{1+t}dt=2\int\frac{t+1-1}{1+t}dt=2\left[\int dt-\int\frac{1}{1+t}d(1+t)\right]=2t-2\ln|1+t|+C.$$

还原：将 $\sqrt{x+2}=t$ 代回上式，得
$$\int\frac{1}{1+\sqrt{x+2}}dx=2\sqrt{x+2}-2\ln|1+\sqrt{x+2}|+C.$$

例 12　求 $\int\frac{\sqrt{x+5}}{x+6}dx$.

解 选取换元变量：令 $\sqrt{x+5}=t$，则 $x=t^2-5$，$dx=2tdt$.

换元：$\int \frac{\sqrt{x+5}}{x+6}dx=\int \frac{t}{t^2+1}\cdot 2tdt=\int \frac{2t^2}{t^2+1}dt$.

求解新积分：$\int \frac{2t^2}{t^2+1}dt=2\int \frac{t^2+1-1}{t^2+1}dt=2\int \left(1-\frac{1}{t^2+1}\right)dt=2t-2\arctan t+C$.

还原：将 $\sqrt{x+5}=t$ 代回上式，得

$$\int \frac{\sqrt{x+5}}{x+6}dx=2\sqrt{x+5}-2\arctan\sqrt{x+5}+C.$$

例 13 求 $\int \frac{1}{\sqrt[3]{x+7}+3}dx$.

解 令 $\sqrt[3]{x+7}=t$，则 $x=t^3-7$，$dx=3t^2dt$，换元得

$$\begin{aligned}\int \frac{1}{\sqrt[3]{x+7}+3}dx&=\int \frac{1}{t+3}\cdot 3t^2dt=3\int \frac{t^2}{t+3}dt=3\int \frac{t^2-9+9}{t+3}dt\\&=3\left[\int (t-3)dt+9\int \frac{1}{t+3}d(t+3)\right]\\&=\frac{3}{2}t^2-9t+27\ln|t+3|+C.\end{aligned}$$

再将 $\sqrt[3]{x+7}=t$ 代回得

$$\int \frac{1}{\sqrt[3]{x+7}+3}dx=\frac{3}{2}(\sqrt[3]{x+7})^2-9\sqrt[3]{x+7}+27\ln|\sqrt[3]{x+7}+3|+C.$$

例 14 求 $\int \frac{1}{(\sqrt[3]{x}+\sqrt{x})\sqrt{x}}dx$.

分析 如果被积函数中出现两种或两种以上不同根式，为了同时去掉根式，可令 $x=t^n$(其中 n 为不同根式次数的公倍数，比如 2 次根式与 3 次根式的最小公倍数为 $n=6$).

解 令 $x=t^6$，则$\sqrt{x}=t^3$，$\sqrt[3]{x}=t^2$，$dx=6t^5dt$，对积分进行换元得

$$\begin{aligned}\int \frac{1}{(\sqrt[3]{x}+\sqrt{x})\sqrt{x}}dx&=\int \frac{6t^5dt}{(t^2+t^3)t^3}=6\int \frac{1}{1+t}dt\\&=6\int \frac{1}{1+t}d(1+t)\\&=6\ln|1+t|+C.\end{aligned}$$

将 $t=\sqrt[6]{x}$回代，得 $\int \frac{1}{(\sqrt[3]{x}+\sqrt{x})\sqrt{x}}dx=6\ln|1+\sqrt[6]{x}|+C$.

前面几个例题(例 11～例 15)都是直接令根式等于 t 进行换元，这种方法也称为**根式代换. 根式代换适用类型主要有以下两种.**

(1)当被积函数中含有 $\sqrt[n]{ax+b}$的形式，我们可以直接令 $\sqrt[n]{ax+b}=t$ 或 $x=\frac{1}{a}(t^n-b)$.

(2)当被积函数中含有不同次数根式 $\sqrt[n]{ax+b}$和 $\sqrt[m]{ax+b}$的形式，设 k 是 n

与 m 的最小公倍数，可令 $ax+b=t^k$ 进行换元.

在第二类换元积分法中，除了根式代换之外，常见的还有利用三角函数恒等变形来去掉根式，这种方法称为**三角代换**，下面通过例子说明三角代换法.

例 15　求 $\int\sqrt{a^2-x^2}\mathrm{d}x\ (a>0)$.

解　作三角代换：令 $x=a\sin t\ \left(-\frac{\pi}{2}\leqslant t\leqslant\frac{\pi}{2}\right)$，则有 $\mathrm{d}x=a\cos t\ \mathrm{d}t$，

$$\begin{aligned}\int\sqrt{a^2-x^2}\mathrm{d}x&=\int\sqrt{a^2(1-\sin^2 t)}(a\cos t\ \mathrm{d}t)\\&=a^2\int\cos^2 t\ \mathrm{d}x=a^2\int\frac{1+\cos 2t}{2}\mathrm{d}t\\&=\frac{a^2}{2}(t+\frac{1}{2}\sin 2t)+C.\end{aligned}$$

由 $x=a\sin t$ 可知，$t=\arcsin\frac{x}{a}$，$\sin t=\frac{x}{a}$，$\cos t=\frac{\sqrt{a^2-x^2}}{a}$，

所以，$\int\sqrt{a^2-x^2}\mathrm{d}x=\frac{a^2}{2}\arcsin\frac{x}{a}+\frac{x}{2}\sqrt{a^2-x^2}+C$.

当被积函数中含有 $\sqrt{x^2-a^2}$，$\sqrt{a^2-x^2}$ 或 $\sqrt{x^2+a^2}$ 时，我们通常采用三角代换法来计算积分，主要代换方法如下：

(1)被积函数中含有 $\sqrt{a^2-x^2}$，令 $x=a\sin t$ 或 $x=a\cos t$；

(2)被积函数中含有 $\sqrt{a^2+x^2}$，令 $x=a\tan t$ 或 $x=a\cot t$；

(3)被积函数中含有 $\sqrt{x^2-a^2}$，令 $x=a\sec t$ 或 $x=a\csc t$.

有兴趣的读者不妨试做以下两题：

1. $\int\frac{1}{\sqrt{x^2-a^2}}\mathrm{d}x\ (a>0,|x|>a)$.

2. $\int\frac{1}{\sqrt{x^2+a^2}}\mathrm{d}x\ (a>0)$.

习题 3.2

基本题

1. 利用第一类换元积分法求下列不定积分：

(1) $\int(3x-5)^{10}\mathrm{d}x$；　(2) $\int\frac{1}{(1-2x)^3}\mathrm{d}x$；

(3) $\int x\mathrm{e}^{x^2+3}\mathrm{d}x$；　(4) $\int(3+\mathrm{e}^x)\mathrm{e}^x\mathrm{d}x$；

(5) $\int x\sin(x^2)\ \mathrm{d}x$；　(6) $\int\frac{(\ln x)^3}{x}$；

(7) $\int\frac{1}{x(\ln x)^2}\mathrm{d}x$；　(8) $\int\frac{x^3}{x^4+5}\mathrm{d}x$；

(9) $\int \cos^3 x \, dx$;　　(10) $\int \frac{\sin x}{\cos^3 x} dx$.

一般题

2. 利用第二类换元积分法求下列不定积分：

(1) $\int \frac{1}{1+\sqrt[3]{x+2}} dx$;　　(2) $\int \frac{1}{1+\sqrt[3]{x}} dx$;

(3) $\int \frac{x}{\sqrt{x+1}} dx$;　　(4) $\int \frac{\sqrt{x-1}}{x} dx$;

(5) $\int \frac{1}{1+\sqrt{x+1}} dx$;　　(6) $\int \frac{x}{\sqrt{x+2}} dx$.

提高题

3. 利用换元积分法求下列不定积分：

(1) $\int \frac{1}{x^2+2x+2} dx$;　　(2) $\int \frac{1}{\sqrt{x}+\sqrt[3]{x}} dx$;

(3) $\int \sqrt{2-x^2} dx$;　　(4) $\int \sqrt{\cos x-\cos^3 x} dx$;

(5) $\int \frac{1}{x\sqrt{x^2+1}} dx$;　　(6) $\int \frac{1}{\sqrt{x(4-x)}} dx$.

第三节　不定积分的分部积分法

用前面介绍的换元积分法可以计算出复合函数、含有根式函数的不定积分，但在计算过程中，我们也经常会遇到一些被积函数为乘积结构的积分，例如 $\int x\mathrm{e}^x dx$，$\int x\sin x \, dx$ 等. 这一节我们将介绍一种计算此类函数的积分常用方法——分部积分法.

定理 5　设函数 $u=u(x)$ 与 $v=v(x)$ 可导，则有**分部积分公式**：$\int u(x)v'(x)dx = u(x)v(x)-\int u'(x)v(x)dx$ 或 $\int u(x)dv(x)=u(x)\cdot v(x)-\int v(x)du(x)$.

上述积分公式也可以简记为 $\int u dv = uv - \int v du$.

证明　由乘积的求导法则可得 $(uv)'=u'v+v'u \Rightarrow uv'=(uv)'-u'v$，

两边积分得 $\int uv' dx = \int (uv)' dx - \int u'v dx$，

整理可得 $\int u(x)v'(x)dx = u(x)v(x) - \int u'(x)v(x)dx$，

即 $\int u dv = uv - \int v du$.

在积分的计算过程中，如果 $\int u(x)v'(x)\mathrm{d}x$ 计算起来比较困难，而 $\int u'(x)v(x)\mathrm{d}x$ 却比较容易计算，那么就可以利用分部积分公式，把 $\int u(x)v'(x)\mathrm{d}x$ 的计算转化为 $u(x)v(x)-\int u'(x)v(x)\mathrm{d}x$ 来计算，这就是分部积分法.

利用分部积分法的一般步骤如下：

(1)观察被积函数的结构并对照分部积分公式，确定 $u(x)$，$v'(x)$；

(2)根据公式，将积分转化为 $u(x)v(x)-\int u'(x)v(x)\mathrm{d}x$；

(3)计算 $\int u'(x)v(x)\mathrm{d}x$，从而得到原积分的计算结果.

例 1　求 $\int x\cos x\,\mathrm{d}x$.

解　被积函数由 x 与 $\cos x$ 两个函数相乘，由分部积分公式，我们若设其中一个函数为 u，那么另一个就是公式中的 v'.

所以我们不妨设 $u=x$，则 $v'=\cos x\Rightarrow v=\sin x$.

由公式可得 $\int x\cos x\,\mathrm{d}x=uv-\int u'v\mathrm{d}x=x\sin x-\int\sin x\,\mathrm{d}x=x\sin x+\cos x+C$.

思考：在计算中，是不是 u,v 可以随意选择呢？

上例中，如果设 $u=\cos x$，则 $v'=x\Rightarrow v=\frac{1}{2}x^2$，利用分部积分公式可得

$$\int x\cos x\,\mathrm{d}x=uv-\int u'v\,\mathrm{d}x=\frac{x^2}{2}\cos x+\int\frac{x^2}{2}\sin x\,\mathrm{d}x.$$

很显然，上式右端的积分 $\int\frac{x^2}{2}\sin x\,\mathrm{d}x$ 比原积分 $\int x\cos x\,\mathrm{d}x$ 难度更大.

从中可以看出，在分部积分法中，合理恰当地**选择** u,v 是计算积分的关键. **选择** u,v **一般应遵循以下规则**：

(1)选定 u 之后，v 要比较容易求解出来；

(2)公式 $\int u(x)v'(x)\mathrm{d}x=u(x)v(x)-\int u'(x)v(x)\mathrm{d}x$ 中，右端的积分 $\int u'(x)v(x)\mathrm{d}x$ 要比左端的 $\int u(x)v'(x)\mathrm{d}x$ 更容易求解.

例 2　求 $\int x\mathrm{e}^x\mathrm{d}x$.

解　设 $u=x$，$v'=\mathrm{e}^x\Rightarrow v=\mathrm{e}^x$，则

$\int x\mathrm{e}^x\mathrm{d}x=uv-\int u'v\mathrm{d}x=x\mathrm{e}^x-\int\mathrm{e}^x\mathrm{d}x=x\mathrm{e}^x-\mathrm{e}^x+C=(x-1)\mathrm{e}^x+C.$

但是反过来若设 $u=\mathrm{e}^x$，$v'=x\Rightarrow v=\frac{1}{2}x^2$，则有

$$\int x\mathrm{e}^x\mathrm{d}x=uv-\int u'v\mathrm{d}x=\frac{x^2}{2}\mathrm{e}^x-\int\frac{x^2}{2}\mathrm{e}^x\mathrm{d}x.$$

显然 $\int\frac{x^2}{2}\mathrm{e}^x\mathrm{d}x$ 比 $\int x\mathrm{e}^x\mathrm{d}x$ 计算难度增加了，这样选取 u,v 不恰当.

例 3 求 $\int x^2\cos x\,\mathrm{d}x$.

解 设 $u=x^2, v'=\cos x\Rightarrow v=\sin x$,

则有 $\int x^2\cos x\,\mathrm{d}x=uv-\int u'v\mathrm{d}x=x^2\sin x-\int 2x\sin x\,\mathrm{d}x$.

对右端的积分 $\int 2x\sin x\,\mathrm{d}x$ 再用一次分部积分法：

设 $u=2x, v'=\sin x\Rightarrow v=-\cos x$,所以

$$\int 2x\sin x\,\mathrm{d}x=uv-\int u'v\mathrm{d}x=2x(-\cos x)-\int 2(-\cos x)\mathrm{d}x$$
$$=-2x\cos x+2\int\cos x\,\mathrm{d}x=-2x\cos x+2\sin x+C.$$

所以 $\int x^2\cos x\,\mathrm{d}x=x^2\sin x+2x\cos x-2\sin x+C$.

由以上例题可以看出，在计算积分过程中，有时需要运用多次分部积分法，对同一积分多次运用分部积分公式时，每次 $u(x)$ 的选择应为同类型函数.

经验小结：由前几个例子我们看到，若被积函数是幂函数与三角函数或指数函数的乘积，就考虑设幂函数为 u.

例 4 求 $\int x^2\ln x\,\mathrm{d}x$.

解 设 $u=\ln x, v'=x^2\Rightarrow v=\frac{1}{3}x^3$,则有

$$\int x^2\ln x\,\mathrm{d}x=\frac{1}{3}x^3\ln x-\int\frac{1}{3}x^3\cdot\left(\frac{1}{x}\right)\mathrm{d}x=\frac{1}{3}x^3\ln x-\frac{1}{3}\int x^2\mathrm{d}x$$
$$=\frac{1}{3}x^3\ln x-\frac{1}{9}x^3+C.$$

例 5 求 $\int\ln x\,\mathrm{d}x$.

解 设 $u=\ln x, v'=1\Rightarrow v=x$,则有 $\int\ln x\,\mathrm{d}x=x\ln x-\int x\cdot\frac{1}{x}\mathrm{d}x=x\ln x-x+C$.

例 6 求 $\int\arctan x\,\mathrm{d}x$.

解 设 $u=\arctan x, v'=1\Rightarrow v=x$,则有

$$\int\arctan x\,\mathrm{d}x=x\arctan x-\int\frac{x}{1+x^2}\mathrm{d}x=x\arctan x-\frac{1}{2}\int\frac{1}{1+x^2}\mathrm{d}(x^2+1)$$
$$=x\arctan x-\frac{1}{2}\ln(1+x^2)+C.$$

例 7 求 $\int x\arctan x\,\mathrm{d}x$.

解 设 $u=\arctan x, v'=x\Rightarrow v=\frac{1}{2}x^2$,则有

$$\begin{aligned}\int x\arctan x\,\mathrm{d}x &= \frac{1}{2}x^2\arctan x - \int \frac{1}{2}x^2\,\frac{1}{1+x^2}\mathrm{d}x \\ &= \frac{1}{2}x^2\arctan x - \frac{1}{2}\int \frac{x^2+1-1}{x^2+1}\mathrm{d}x \\ &= \frac{1}{2}x^2\arctan x - \frac{1}{2}\int \left(1-\frac{1}{x^2+1}\right)\mathrm{d}x \\ &= \frac{1}{2}x^2\arctan x - \frac{1}{2}x + \frac{1}{2}\arctan x + C.\end{aligned}$$

经验小结:若被积函数是幂函数与对数函数或反三角函数的相乘形式,一般取 u 为对数函数或反三角函数.

例 8　求 $\int \mathrm{e}^x\cos x\,\mathrm{d}x$.

解　设 $u=\cos x, v'=\mathrm{e}^x \Rightarrow v=\mathrm{e}^x$,则有

$$\int \mathrm{e}^x\cos x\,\mathrm{d}x=\mathrm{e}^x\cos x-\int \mathrm{e}^x(-\sin x)\mathrm{d}x=\mathrm{e}^x\cos x+\int \mathrm{e}^x\sin x\,\mathrm{d}x.$$

对于不定积分 $\int \mathrm{e}^x\sin x\,\mathrm{d}x$ 再用一次分部积分:

设 $u=\sin x, v'=\mathrm{e}^x \Rightarrow v=\mathrm{e}^x$,则有

$$\int \mathrm{e}^x\sin x\,\mathrm{d}x=\mathrm{e}^x\sin x-\int \mathrm{e}^x\cos x\,\mathrm{d}x.$$

故有 $\int \mathrm{e}^x\cos x\,\mathrm{d}x=\mathrm{e}^x\cos x+\mathrm{e}^x\sin x-\int \mathrm{e}^x\cos x\,\mathrm{d}x.$

注意到上式右端出现了一个与左端完全一样的积分,这种情况,我们称为**积分重现**.

通过移项可得 $2\int \mathrm{e}^x\cos x\,\mathrm{d}x=\mathrm{e}^x\sin x+\mathrm{e}^x\cos x+C_1$,

故 $\int \mathrm{e}^x\cos x\,\mathrm{d}x=\frac{1}{2}\mathrm{e}^x(\sin x+\cos x)+C.$

从前面的例题可以看出,利用分部积分法求解不定积分,关键还是在于 u,v 的选择,有效选择 u、v 的方法我们简称为 LIATE **法**. 其中

L 代表对数函数,如 $\ln x, \log_2 x$;

I 代表反三角函数,如 $\arcsin x$;

A 代表多项式函数,如 x^2, x^3;

T 代表三角函数,如 $\sin x, \cos x, \tan x$;

E 代表指数函数,如 $\mathrm{e}^x, 3^x$.

在选择 u 时,按 LIATE 的排列先后顺序进行. 例如积分 $\int x^2\ln x\,\mathrm{d}x$,被积函数中有多项式函数 x^2 和对数函数 $\ln x$,所以由 LIATE 的排序,应该选择对数函数 $\ln x$ 为 u, $v'=x^2$.

习题 3.3

基本题

1. 利用分部积分法计算下列不定积分:

(1) $\int x\cos 2x \, dx$;　(2) $\int x\ln x \, dx$;

(3) $\int x^2 e^x dx$;　(4) $\int (\ln x)^2 dx$;

(5) $\int (x+3)e^x dx$;　(6) $\int x^2 \sin x \, dx$;

(7) $\int xe^{-x} dx$;　(8) $\int e^x \sin x \, dx$.

一般题

2. 利用分部积分法计算下列不定积分:

(1) $\int \arcsin x \, dx$;　(2) $\int e^{2x} \sin x \, dx$;

(3) $\int x\arctan x \, dx$;　(4) $\int xe^{5x} dx$;

(5) $\int x^2 \sin 3x \, dx$;　(6) $\int (x+2)\ln x \, dx$.

提高题

3. 利用分部积分法计算下列不定积分:

(1) $\int \sin(\ln x) \, dx$;　(2) $\int \cos(\ln x) \, dx$;

(3) $\int e^{\sqrt{x}} dx$;　(4) $\int (x^2+1) e^x dx$;

(5) $\int xe^{-2x} dx$;　(6) $\int x^2 \ln(1+x) \, dx$.

第四节　定积分的概念与性质

前面介绍了积分学中的第一类问题——不定积分,不定积分主要是研究某一函数的原函数问题.这一节我们将给大家介绍定积分.定积分在经济学、几何学和很多实际问题中都有着非常广泛的应用.

一、定积分的起源

定积分的思想起源于面积和几何体积的计算.比如古希腊的阿基米得在公元前 240 年左右就曾用"穷竭法"计算不规则平面图形(如多边形、曲边形等)的面积.我国刘徽(公元 263 年左右)提出"割圆术"也是一种类似的思想.

历史上积分思想的形成比微分要更早，而在牛顿与莱布尼茨公式出现之前(17 世纪后期)，有关定积分的理论还是零散的，直到牛顿-莱布尼茨公式出现之后，定积分才迅速建立并发展起来.

定积分概念的理论基础是极限. 从极限思想到形成系统性的极限理论，是一个漫长的过程. 在牛顿和莱布尼茨建立微积分理论的时代，极限概念仍未形成，这就使得定积分的有关概念看起来并不是那么严谨，从而引起了不少学者的争论，并引发了“第二次数学危机”. 经过 18 世纪、19 世纪以柯西、魏尔斯特拉斯(Weierstrass)等为代表的一大批数学家的进一步研究论证，极限概念完全确立之后，才有了今天我们所见到的微积分知识.

定积分的基本概念也是一种基本思想. 定积分“分割→近似替代→求和→取极限”这种“和式的极限”思想，在众多学科领域以及实际问题中都有着重要的指导意义. 许多现实问题的求解思想与定积分的“和式的极限”思想是一样的，比如曲边梯形的面积、变速直线运动的路程等实际问题，运用极限方法，分割整体、以直代曲、取极限、变连续为离散等过程，使定积分的概念能够建立起来并广泛运用于其他领域之中. 定积分可以说是数学史、人类发展史上的重要创举.

二、定积分的有关概念

定积分从定义和本质上来说，其实是无限细分再累加，一种和式的极限，我们称为“积分和”的极限，下面给出定积分的精确定义：

定义 2　(如图 3-2)设函数 $y=f(x)$ 在 $[a,b]$ 上有界，在区间 $[a,b]$ 任意加入 $n-1$ 个分点将其分成 n 个小区间，再在每个小区间内任取一点 c_i，第 i 个小区间的长度记为 Δx_i，如果当分割足够细时(分割后最宽的小区间长度 $\lambda \to 0$)，不管区间如何划分，c_i 在每个小区间里如何取，极限 $\lim\limits_{\lambda \to 0}\sum\limits_{i=1}^{n} f(c_i)\Delta x_i$(称为积分和的极限)总存在，那么称此极限为函数 $y=f(x)$ 在区间 $[a,b]$ 上的**定积分**. 记为 $\int_a^b f(x)\mathrm{d}x=\lim\limits_{\lambda \to 0}\sum\limits_{i=1}^{n} f(c_i)\Delta x_i$，并称 $f(x)$ 在区间 $[a,b]$ 上是可积的. 其中 $f(x)$ 称为被积函数，x 称为积分变量，$f(x)\mathrm{d}x$ 称为被积表达式，$[a,b]$ 为积分区间，a 为积分下限，b 为积分上限.

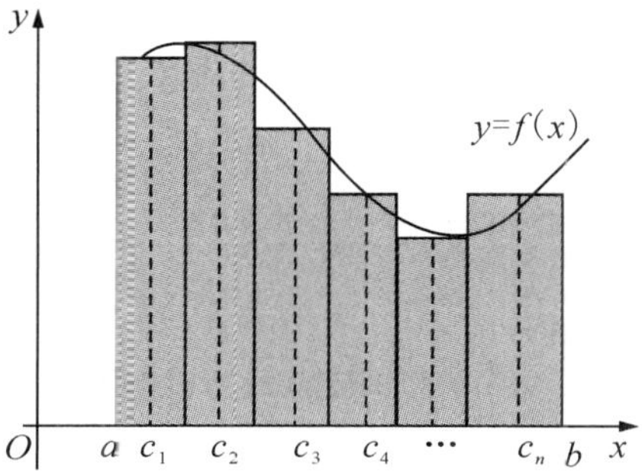

图 3-2

注意

(1)由定积分的定义可知,定积分其实就是积分和的极限,所以计算结果为实数.

(2)定积分最后的计算结果与积分区间有关,而与积分变量使用哪个字母无关.

比如:$\int_a^b f(x)\mathrm{d}x=\int_a^b f(u)\mathrm{d}u$.

定理6(牛顿-莱布尼茨(Newton-Leibniz)公式) 设 $f(x)$在区间$[a,b]$上是连续的,且 $F(x)$是 $f(x)$在区间$[a,b]$上的一个原函数,则有

$$\int_a^b f(x)\mathrm{d}x=F(b)-F(a)\overset{\text{简记为}}{=}F(x)\Big|_a^b. \tag{1}$$

注意

牛顿-莱布尼茨公式给出了一种计算定积分的简便方法,即 $f(x)$在区间$[a,b]$上的定积分等于其原函数在该积分区间上的函数差值 $F(b)-F(a)$.

例1 求 $\int_0^1 x^3\mathrm{d}x$.

解 由牛顿-莱布尼茨公式,有 $\int_0^1 x^3\mathrm{d}x=\frac{1}{4}x^4\Big|_0^1=\frac{1}{4}$.

例2 求 $\int_0^\pi \cos x\ \mathrm{d}x$.

解 因为 $\cos x$ 的原函数为 $\sin x$,所以 $\int_0^\pi \cos x\ \mathrm{d}x=\sin x\Big|_0^\pi=\sin\pi-\sin 0=0$.

例3 求 $\int_0^1 (x^2+2x-3)\mathrm{d}x$.

解 $\int_0^1 (x^2+2x-3)\mathrm{d}x=\left(\frac{1}{3}x^3+x^2-3x\right)\Big|_0^1=-\frac{5}{3}$.

利用牛顿-莱布尼茨公式求解定积分的一般步骤:

(1)解出被积函数 $f(x)$的一个原函数 $F(x)$;

(2)求出原函数 $F(x)$在积分区间上的差值 $F(b)-F(a)$.

三、定积分的几个性质

由定义2可知,定积分其实就是积分和的极限,结合极限的四则运算法则,易得以下5条定积分的运算性质.

性质1 $\int_a^b [f(x)\pm g(x)]\mathrm{d}x=\int_a^b f(x)\mathrm{d}x\pm\int_a^b g(x)\mathrm{d}x$ (可推广至有限个可积函数相加).

性质2 $\int_a^b kf(x)\mathrm{d}x=k\int_a^b f(x)\mathrm{d}x$ (k 为常数).

性质3 $\int_a^b f(x)\mathrm{d}x=\int_a^c f(x)\mathrm{d}x+\int_c^b f(x)\mathrm{d}x$ ($a<c<b$)(积分区间可加性).

性质 4　$\int_a^b 1\mathrm{d}x=\int_b^a \mathrm{d}x=b-a$.

性质 5　$\int_a^b f(x)\mathrm{d}x=-\int_b^a f(x)\mathrm{d}x$ 且 $\int_a^a f(x)\mathrm{d}x=0$.

由牛顿-莱布尼茨公式和定积分的运算性质，可以直接求解一些函数的定积分，这种方法与不定积分里介绍的一样，称为直接积分法.

例 4　求 $\int_0^{\frac{\pi}{2}}(2x+3\sin x)\mathrm{d}x$.

解
$$\begin{aligned}\int_0^{\frac{\pi}{2}}(2x+3\sin x)\mathrm{d}x&=2\int_0^{\frac{\pi}{2}}x\mathrm{d}x+3\int_0^{\frac{\pi}{2}}\sin x\,\mathrm{d}x\\&=x^2\Big|_0^{\frac{\pi}{2}}+(-3\cos x)\Big|_0^{\frac{\pi}{2}}\\&=\left(\frac{\pi^2}{4}-0\right)+\left(-3\cos\frac{\pi}{2}+3\cos 0\right)\\&=\frac{\pi^2}{4}+3.\end{aligned}$$

例 5　设 $f(x)=\begin{cases}x+1, & x\geqslant 0\\ \mathrm{e}^{-x}, & x<0\end{cases}$，求 $\int_{-1}^{2}f(x)\mathrm{d}x$.

解
$$\begin{aligned}\int_{-1}^{2}f(x)\mathrm{d}x&=\int_{-1}^{0}\mathrm{e}^{-x}\mathrm{d}x+\int_0^2(x+1)\mathrm{d}x\\&=[-\mathrm{e}^{-x}]_{-1}^{0}+\left[\frac{(x+1)^2}{2}\right]_0^2\\&=-(\mathrm{e}^0-\mathrm{e})+\left[\frac{(2+1)^2}{2}-\frac{(0+1)^2}{2}\right]\\&=\mathrm{e}-1+4\\&=\mathrm{e}+3.\end{aligned}$$

例 6　某产品的边际成本为 $C'(q)=12-6x+3x^2$（万元/百台），则当产量 x 由 100 台增加到 1 000 台时，求成本的增加量.

解　由牛顿-莱布尼茨公式可知成本的增加量

$$\begin{aligned}C(10)-C(1)&=\int_1^{10}C'(x)\mathrm{d}x\\&=\int_1^{10}(12-6x+3x^2)\mathrm{d}x\\&=(12x-3x^2+x^3)\Big|_1^{10}\\&=(120-300+1\,000)-(12-3+1)\\&=810(\text{万元}).\end{aligned}$$

四、积分上限函数

由前面的介绍我们知道定积分的积分上、下限都是确定的常数，现在如果把积分上限变成 x（其中 $x\in[a,b]$），则可得到：$\int_a^x f(x)\mathrm{d}x=\int_a^x f(t)\mathrm{d}t$，当

x 每取定一个值，都会有一个唯一确定的定积分与之对应，这符合函数的定义，我们把这样一个以积分上限为自变量的函数称为积分上限函数. 记为 $\Phi(x)=\int_a^x f(t)\mathrm{d}t$，那么这样一个积分上限函数的导数有什么特点呢？

定理 7（原函数存在定理） 如果 $f(x)$ 在 $[a,b]$ 上连续，则积分上限函数 $\Phi(x)=\int_a^x f(t)\,\mathrm{d}t$ 在 $[a,b]$ 上的导数存在，并且 $\Phi'(x)=\left(\int_a^x f(t)\,\mathrm{d}t\right)'=f(x)(a\leqslant x\leqslant b)$.

由上述定理可知，连续函数一定存在着原函数，因为 $\left(\int_a^x f(t)\mathrm{d}t\right)'=f(x)$，所以由原函数的定义，$\int_a^x f(t)\mathrm{d}t$ 就是 $f(x)$ 的一个原函数.

例 7 已知积分上限函数 $\Phi(x)=\int_1^x \mathrm{e}^{2t+3}\mathrm{d}t$，求 $\Phi'(x)$.

解 由积分上限函数求导公式易知：$\Phi'(x)=\left(\int_1^x \mathrm{e}^{2t+3}\mathrm{d}t\right)'=\mathrm{e}^{2x+3}$.

例 8 求 $\left(\int_x^2 \cos(3t^2+5)\,\mathrm{d}t\right)'$.

解 由定积分的运算性质有：$\int_x^2\cos(3t^2+5)\,\mathrm{d}t=-\int_2^x\cos(3t^2+5)\,\mathrm{d}t$，

所以 $\left(\int_x^2 \cos(3t^2+5)\,\mathrm{d}t\right)'=\left(-\int_2^x \cos(3t^2+5)\,\mathrm{d}t\right)'=-\cos(3x^2+5)$.

总结：积分上限为 x 的函数求导，只需将被积分函数的字母换成积分上限 x 即可.

五、定积分的几何意义和经济意义

（一）定积分的几何意义

如图 3－3 所示的图形称为曲边梯形，图形中的曲线对应的是函数 $y=f(x)$. 那么如何求这个曲边梯形的面积呢？

显然，我们不能把它当作两个梯形来求解. 下面给出了定积分求曲边梯形面积的一种方法.

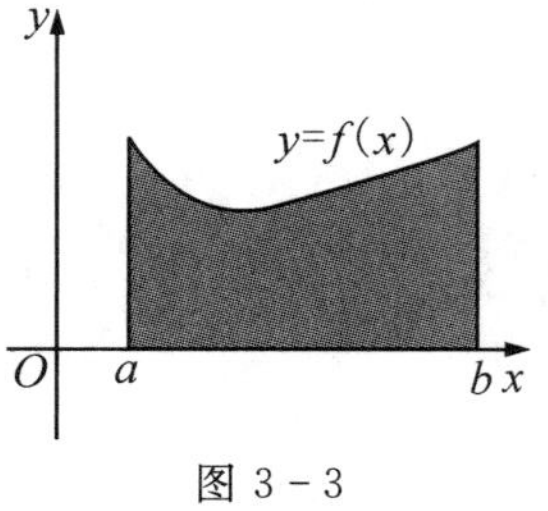

图 3－3

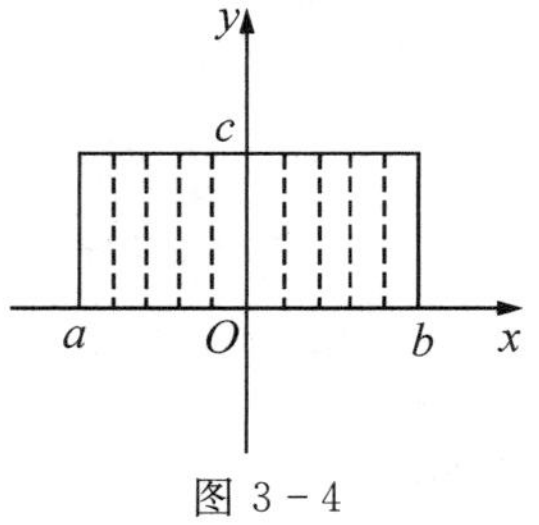

图 3－4

由定积分的定义可得以下性质：.

(1) 如果在区间 $[a,b]$ 上的连续函数 $f(x)\geqslant 0$，则 $\int_a^b f(x)\mathrm{d}x$ 等于以 $f(x)$

为曲边的曲边梯形的面积，即 $\int_a^b f(x)\,dx = S_{曲边梯形}$，例如图 3-4 矩形面积 $S = \int_a^b c\,dx = c(b-a)$；图 3-5 中阴影部分面积 $S = \int_a^b x\,dx = \frac{b^2-a^2}{2}$.

(2)如果在区间$[a,b]$上连续函数 $f(x) \leqslant 0$，则 $\int_a^b f(x)dx$ 等于以 $f(x)$为曲边的曲边梯形的面积的负值. 即 $\int_a^b f(x)dx = -S_{曲边梯形}$，亦即 $S_{曲边梯形} = -\int_a^b f(x)dx$.

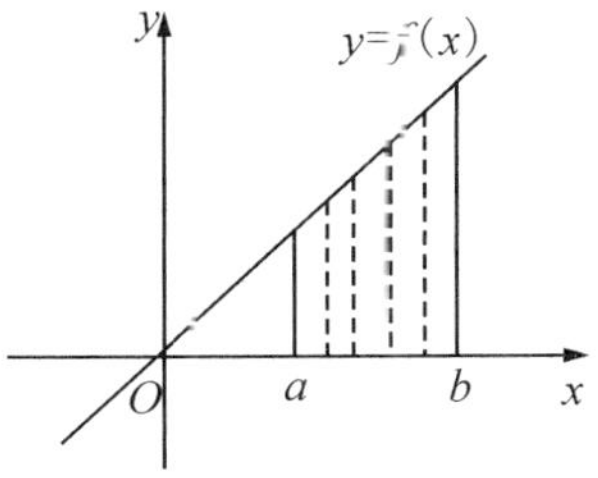

图 3-5

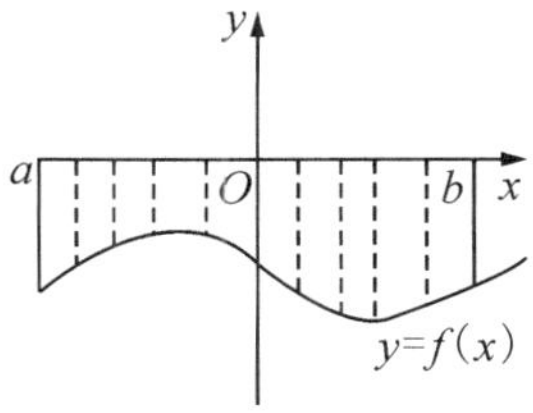

图 3-6

例如图 3-6 阴影部分的面积 $S = -\int_a^b f(x)\,dx$，即此时定积分运算结果等于面积的相反数.

(3)如果在区间$[a,c]$上连续函数 $f(x) \leqslant 0$，在区间$[c,b]$上 $f(x) \geqslant 0$，则 $\int_a^b f(x)\,dx = S_{x轴上方} - S_{x轴下方}$，亦即 $S = -\int_a^c f(x)\,dx + \int_c^b f(x)\,dx$. 如图 3-7 所示.

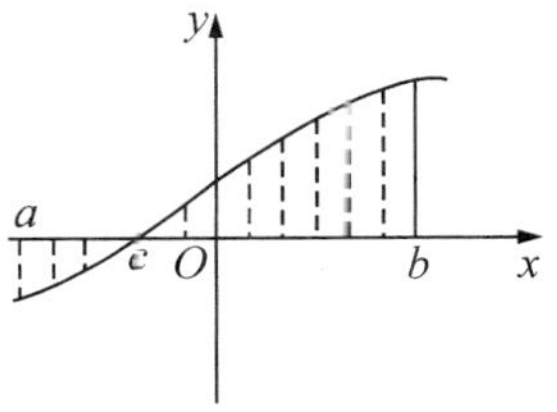

图 3-7

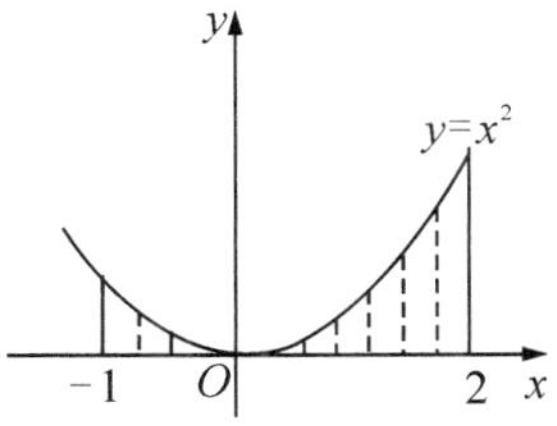

图 3-8

综上可知定积分的几何意义：$\int_a^b f(x)\,dx$ 在几何上所代表的是直线 $x=a$，$x=b$，x 轴以及 $y=f(x)$所围成面积的代数和(所围成面积中的 x 轴上方面积减去 x 轴下方的面积).

例 9　求由曲线 $y=x^2$ 和直线 $x=-1$，$x=2$ 及 x 轴所围成的平面图形的面积.

解　如图 3-8 所示，所求平面图形的面积

$$S = \int_{-1}^{2} x^2\,dx = \frac{1}{3}x^3 \bigg|_{-1}^{2} = \frac{8}{3} + \frac{1}{3} = 3.$$

例 10　求由 $y=\sin x$ 在$[0,\pi]$上与 x 轴所围图形的面积.

解　由定积分的几何意义可知，所求图形的面积为

$S = \int_0^\pi \sin x\,dx$

$$=-\cos x\Big|_0^{\pi}=-\cos\pi-(-\cos 0)=2.$$

（二）定积分的经济学意义

前面介绍过，导数代表的是函数的变化率，在经济学中导数代表的则是边际概念，通过边际成本函数的不定积分 $\int C'(x)\mathrm{d}x$ 可以求出总成本函数 $C(x)$. 而由牛顿-莱布尼茨公式可知，对边际成本函数的定积分 $\int_a^b C'(x)\mathrm{d}x$，代表的是成本函数 $C(x)$ 在闭区间 $[a,b]$ 上的成本变化量.

类似地，边际收益函数 $R'(x)$ 的定积分 $\int_a^b R'(x)\mathrm{d}x$ 的意义是：当产量从 a 变化到 b 时的收入变化量，这是因为 $\int_a^b R'(x)\mathrm{d}x=R(b)-R(a)$.

习题 3.4

基本题

1. 填空：

(1) 若 $f(x)=\begin{cases}\cos x, x\geqslant 0\\ 2x-1, x<0\end{cases}$，则 $\int_{-\pi}^{\pi} f(x)\mathrm{d}x=$________；

(2) $\left(\int_0^x \frac{\mathrm{e}^t}{t}\mathrm{d}t\right)'=$________.

一般题

2. 求下列定积分：

(1) $\int_0^1 (3x^2-2x+1)\mathrm{d}x$；

(2) $\int_0^1 (\sqrt{x}+x)\mathrm{d}x$；

(3) $\int_0^1 \frac{1}{1+x^2}\mathrm{d}x$；

(4) $\int_0^{\pi} (\mathrm{e}^x-4\sin x)\mathrm{d}x$；

(5) $\int_0^2 |x-1|\mathrm{d}x$；

(6) $\int_0^{\pi} |\cos x|\mathrm{d}x$.

提高题

3. 若已知某产品的边际收益函数 $R'(x)=33-6x$，x 表示产量，求产量由 1 单位增加到 4 单位时，总收益的变化量.

第五节　定积分的求法及广义积分

一、定积分的换元积分法

由牛顿-莱布尼茨公式，定积分的计算结果就是原函数在积分区间 $[a,b]$

上的增量 $F(b)-F(a)$. 所以定积分的求解首先必须求出 $f(x)$ 的原函数 $F(x)$，在不定积分中我们介绍了换元积分法、分部积分法、直接积分法等很多求解原函数的方法，现在结合牛顿-莱布尼茨公式，就可以得到定积分的换元积分法、分部积分法.

定理 8 设 $f(x)$ 在 $[a,b]$ 上连续，若 $x=\varphi(t)$ 满足条件：

(1) $a=\varphi(\alpha)$，$b=\varphi(\beta)$；

(2) 是 $[\alpha,\beta]$ 上的单调连续可导函数；

(3) 当 $t\in[\alpha,\beta]$ 时，能够保证 $x\in[a,b]$，则

$$\int_a^b f(x)\mathrm{d}x=\int_\alpha^\beta f(\varphi(t))\varphi'(t)\mathrm{d}t.$$

上述定理结论称为定积分的**换元积分法**.

定积分换元积分法的一般步骤如下：

(1) 选择代换变量 $x=\varphi(t)$，并求解出新的积分上、下限 α,β；

(2) 换元，整理化简，得到以 t 为积分变量的新积分：$\int_\alpha^\beta f(\varphi(t))\varphi'(t)\mathrm{d}t$；

(3) 求解积分 $\int_\alpha^\beta f(\varphi(t))\varphi'(t)\mathrm{d}t=\Phi(\beta)-\Phi(\alpha)$.

例 1 求 $\int_0^1 \sqrt{4x+3}\mathrm{d}x$.

解 $\int_0^1 \sqrt{4x+3}\mathrm{d}x=\frac{1}{4}\int_0^1 \sqrt{4x+3}\mathrm{d}(4x+3)$.

若令 $4x+3=t$，则当 $x=0$ 时，$t=3$；当 $x=1$ 时，$t=7$，于是有

$$\int_0^1 \sqrt{4x+3}\mathrm{d}x=\frac{1}{4}\int_0^1 \sqrt{4x+3}\mathrm{d}(4x+3)=\frac{1}{4}\int_3^7\sqrt{t}\mathrm{d}t=\frac{1}{6}t^{\frac{3}{2}}\bigg|_3^7=\frac{1}{6}(7\sqrt{7}-3\sqrt{3}).$$

当然，如果选择不换元，此时也不用换积分上、下限，凑微分之后亦可直接求解：

$$\int_0^1 \sqrt{4x+3}\mathrm{d}x=\frac{1}{4}\int_0^1 \sqrt{4x+3}\mathrm{d}(4x+3)=\frac{1}{6}(4x+3)^{\frac{3}{2}}\bigg|_0^1=\frac{1}{6}(7\sqrt{7}-3\sqrt{3}).$$

两种解法的计算结果是一致的. 只是在计算中注意，换元就必须换积分上、下限，计算出原函数 $\Phi(t)$ 后，只需将新的积分上、下限代入求差值 $\Phi(\beta)-\Phi(\alpha)$ 即可得到计算结果，不用回代成 x 的表达式.

例 2 求 $\int_0^{\frac{\pi}{2}} \sin^3 x\cos x\,\mathrm{d}x$.

解 凑微分：$\int_0^{\frac{\pi}{2}} \sin^3 x\cos x\,\mathrm{d}x=\int_0^{\frac{\pi}{2}} \sin^3 x\,\mathrm{d}(\sin x)$.

可令 $t=\sin x$，则当 $x=0$ 时，$t=0$；当 $x=\frac{\pi}{2}$ 时，$t=1$；

所以 $\int_0^{\frac{\pi}{2}} \sin^3 x\cos x\,\mathrm{d}x=\int_0^{\frac{\pi}{2}} \sin^3 x\,\mathrm{d}(\sin x)=\int_0^1 t^3\mathrm{d}t=\frac{1}{4}t^4\bigg|_0^1=\frac{1}{4}$.

例 3 求 $\int_{-2}^4 \frac{x+4}{\sqrt{2x+8}}\mathrm{d}x$.

解 令 $t=\sqrt{2x+8}$,则 $x=\frac{t^2-8}{2}$,$\mathrm{d}x=t\ \mathrm{d}t$.

当 $x=-2$ 时,$t=2$;当 $x=4$ 时,$t=4$;

所以 $\int_{-2}^{4}\frac{x+4}{\sqrt{2x+8}}\mathrm{d}x=\int_{2}^{4}\frac{\frac{t^2-8}{2}+4}{t}\cdot t\mathrm{d}t=\frac{1}{2}\int_{2}^{4}t^2\mathrm{d}t=\frac{1}{6}t^3\Big|_{2}^{4}=\frac{28}{3}$.

例 4 求 $\int_{0}^{2}\sqrt{4-x^2}\mathrm{d}x$.

解 令 $x=2\sin t\left(t\in\left[-\frac{\pi}{2},\frac{\pi}{2}\right]\right)$,则 $\mathrm{d}x=2\cos t\ \mathrm{d}t$.

当 $x=0$ 时,$t=0$;当 $x=2$ 时,$t=\frac{\pi}{2}$;

所以有 $\int_{0}^{2}\sqrt{4-x^2}\mathrm{d}x=\int_{0}^{\frac{\pi}{2}}\sqrt{4-4\sin^2 t}\cdot 2\cos t\ \mathrm{d}t$

$$=4\int_{0}^{\frac{\pi}{2}}\cos^2 t\ \mathrm{d}t$$

$$=2\int_{0}^{\frac{\pi}{2}}(1+\cos 2t)\mathrm{d}t$$

$$=2\left(t+\frac{1}{2}\sin 2t\right)\Big|_{0}^{\frac{\pi}{2}}$$

$$=\pi.$$

例 5 求 $\int_{1}^{5}\frac{\sqrt{x-1}}{x}\mathrm{d}x$.

解 令 $\sqrt{x-1}=t$,则 $x=t^2+1$,$\mathrm{d}x=2t\mathrm{d}t$,

当 $x=1$ 时 $t=0$,当 $x=5$ 时 $t=2$;

从而 $\int_{1}^{5}\frac{\sqrt{x-1}}{x}\mathrm{d}x=\int_{0}^{2}\frac{t}{t^2+1}\cdot 2t\mathrm{d}t$

$$=2\int_{0}^{2}\frac{t^2}{t^2+1}\mathrm{d}t$$

$$=2\int_{0}^{2}\left(1-\frac{1}{t^2+1}\right)\mathrm{d}t$$

$$=2(t-\arctan t)\Big|_{0}^{2}$$

$$=4-2\arctan 2.$$

注意 在定积分的换元法中,尤其需要注意的是,换元则一定要换限,而且新的积分上、下限应由原来的上、下限通过 $x=\varphi(t)$ 求得,所以需要注意新的积分上、下限与原积分上、下限的对应关系.

二、定积分的分部积分法

与不定积分的分部积分公式类似,定积分也有分部积分公式,从结构上看公式与不定积分的分部积分公式是类似的,所以运用分部积分法计算定积分的关键依然是恰当地选择 u,v.

定理 9 如果函数 $u(x),v(x)$ 在区间 $[a,b]$ 上连续可导，则有**分部积分公式**：

$$\int_a^b u(x)\mathrm{d}v(x)=[u(x)v(x)]\Big|_a^b-\int_a^b v(x)\mathrm{d}u(x).$$

例 6 求定积分 $\int_0^1 x\mathrm{e}^x\mathrm{d}x$.

解 $\int_0^1 x\mathrm{e}^x\mathrm{d}x=\int_0^1 x\mathrm{d}(\mathrm{e}^x)=x\mathrm{e}^x\Big|_0^1-\int_0^1 \mathrm{e}^x\mathrm{d}x=\mathrm{e}-\mathrm{e}^x\Big|_0^1=1.$

例 7 求 $\int_1^2 x^5\ln x\,\mathrm{d}x$.

解
$$\begin{aligned}\int_1^2 x^5\ln x\,\mathrm{d}x&=\frac{1}{6}x^6\ln x\Big|_1^2-\frac{1}{6}\int_1^2 x^6\cdot\frac{1}{x}\mathrm{d}x\\&=\frac{32}{3}\ln 2-\frac{1}{36}x^6\Big|_1^2\\&=\frac{32}{3}\ln 2-\frac{7}{4}.\end{aligned}$$

当定积分的积分区间关于原点对称时，可以根据被积函数的奇偶性来简化计算：

(1)若 $f(x)$ 为奇函数，则 $\int_{-a}^a f(x)\mathrm{d}x=0$；

(2)若 $f(x)$ 为偶函数，则 $\int_{-a}^a f(x)\mathrm{d}x=2\int_0^a f(x)\mathrm{d}x$.

事实上，对积分 $\int_{-a}^a f(x)\mathrm{d}x$ 可以进行换元，若令 $x=-t$，则 $\mathrm{d}x=-\mathrm{d}t$，当 $x=-a$ 时，$t=a$；当 $x=a$ 时，$t=-a$，有

$$\int_{-a}^a f(x)\mathrm{d}x=-\int_a^{-a} f(-t)\mathrm{d}t$$

若 $f(x)$ 为奇函数，即有

$$\int_{-a}^a f(x)\mathrm{d}x=-\int_a^{-a} f(-t)\mathrm{d}t=\int_a^{-a} f(t)\,\mathrm{d}t=-\int_{-a}^a f(t)\,\mathrm{d}t.$$

因定积分计算结果与字母无关，从而有

$$\int_{-a}^a f(x)\mathrm{d}x=-\int_{-a}^a f(x)\mathrm{d}x\Rightarrow\int_{-a}^a f(x)\mathrm{d}x=0.$$

同理，若 $f(x)$ 为偶函数，则有

$$\int_{-a}^a f(x)\mathrm{d}x=\int_0^a f(x)\mathrm{d}x+\int_{-a}^0 f(x)\mathrm{d}x.$$

对积分 $\int_{-a}^0 f(x)\mathrm{d}x$ 进行换元，令 $x=-t$，则 $\mathrm{d}x=-\mathrm{d}t$，当 $x=-a$ 时，$t=a$；

当 $x=0$ 时，$t=0$，有

$$\int_{-a}^0 f(x)\mathrm{d}x=-\int_a^0 f(-t)\mathrm{d}t=\int_0^a f(t)\mathrm{d}t\Rightarrow\int_{-a}^a f(x)\mathrm{d}x=2\int_0^a f(x)\mathrm{d}x.$$

例 8 求下列定积分：

(1) $\int_{-2}^{2}(x^3+\sin x)\mathrm{d}x$；　　(2) $\int_{-1}^{1}(x^3\cos x+x^2)\mathrm{d}x$.

解 (1)因为 $x^3+\sin x$ 为奇函数，且积分区间$[-2,2]$关于原点对称，从而有 $\int_{-2}^{2}(x^3+\sin x)\,\mathrm{d}x=0$.

(2)由积分运算性质可得

$$\int_{-1}^{1}(x^3\cos x+x^2)\mathrm{d}x=\int_{-1}^{1}x^3\cos x\,\mathrm{d}x+\int_{-1}^{1}x^2\mathrm{d}x,$$

又因为 $x^3\cos x$ 是奇函数，x^2 为偶函数，积分区间$[-1,1]$关于原点对称，由奇偶函数在对称区间上的积分性质有 $\int_{-1}^{1}x^3\cos x\,\mathrm{d}x=0$，$\int_{-1}^{1}x^2\mathrm{d}x=2\int_{0}^{1}x^2\mathrm{d}x$，从而 $\int_{-1}^{1}(x^3\cos x+x^2)\mathrm{d}x=0+2\int_{0}^{1}x^2\mathrm{d}x=\frac{2}{3}x^3\Big|_0^1=\frac{2}{3}$.

三、广义积分简介

前面所介绍的定积分，积分区间$[a,b]$都是有限的，而在实际问题中，我们会遇到积分区间为无限区间，或被积函数在积分区间上无界的情形. 这类积分称为广义积分(反常积分).

定义 3 设函数 $f(x)$在区间$[a,+\infty)$上是连续的，如果 $\lim\limits_{b\to+\infty}\int_a^b f(x)\mathrm{d}x$ 存在，则称该极限值为 $f(x)$在无穷区间$[a,+\infty)$上的**广义积分**，记为

$$\int_a^{+\infty}f(x)\mathrm{d}x=\lim_{b\to\infty}\int_a^b f(x)\mathrm{d}x.$$

这时称 $\int_a^{+\infty}f(x)\mathrm{d}x$ 是收敛的，若 $\lim\limits_{b\to+\infty}\int_a^b f(x)\mathrm{d}x$ 不存在，则称广义积分 $\int_a^{+\infty}f(x)\mathrm{d}x$ 是发散的.

结合牛顿-莱布尼茨公式，广义积分也可记作

$$\int_a^{+\infty}f(x)\mathrm{d}x=\lim_{b\to+\infty}F(b)-F(a)=F(x)\Big|_a^{+\infty}.$$

类似地，$f(x)$在$(-\infty,b]$和$(-\infty,+\infty)$等无穷区间上的广义积分可定义如下：

$$\int_{-\infty}^{b}f(x)\mathrm{d}x=\lim_{a\to-\infty}\int_a^b f(x)\mathrm{d}x,$$

$$\int_{-\infty}^{+\infty}f(x)\mathrm{d}x=\lim_{a\to-\infty}\int_a^0 f(x)\mathrm{d}x+\lim_{b\to+\infty}\int_0^b f(x)\mathrm{d}x.$$

同样，如果定义中的极限存在，则称该广义积分收敛，否则称广义积分发散.

例 9 计算下列广义积分：

(1) $\int_0^{+\infty}\frac{1}{1+x^2}\mathrm{d}x$；　　(2) $\int_{-\infty}^{+\infty}\frac{1}{1+x^2}\mathrm{d}x$.

解　(1) $\int_0^{+\infty}\frac{1}{1+x^2}\mathrm{d}x=\lim\limits_{b\to+\infty}\int_0^b\frac{1}{1+x^2}\mathrm{d}x=\lim\limits_{b\to+\infty}(\arctan x)\Big|_0^b=\frac{\pi}{2}$；

(2)
$$\begin{aligned}\int_{-\infty}^{+\infty}\frac{1}{1+x^2}\mathrm{d}x&=\int_{-\infty}^{0}\frac{1}{1+x^2}\mathrm{d}x+\int_0^{+\infty}\frac{1}{1+x^2}\mathrm{d}x\\&=\lim_{a\to-\infty}\int_a^0\frac{1}{1+x^2}\mathrm{d}x+\lim_{b\to+\infty}\int_0^b\frac{1}{1+x^2}\mathrm{d}x\\&=\lim_{a\to-\infty}(\arctan x)\Big|_a^0+\lim_{b\to+\infty}(\arctan x)\Big|_0^b\\&=\pi.\end{aligned}$$

例 10　计算广义积分 $\int_1^{+\infty}\frac{1}{x^3}\mathrm{d}x$.

解　$\int_1^{+\infty}\frac{1}{x^3}\mathrm{d}x=\lim\limits_{b\to+\infty}\int_1^b\frac{1}{x^3}\mathrm{d}x=\lim\limits_{b\to+\infty}\left(-\frac{1}{2}x^{-2}\right)\Big|_1^b=\frac{1}{2}$

例 11　计算广义积分 $\int_1^{+\infty}\frac{1}{x}\mathrm{d}x$.

解　$\int_1^{+\infty}\frac{1}{x}\mathrm{d}x=\lim\limits_{b\to+\infty}\int_1^b\frac{1}{x}\mathrm{d}x=\lim\limits_{b\to+\infty}(\ln|x|)\Big|_1^b=\lim\limits_{b\to+\infty}\ln b=+\infty$

所以该广义积分发散.

习题 3.5

基本题

1. 利用换元法求下列定积分：

(1) $\int_0^{\frac{\pi}{2}}\sin 2x\,\mathrm{d}x$；　(2) $\int_2^3\frac{1}{\sqrt{3x-4}}\mathrm{d}x$；

(3) $\int_3^{15}\frac{\mathrm{d}x}{\sqrt{1+x}-1}$；　(4) $\int_0^4\frac{1}{1+\sqrt{x}}\mathrm{d}x$；

(5) $\int_0^{\frac{\pi}{2}}\sin^5x\cos x\,\mathrm{d}x$；　(6) $\int_0^1\frac{\mathrm{e}^x}{1+\mathrm{e}^{2x}}\mathrm{d}x$；

(7) $\int_1^{2\mathrm{e}}\frac{3+\ln x}{x}\mathrm{d}x$；　(8) $\int_0^8\frac{x}{1+\sqrt{x+1}}\mathrm{d}x$.

2. 利用分部积分法求下列定积分：

(1) $\int_0^1\arctan x\,\mathrm{d}x$；　(2) $\int_0^1 x^2\mathrm{e}^x\mathrm{d}x$；

(3) $\int_0^{\mathrm{e}-1}\ln(x+1)\,\mathrm{d}x$；　(4) $\int_1^{\mathrm{e}}x^2\ln x\,\mathrm{d}x$.

一般题

3. 设 $f(x)=\begin{cases}x+1, -3\leqslant x\leqslant 0\\3x^2, 0\leqslant x\leqslant 3\end{cases}$，求 $\int_{-2}^{2}f(x)\mathrm{d}x$.

提高题

4. 已知某厂生产某商品的边际收益函数为 $R'(x)=(x+1)e^{-x}$(万元/台)，其中 x 为该产品的销售量(台). 则当产品销售量为 50 台时，收入为多少?

5. 已知某产品投放市场后，预计 3 年内该产品的销量增长率 $r'(x)=1\ 000-600e^{-\frac{x}{2}}$(台/月)，求该产品上市一年的总销量.

6. 求下列广义积分：

(1) $\int_{-\infty}^{0} e^x dx$；　　(2) $\int_{1}^{+\infty} \frac{1}{x^2}dx$；

(3) $\int_{0}^{+\infty} \frac{1}{1+x}dx$；　　(4) $\int_{1}^{+\infty} \frac{(\ln x)^2}{x}dx$.

第六节　积分的实际应用

积分在各学科中都有着广泛的应用，一般来说，定积分其实是用极限来处理连续分布的变量累加问题的一种方法，这一类问题一般用初等数学的方法是难以解决的. 积分不仅可以分析解决平面图形的面积和体积，同样在经济学中也能够分析供需、收益、成本等相关问题. 本节我们将介绍积分在几何与经济学中的应用.

一、积分的几何应用——平面图形的面积

从定积分的几何意义已经了解，定积分不仅可以计算曲边梯形的面积，还可以用来计算其他一些不规则的平面图形面积.

如图 3－9 所示平面图形，若 $a\leqslant x\leqslant b$，$f(x)\geqslant g(x)$，则阴影部分图形的面积为

$$S=\int_{a}^{b}[f(x)-g(x)]dx.$$

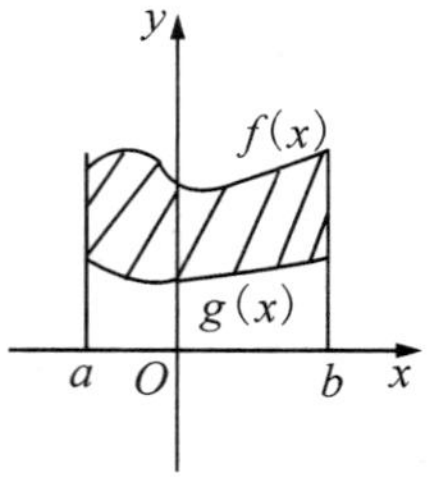

图 3－9

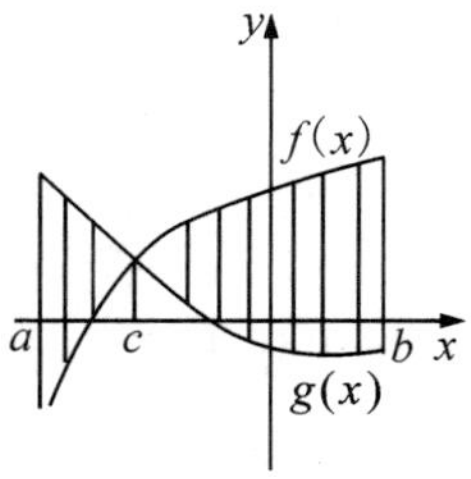

图 3－10

如图 3－10 所示，若 $x\in[a,c]$时 $f(x)\leqslant g(x)$，$x\in[c,b]$时 $f(x)\geqslant g(x)$，根据定积分的积分区间可加性，阴影部分图形的面积为

$$S=\int_{a}^{c}[g(x)-f(x)]dx+\int_{c}^{b}[f(x)-g(x)]dx.$$

例 1　计算曲线 $y=x^2$ 和直线 $y=x+2$ 所围图形的面积(图 3-11).

解　为了确定两条曲线围成区域的范围,先解联立方程 $\begin{cases}y=x^2\\y=x+2\end{cases}$,可得两曲线相交于两点:(−1,1),(2,4),取 x 为积分变量,可得

$$S=\int_{-1}^{2}[x+2-x^2]\mathrm{d}x=\left[\frac{x^2}{2}+2x-\frac{x^3}{3}\right]\Bigg|_{-1}^{2}=\frac{9}{2}.$$

例 2　计算曲线 $y=\mathrm{e}^x$,$y=\mathrm{e}^{-x}$ 和 $x=1$ 所围成平面图形的面积.

解　如图 3-12 所示,显然 $y=\mathrm{e}^x$ 与 $y=\mathrm{e}^{-x}$ 的交点为(0,1),所以平面图形中 $0\leqslant x\leqslant 1$,取 x 为积分变量可得

$$S=\int_{0}^{1}(\mathrm{e}^x-\mathrm{e}^{-x})\mathrm{d}x=(\mathrm{e}^x+\mathrm{e}^{-x})\Big|_{0}^{1}=\mathrm{e}+\mathrm{e}^{-1}-2.$$

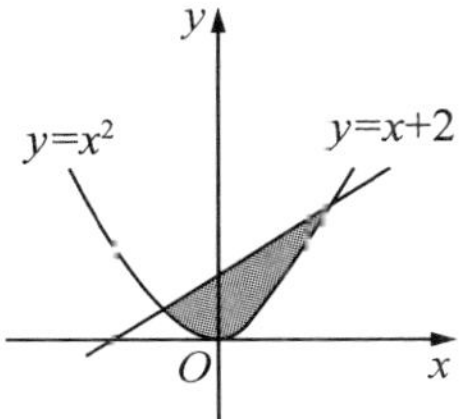

图 3-11

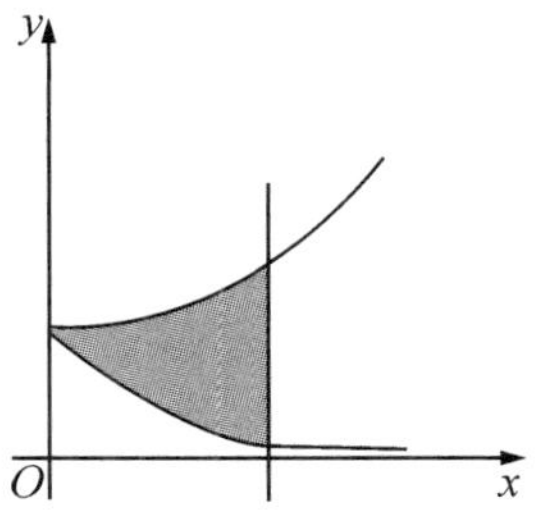

图 3-12

例 3　计算由曲线 $y=x^3$ 与 $y=x$ 所围平面图形的面积.

解　如图 3-13 所示.解联立方程:$\begin{cases}y=x^3,\\y=x,\end{cases}$

易得三个交点坐标为:(−1,−1),(0,0),(1,1),

则平面图形中 $-1\leqslant x\leqslant 1$,选取 x 为积分变量,利用积分区间的可加性,分成两部分来求解:

$$\begin{aligned}S&=\int_{-1}^{0}(x^3-x)\mathrm{d}x+\int_{0}^{1}(x-x^3)\mathrm{d}x\\&=\left(\frac{1}{4}x^4-\frac{1}{2}x^2\right)\Bigg|_{-1}^{0}+\left(\frac{1}{2}x^2-\frac{1}{4}x^4\right)\Bigg|_{0}^{1}\\&=\left(-\frac{1}{4}+\frac{1}{2}\right)+\left(\frac{1}{2}-\frac{1}{4}\right)\\&=\frac{1}{2}.\end{aligned}$$

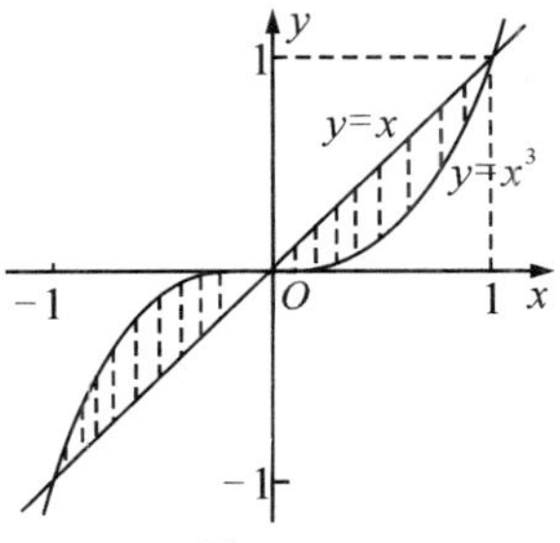

图 3-13

利用定积分求解平面图形面积的一般步骤：

(1)画出平面图形的草图；

(2)通过平面图形的具体形状选择合适的积分变量，并确定积分上、下限；

(3)列出平面图形面积的定积分表达式，并求解.

练习

(1)求曲线 $y=\frac{1}{x}$ 与 $x=2, y=x$ 所围平面图形的面积.

(2)求曲线 $y=x^2$ 与直线 $y=3x+4$ 所围平面图形的面积.

(3)求曲线 $y=x^2$ 与 $y=2-x$ 所围成平面图形的面积.

二、积分的经济学应用

经济学中边际的概念即为微分学中函数的导数，例如成本函数 $C(x)$ 的一阶导数 $C'(x)$ 即为边际成本；利润函数 $R(x)$ 的一阶导数 $R'(x)$ 即为边际利润等. 那么已知边际成本(边际利润)函数，对其进行积分即可得到相应的成本(利润)函数. 例如

$C(x)=\int C'(x)\mathrm{d}x+C$，成本函数等于边际成本函数的不定积分；

$R(b)-R(a)=\int_a^b R'(x)\mathrm{d}x$，表示收益函数 $R(x)$ 在区间 $[a,b]$ 上的收益量.

(一)关于成本函数

生产某商品的总成本 $C(x)=$ 固定成本 C_0+ 可变成本.

如果已知边际成本 $C'(x)$，则 $C(x)=\int C'(x)\mathrm{d}x$，其积分常数 C 可由固定成本 C_0 确定. 所以，产量为 b 时的总成本 $C(x)=$ 固定成本 $C_0+[0,b]$ 区间上对边际成本的定积分. 即 $C(x)=\int_0^b C'(x)\mathrm{d}x+C_0$.

例 4 某电子厂商生产一种智能手表，已知生产的边际成本为 $C'(x)=0.6x^2-2x+10$，固定成本为 260 元，请你根据所学知识帮助厂商列出生产该智能手表的总成本函数.

解 因为总成本=固定成本+可变成本. 对边际成本进行不定积分可得：

$$C(x)=\int C'(x)\mathrm{d}x=\int (0.6x^2-2x+10)\mathrm{d}x=0.2x^3-x^2+10x+C.$$

由 $C_0=260$，代入可求得 $C=260$，从而

总成本函数为 $C(x)=0.2x^3-x^2+10x+260$.

例 5 某厂家生产一种智能电饭煲，已知固定成本为 120 元，生产 x 件产品的边际成本为 $C'(x)=0.016x-0.03$(元/台)，请你根据所学数学知识求：

(1)该厂家生产这种智能电饭煲的总成本函数；

(2)当产量为 1 000 台时，总成本是多少？

(3)当产量由 1 000 台增加到 2 000 台时,生产成本变化了多少?

解法一(利用不定积分)

(1)总成本函数 $C(x)=\int C'(x)\mathrm{d}x=\int(0.016x-0.03)\mathrm{d}x=0.008x^2-0.03x+C$.

又已知固定成本为 120,代入可得 $C=120$.

从而可得:$C(x)=0.008x^2-0.03x+120$.

(2)显然,产量为 1 000 台时的总成本为

$C(1\,000)=0.008\times1000^2-0.03\times1000+120=8\,090$(元).

(3)当产量由 1 000 台增加到 2 000 台时,生产成本变化量为

$C(2\,000)-C(1\,000)=32\,060-8\,090=23\,970$(元).

解法二(利用定积分)

(1)总成本函数

$C(x)=\int_0^x(0.016x-0.03)\mathrm{d}x+120=0.008x^2-0.03x+120$.

(2)$C(1\,000)-C(0)=\int_0^{1\,000}(0.016x-0.03)\mathrm{d}x=7\,970$,从而

$C(1\,000)=7\,970+C(0)=7\,970+120=8\,090$(元),

总成本 8090(元).

(3)$C(2\,000)-C(1\,000)=\int_{1\,000}^{2\,000}(0.016x-0.03)\mathrm{d}x=23\,970$(元),

生产成本增加 23 970(元).

(二)关于收益函数

如果已知边际收益函数 $R'(x)$,则 $R(x)=\int R'(x)\mathrm{d}x$,其中积分常数 C 可由销量为零时收益等于零来确定.

同样,由定积分也可求出销量为 b 时的总收益 $R(b)=\int_0^b R'(x)\mathrm{d}x$.

若商品的边际收入为 $R'(x)$,边际成本为 $C'(x)$,则边际利润为

$L'(x)=R'(x)-C'(x)$.

从而由不定积分,可计算出总利润

$$L(x)=\int[R'(x)-C'(x)]\mathrm{d}x=R(x)-C(x)+C,$$

其中 $C=L(0)-R(0)+C(0)=L(0)+C(0)$.

也可由定积分求销量为 q 时的总利润:$L(q)=R(q)-C(q)=\int_0^q R'(x)\mathrm{d}x-\left[\int_0^q C'(x)\mathrm{d}x+C_0\right]=\int_0^q[R'(x)-C'(x)]\mathrm{d}x-C_0$,即 $L(q)=\int_0^q L'(x)\mathrm{d}x-C_0$,

其中 $\int_0^q L'(x)\mathrm{d}x$ 称为销量为 q 时的毛利润,即没有计算固定成本时的

利润.

例 6 已知某款智能手机销量为 x 部时的边际收入为 $R'(x)=0.16x-32$(单位:元),求:(1)手机销量为 100 部时的总收入;(2)如果销量再增加 200 部,收入增加多少?

解 (1)由定积分求总收入函数公式可得

$$R(100)=\int_0^{100}(0.16x-32)\mathrm{d}x=(0.8x^2-32x)\Big|_0^{100}=4\,800(\text{元}).$$

(2)如果销量再增加 200 部,则总收入变化量为

$R(300)-R(100)=62\,400-4\,800=57\,600$(元).

例 7 已知销售一种商品的边际收入 $R'(x)=36-6x$,边际成本 $C'(q)=26-7x$,如果已知其固定成本为 50,求销售 10 件该商品的毛利润和纯利润.

解 由已知,得边际利润 $L'(x)=R'(x)-C'(x)=10+x$.

当产量 $q=5$ 时的毛利润为:$\int_0^5(20+x)\mathrm{d}x=\left[10x+\frac{1}{2}x^2\right]\Big|_0^{10}=150$.

又固定成本为 50,所以纯利润为:$150-50=100$.

(三)关于需求与供给

(1)需求函数一般表示为:$Q_d=Q_d(p)$,其中 p 为价格,最大需求量 $Q_{\max}=Q(0)$.若边际需求函数为 $Q'(p)$,则有 $Q_d(p)=\int Q_d'(p)\mathrm{d}p$,其中积分常数 C 可由$Q_0=Q_d(0)$确定.

(2)供给函数一般表示为:$Q_s=Q_s(p)$,当 $p=0$ 时,供给量为 0.若已知供给函数变化率 j 为 $Q'_d(p)$,则有 $Q_s(p)=\int Q_s'(p)\mathrm{d}p$,其中积分常数 C 可由条件$Q_s(0)=0$确定.

也可由定积分直接求出供给函数:$Q_s(p)=\int_0^p Q_s'(p)\mathrm{d}p$.

例 8 设某种商品需求量 Q 是价格 p 的函数,其最大需求量为 $Q(0)=10\,000$,现已知该商品的边际需求为 $Q'(p)=100\mathrm{e}^{-0.02p}$,试求该商品的需求函数.

解 由不定积分可知

$$Q(p)=\int Q'(p)\mathrm{d}p=\int 100\mathrm{e}^{-0.02p}\mathrm{d}p=-5\,000\mathrm{e}^{-0.02p}+C.$$

再由 $Q(0)=10\,000$,代入上式,求得 $C=15\,000$,从而可得需求函数:

$$Q(p)=-5\,000\mathrm{e}^{-0.02p}+15\,000.$$

例 9 设某商品供给函数的变化率为 $Q'(p)=-12p$,且当价格为 10 元时的供给量为 400,试求该商品的供给与价格之间的函数关系.

解 由不定积分可得

$$Q(p)=\int Q'(p)\mathrm{d}p=\int -12p\mathrm{d}p=-6p^2+C.$$

由题意，$p=10$ 时的供给量为 400，代入上式可得

$400=-600+C \Rightarrow C=1\,000$，

所以 $Q(p)=-6p^2+1\,000$.

（四）关于经济函数的增量

函数值的增量定义为 $\Delta y=f(x+\Delta x)-f(x)$，结合定积分的牛顿-莱布尼茨公式可知

$$\Delta F(x)=F(b)-F(a)=\int_a^b f(x)\mathrm{d}x,$$

所以，若已知边际函数 $Q'(x)$，如果需要求解 x 从 a 变化到 b 时函数 $Q(x)$ 的增量，则有

$$\Delta Q=Q(b)-Q(a)=\int_a^b Q'(x)\mathrm{d}x.$$

例 10　某化肥厂生产一种化肥，已知产量关于时间的变化率为 $Q'(t)=\dfrac{320t}{20+t^2}$（吨/天），求开始生产第 3 天至第 20 天之间的生产量.

解　
$$\begin{aligned}Q(20)-Q(3)&=\int_3^{20} Q'(t)\mathrm{d}t=\int_3^{20}\frac{320t}{20+t^2}\mathrm{d}t\\&=160\int_3^{20}\frac{1}{20+t^2}\mathrm{d}(t^2+20)\\&=160\ln(20+t^2)\Big|_3^{20}\\&=160(\ln420-\ln29)\\&\approx427.67(\text{吨}).\end{aligned}$$

例 11　某款手机产品的销售量可表示为关于时间 t 的函数 $\Phi=\Phi(t)$，经市场数据统计分析得知，其销量的增长率服从 $\Phi'(t)=1\,280-36\mathrm{e}^{-0.3t}$，试求 $t\in[0,12]$ 的手机总销售量.

解　由定积分可知

$$\begin{aligned}\Phi(12)-\Phi(0)&=\int_0^{12}(1\,280-36\mathrm{e}^{-0.3t})\mathrm{d}t\\&=(1\,280t+120\mathrm{e}^{-0.3t})\Big|_0^{12}\\&\approx15\,243.\end{aligned}$$

为了方便读者的进一步学习，下面介绍一些积分在经济学和其他方面的应用.

三、其他应用简介

（一）消费者和生产者剩余

剩余是经济学中一个重要的概念，消费者剩余是指对某种商品愿意支付

的最高价格与商品实际市场价格之间的差值.而生产者剩余是卖方从销售某种商品中获得的净收益,即

消费者剩余(CS)=愿意付出的金额—实际付出的金额

=买者参与市场得到的收益,

生产者剩余(PS)=实际卖出的金额—愿意卖出的金额

=卖者参与市场得到的收益.

从几何上来看,在给定价格$\overline{p}$下购买某种商品而产生的总消费者剩余等于需求曲线$p=D(x)$以下、价格直线$p=\overline{p}$以上部分的面积,如图3-14所示.

由定积分的几何意义可以得到曲线$p=D(x)$以下,$x\in[0,\overline{x}]$部分的面积为$\int_0^{\overline{x}} D(x)\mathrm{d}x$.

所以总消费者剩余为$\mathrm{CS}=\int_0^{\overline{x}} D(x)\mathrm{d}x-\overline{p}\cdot\overline{x}$.

在价格$\overline{p}$时产品销量为$\overline{x}$,则总生产者剩余等于供给曲线以上,价格直线以下区域的面积,如图3-15所示.

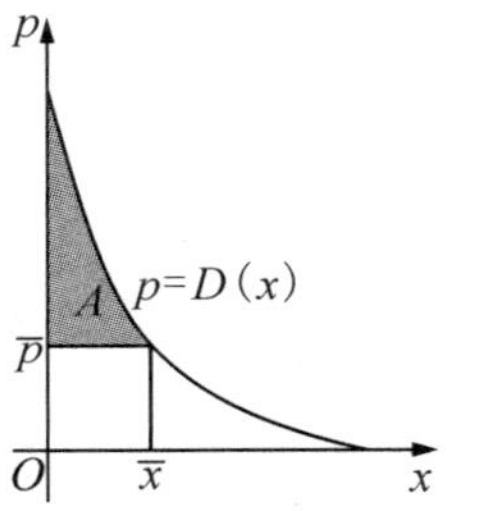

图3-14

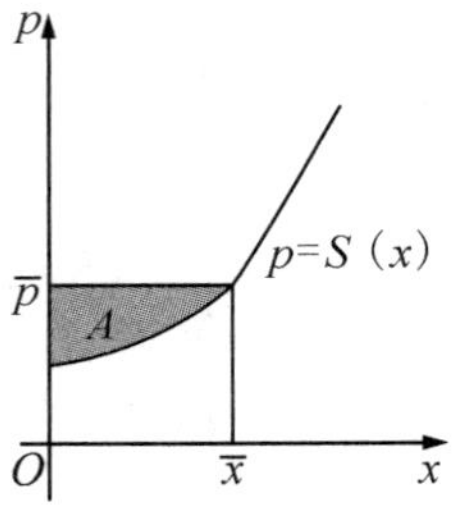

图3-15

易知曲线$p=S(x)$以下,$x\in[0,\overline{x}]$部分的曲边梯形面积为$\int_0^{\overline{x}} S(x)\mathrm{d}x$.

所以生产者剩余(简记为PS)即为$\mathrm{PS}=\overline{p}\cdot\overline{x}-\int_0^{\overline{x}} S(x)\mathrm{d}x$.

例12 某手机配件的需求函数$p=D(x)=-0.1x^2+2.7x+19$,其中p为该配件的销售单价,x为每月的需求量,若销售单价为10元,求总消费者剩余.

解 由题意,当销售单价为10元时,代入$p=D(x)=-0.1x^2+2.7x+19$,可求得需求量$\overline{x}=30$.

由消费者剩余公式有

$$\begin{aligned}\mathrm{CS}&=\int_0^{30}(-0.1x^2+2.7x+19)\mathrm{d}x-30\times 10\\&=\left(-\frac{0.1}{3}x^3+\frac{2.7}{2}x^2+19x\right)\Bigg|_0^{30}-300\\&=585(元).\end{aligned}$$

例13 已知某商品的供给函数为$p=0.1x^2-2x-10$,p为销售价格,x为供给量,如果销售价格为20元,求生产者剩余.

解　将销售价格 $p=20$ 代入供给函数，可求得供给量 $\bar{x}=30$，由生产者剩余公式有

$$
\begin{aligned}
PS &= 20\times 30-\int_0^{30}(0.1x^2-2x-10)\mathrm{d}x \\
&= 600-\left(\frac{0.1}{3}x^3-x^2-10x\right)\Big|_0^{30} \\
&= 900(\text{元}).
\end{aligned}
$$

（二）投资问题

终值和现值是经济学中的两个重要概念，它们可将不同时期的资金转化为同一时期的资金进行比较、分析，然后再做出决策。

现值：也称折现值，是指把未来现金流量折算为基准时点的价值，也可理解为成本或收益的价值以今天的现金来计量，称为现值。

终值：某一时点的一定资金折合到未来的价值，俗称本利和。

例如：现在资金 A 元，若按年利率 r 进行连续复利计算，则 n 年末的本利和 Ae^{nr} 称为 A 元资金在 n 年末的终值。反过来，如果 n 年末想得到 A 元资金，按年利率 r 作连续复利计算，则现在需要投入的资金量 Ae^{-nr} 称为现值。

为了计算的方便，我们将企业的收入与支出近似看作连续发生的。设在 $(0,T)$ 这段时间内企业收入的变化率为 $F'(t)$，若按年利率为 r 的连续复利计算，则由定积分可得到在 $(0,T)$ 这段时间内的总收入的现值为 $\int_0^T F'(t)e^{-rt}\mathrm{d}t$，在 $(0,T)$ 这段时间内的总收入的终值为 $\int_0^T F'(t)e^{(T-rt)}\mathrm{d}t$.

例 14　某人准备购买现价 460 万元的一套商品房，若分 20 期付款，则要求每年付款 25 万元，假设银行的贷款年利率为 4%，并按连续复利计算利息，那么这位购房者应该采用一次付清房款合算还是分期付款合算？

解　由已知有 $f(t)=25$

则分期付款的总现值 $=\int_0^{20}25e^{-0.04t}\mathrm{d}t=-\frac{25}{0.04}e^{-0.04t}\Big|_0^{20}\approx 344.17(\text{万元})<460(\text{万元})$，所以分期付款合算。

（三）洛伦兹曲线

洛伦兹曲线(Lorenz curve)是由统计学家洛伦兹提出的著名概念，主要用于比较和分析在一个经济总体内同一时代的财富收入与分配之间的平等问题。通过洛伦兹曲线，可以直观地看到一个国家收入分配平等或不平等的状况。

如图 3－16 所示，当收入完全平等时，累计人口百分比等于累计收入百分比，洛伦兹曲线为通过原点、倾角为 45°的直线 OCL；当收入完全不平等时极少部分人口占有几乎全部的收入，洛伦兹曲线为曲线 OZL.

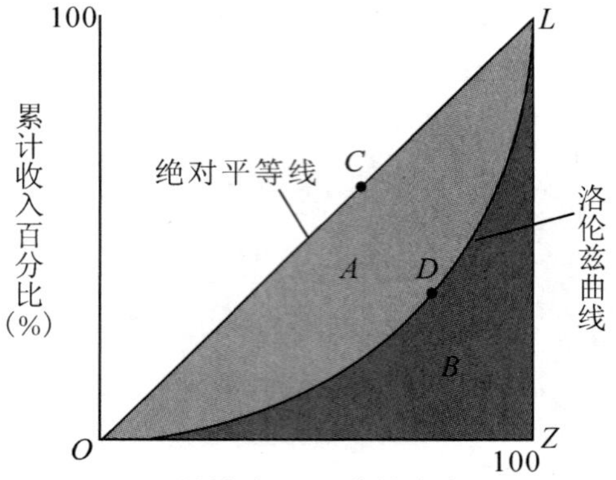

图 3-16

一般国家的收入分配既不会是完全平等，也不会是完全不平等，而是在两者之间，即洛伦兹曲线是位于绝对平等线与完全不平等线之间的凹曲线，阴影部分 A 的面积代表洛伦兹曲线与绝对平等线的偏离程度.

如果洛伦兹曲线近似地由函数 $y=f(x)$ 表示，则阴影部分 A 的面积为 $A=\int_0^1[x-f(x)]\mathrm{d}x=\frac{1}{2}-\int_0^1 f(x)\mathrm{d}x$，即不平等的程度为 $A=\frac{1}{2}-\int_0^1 f(x)\mathrm{d}x$，在经济学中，将 $G=\frac{A}{A+B}=\frac{\frac{1}{2}-\int_0^1 f(x)\mathrm{d}x}{\frac{1}{2}}=1-2\int_0^1 f(x)\mathrm{d}x$ 称为**基尼系数**，表示一个国家国民收入在国民之间分配的不平等程度. 显然当 $G=0$ 时，是完全平等情形，当 $G=1$ 时，是完全不平等情况.

例 15 经过对某个地区收入分配情况统计分析，发现 IT 行业的收入分配情况可近似用函数 $y=0.9x^2+0.06x$ 表示，金融行业人员的收入分配情况可用函数 $y=0.6x^2+0.2x$ 表示. 请分别求解两种职业的基尼系数.

解 由基尼系数的定义，易知 IT 职业的基尼系数为

$$
\begin{aligned}
G_1 &=1-2\int_0^1 f(x)\mathrm{d}x \\
&=1-2\int_0^1 (0.9x^2+0.06x)\mathrm{d}x \\
&=1-2(0.3x^3+0.03x^2)\Big|_0^1 \\
&=0.34.
\end{aligned}
$$

金融行业的基尼系数为

$$
\begin{aligned}
G_2 &=1-\int_0^1 f(x)\mathrm{d}x \\
&=1-2\int_0^1 (0.6x^2+0.2x)\mathrm{d}x \\
&=1-2(0.2x^3+0.1x^2)\Big|_0^1
\end{aligned}
$$

$=0.4$.

因此 $G_1<G_2$，故 IT 行业的收入分配比金融行业的收入分配更合理.

(四)其他例题

例 16　假设某公司有一种新型轿车发动机，t 年在某地区的销售份额变化率的百分比由下式给出 $f(t)=-0.01875t^2+0.15t-1.2\quad(0\leqslant t\leqslant 12)$(其中 $t=0$ 对应 2008 年). 该公司在 2008 年的销售份额是 48.4%，试求该公司在 2020 年的销售份额.

解　设 $M(t)$ 表示该公司在 t 年的销售份额，则有

$$M(t)=\int f(t)\mathrm{d}t=\int(-0.01875t^2+0.15t-1.2)\mathrm{d}t$$
$$=-0.00625t^3+0.075t^2-1.2t+C.$$

由已知有 $M(0)=48.4$，代入上式，可求得 $C=48.4$，所以有

$M(t)=-0.00625t^3+0.075t^2-1.2t+48.4$.

所以，2020 年该公司的销售份额为

$M(12)=-0.00625\times 12^3+0.075\times 12^2-1.2\times 12+48.4=34$，

即该公司 2020 年的销售份额为 34%.

例 17　某外资公司管理层期望今后 t 年其利润增长率为 $1+t^{\frac{2}{3}}$(10 万美元/年)，该公司经营的是连锁酒店. 由于酒店不断进行革新及改善，加上新酒店的开张，该公司今后 10 年利润的增长率可为 $t-2\sqrt{t}+4$(10 万美元/年)，假设该公司能按现有增长率进行，那么在今后 10 年能得到的利润比期望的增加多少？

解　按期望的增长率，10 年后的利润为

$$\int_0^{10}[1+t^{\frac{2}{3}}]\mathrm{d}t=\left[t+\frac{3}{5}t^{\frac{5}{3}}\right]_0^{10}$$
$$=10+6\sqrt[3]{100}$$
$$\approx 37.85(10\text{ 万美元})=378.5(\text{万美元}).$$

按实际的增长率 10 年后的利润为

$$\int_0^{10}[t-2\sqrt{t}+4]\mathrm{d}t=\left[\frac{1}{2}t^2-\frac{4}{3}t\sqrt{t}+4t\right]_0^{10}$$
$$=50-\frac{40}{3}\sqrt{10}+40$$
$$\approx 47.84(10\text{ 万美元})=478.4(\text{万美元}).$$

所以 10 年得到的利润比期望增加 $478.4-378.5=99.9$(万美元).

习题 3.6

基本题

1. 已知曲线上任意一点的切线斜率为 $4x$，且曲线过点 $(1,4)$，求该曲线的

方程.

2 求由下列曲线所围图形的面积：

(1)曲线 $y=\frac{2}{x}$ 与直线 $x=1$，x 轴及 $x=3$ 所围成的平面图形的面积；

(2)抛物线 $y=x^2$ 与直线 $y=-2x+8$ 所围成的平面图形的面积；

(3)曲线 $y=2^x$ 与直线 $x=3$ 及 x 轴和 y 轴所围图形的面积.

一般题

3. 已知对某商品的需求量是价格 x 的函数，且需求弹性 $Q'(x)=-200e^{-2x}$，该商品的最大需求量为 1 000，求需求量与价格的函数关系 $Q(x)$.

4. 已知某公司每天的边际收入函数与销售量 x 的关系是 $R'(x)=6x-45$，求：(1)总收入函数；(2)当销售水平由 20 台/天上升到 50 台/天时，总收入的增加量是多少？

5. 某产品的边际成本 $C'(q)=12+q$，边际收入 $R'(q)=120-3q$，已知固定成本为 10，求总成本函数及总收入函数.

6. 某手机配件企业制造一种手机配件的边际成本为 $C'(x)=0.03x+20$，固定成本是 4 000，求生产量为 x 时的总成本.

提高题

7. 已知生产某种产品的产量关于时间 t 的变化率为 $Q'(t)=50+10t+\frac{3}{2}t^2$，请计算投产 10 天后的总产量.

8. 已知某产品的边际成本为 $C'(x)=6x+20$，边际收入为 $R'(x)=50-10x$. 如果该产品的固定成本为 10，求：(1)总利润函数 $L(x)$；(2)最大利润时的产量.

9. 某厂生产一种商品 q 件的边际成本为 $C'(q)=2q+24$(万元/件)，其固定成本是 10 000(元). 求产量为多少时能使平均成本最低.

延伸阅读(一)　定积分的起源

积分思想源远流长. 在中国，魏晋时期的数学家刘徽利用“割圆术”开创了圆周率研究的新纪元. 刘徽首先考虑圆内接正六边形面积，接着是正十二边形面积，然后依次加倍边数，则正多边形面积越来越接近圆面积. 按此思想，他从圆的内接正六边形面积一直算到内接正 192 边形面积，得到圆周率的近似值 3.14. 大约两个世纪之后，南北朝时期的著名科学家祖冲之(公元 429—公元 500)、祖暅父子推进和发展了刘徽的数学思想，首先算出了圆周率介于 3.1415926 与 3.1415927 之间. 其次明确提出了“祖氏原理”(西方所谓的“卡瓦列利原理”)：“幂势既同，则积不容异.”并应用该原理成功地解决了刘徽未能解决的球体积问题.

古希腊时期也有此类思想，并用类似的方法解决了许多实际问题. 较为重要的当数安提芬(Antiphon，公元前 420 年左右)的“穷竭法”. 他在研究化圆为方问题时，提出用圆内接正多边形的面积穷竭圆面积，从而求出圆面积. 后来，欧多克斯(Eudoxus，公元前 409—前 356)补充和完善了穷竭法. 公元前 3 世纪数学家兼物理学家阿基米德(Archimedes，公元前 287—公元前 212)在《抛物线图形求积法》和《论螺线》中，利用穷竭法，借助于几何直观，求出了抛物线弓形的面积及阿基米德螺线第一周围成的区域的面积. 他的方法通常被称为"平衡法"，实质上是一种原始的积分法. 他将需要求积的量分成许多微小单元，再利用另一组容易计算总和的微小单元来进行比较. 平衡法体现了近代积分学的基本思想，可以说是定积分概念的雏形. 到了 17 世纪，随着积分符号的引入，积分学逐步形成了独立的理论并得到了迅速发展.

延伸阅读(二)　积分符号的起源

数学家韦达(Viéte，1540—1603)第一个把符号引入数学，他用元、辅音字母分别表示未知量和已知量. 符号的使用推动了数学本身的发展. 符号一经形成，便成为表述概念、说明方法和叙述定理必不可少的工具. 建立较好的符号系统，便于总结运算法则，揭示数量关系，推理证明过程. 简言之，符号是数学前进、发展、运用的工具.

莱布尼茨(Leibniz，1646—1716)是历史上最伟大的符号学者之一，他所创设的微积分符号远远优于牛顿的符号，这对微积分的发展有极大的影响. 现在我们使用的微积分通用符号就是当时莱布尼茨精心选用的.

1675 年，莱布尼茨在研究求和问题时，首先用以"omn."表示"总和"(积分)，而 omn 为 omnia(意即所有、全部)之缩写. 在 1675 年 10 月 29 日的一份手稿中，他决定用符号"$\int$"代替"omn."，以"$\int$"表示所有 l 的总和(Summa)，"$\int$"为字母 s 的拉长. 在 11 月 11 日的手稿中，莱布尼茨又引进了记号"dx"表示相邻 x 的值之差，并探索"$\int$"运算与"d"运算的关系.

1686 年，莱布尼茨发表了他的第一篇积分论文《深奥的几何与不可分量及无限的分析》. 在这篇积分学论文中，莱布尼茨给出了摆线的方程，并说明了他的方法和符号，此即不定积分及其符号的起源.

而正是在这篇论文中，积分号"$\int$"第一次出现在印刷出版物上. 他引进的"d"和"$\int$"体现了微分与积分的"差"与"和"的实质.

本章小结

一、不定积分

(一)两个基本概念

1. 原函数：若 $F'(x)=f(x)$，则称 $F(x)$ 为 $f(x)$ 的一个原函数.

2. 不定积分：$\int f(x)\mathrm{d}x=F(x)+C$，代表着被积函数 $f(x)$ 的所有原函数.

(二)基本积分公式与积分的运算性质

1. 基本积分公式：

(1) $\int k\mathrm{d}x=kx+C$；

(2) $\int x^{\alpha}\mathrm{d}x=\dfrac{x^{\alpha+1}}{\alpha+1}+C \quad (\alpha\neq -1)$；

(3) $\int \dfrac{1}{x}\mathrm{d}x=\ln|x|+C$；

(4) $\int \cos x\,\mathrm{d}x=\sin x+C$；

(5) $\int \sin x\,\mathrm{d}x=-\cos x+C$；

(6) $\int \mathrm{e}^{x}\mathrm{d}x=\mathrm{e}^{x}+C$；

(7) $\int a^{x}\mathrm{d}x=\dfrac{a^{x}}{\ln a}+C \quad (a>0 \text{ 且 } a\neq 1)$；

(8) $\int \sec x\tan x\,\mathrm{d}x=\sec x+C$；

(9) $\int \csc x\cot x\,\mathrm{d}x=-\csc x+C$；

(10) $\int \csc^{2}x\,\mathrm{d}x=-\cot x+C$；

(11) $\int \sec^{2}x\,\mathrm{d}x=\tan x+C$；

(12) $\int \dfrac{1}{1+x^{2}}\mathrm{d}x=\arctan x+C=-\operatorname{arccot}x+C$；

(13) $\int \dfrac{1}{\sqrt{1-x^{2}}}\mathrm{d}x=\arcsin x+C=-\arccos x+C$.

2. 基本运算性质.

性质 1 $\left[\int f(x)\mathrm{d}x\right]'=f(x)$；$\int f'(x)\mathrm{d}x=f(x)+C$；

性质 2 $\int [f(x)\pm g(x)]\mathrm{d}x=\int f(x)\mathrm{d}x\pm\int g(x)\mathrm{d}x$；

性质 3 $\int kf(x)\mathrm{d}x=k\int f(x)\mathrm{d}x$ (其中 k 为常数，$k\neq 0$).

(三)不定积分的求解方法

1. 直接积分法：对被积函数进行化简变形，利用基本积分公式与性质求解不定积分.

2. 第一类换元积分法(凑微分法)：

$\int f(\varphi(x))\varphi'(x)\mathrm{d}x=\int f(\varphi(x))\mathrm{d}(\varphi(x))\overset{令u=\varphi(x)}{=}\int f(u)\mathrm{d}u=F(u)+C=F(\varphi(x))+C.$

3.第二类换元积分法：$\int f(x)\mathrm{d}x\overset{令x=\varphi(t)}{=}\int f(\varphi(t))\cdot\varphi'(t)\mathrm{d}t=F(t)+C$ $t=\varphi^{-1}(x)=F(\varphi^{-1}(x))+C.$

此换元法主要针对被积函数中含有 $\sqrt[n]{ax+b}$ 和 $\sqrt{a^2-x^2}$，$\sqrt{a^2+x^2}$，$\sqrt{x^2-a^2}$，换元的目的主要是为了去根号.

4.分部积分法：$\int u(x)\mathrm{d}v(x)=u(x)\cdot v(x)-\int v(x)\mathrm{d}u(x)$.分部积分法的关键是要合理地选择 $u(x)$ 和 $v(x)$.

二、定积分

(一)定积分的概念和性质

1.牛顿-莱布尼茨公式：设 $f(x)$ 在区间 $[a,b]$ 上连续，且 $F(x)$ 是 $f(x)$ 在区间 $[a,b]$ 上的一个原函数，则有：$\int_a^b f(x)\mathrm{d}x=F(b)-F(a)$.

注：此公式提供了一种计算定积分的简便方法.

2.定积分的运算性质：

性质 1　$\int_a^b[f(x)\pm g(x)]\mathrm{d}x=\int_a^b f(x)\mathrm{d}x\pm\int_a^b g(x)\mathrm{d}x$（可推广至有限个可积函数相加）；

性质 2　$\int_a^b kf(x)\mathrm{d}x=k\int_a^b f(x)\mathrm{d}x$（$k$ 为常数）；

性质 3　$\int_a^b f(x)\mathrm{d}x=\int_a^c f(x)\mathrm{d}x+\int_c^b f(x)\mathrm{d}x$（$a<c<b$）(积分区间可加性)；

性质 4　$\int_a^b 1\mathrm{d}x=\int_b^a \mathrm{d}x=b-a$；

性质 5　$\int_a^b f(x)\mathrm{d}x=-\int_b^a f(x)\mathrm{d}x$，且 $\int_a^a f(x)\mathrm{d}x=0$.

当积分区间关于原点对称时，还可以利用被积函数的奇偶性简化计算：

$$\int_{-a}^a f(x)\mathrm{d}x=\begin{cases}0, & f(x)\text{为奇函数时},\\ 2\int_0^a f(x)\mathrm{d}x, & f(x)\text{为偶函数时}.\end{cases}$$

3.定积分的几何意义：$\int_a^b f(x)\mathrm{d}x$ 在几何上所代表的是直线 $x=a$，$x=b$，x 轴以及 $y=f(x)$ 所围成面积的代数和(所围成面积中的 x 轴上方面积减去 x 轴下方的面积).

4.经济学意义：若 $f(x)$ 是某经济量关于 x 的变化率(边际问题)，则 $\int_a^b f(x)\mathrm{d}x$ 是 x 在区间 $[a,b]$ 中的该经济量的总量.

(二)定积分的计算方法

1.换元法：若 $f(x)$ 在区间 $[a,b]$ 上连续，$x=\varphi(t)$ 在区间 $[\alpha,\beta]$ 上单调且有

连续的导数 $\varphi'(t)$，则有 $\int_a^b f(x)\mathrm{d}x \overset{令x=\varphi(t)}{=} \int_\alpha^\beta f(\varphi(t))\varphi'(t)\mathrm{d}t$.

2.分部积分法：若 $u(x)$ 与 $v(x)$ 在区间$[a,b]$上连续可导，则有 $\int_a^b u(x)\mathrm{d}v(x)=u(x)\cdot v(x)\Big|_a^b-\int_a^b v(x)\mathrm{d}u(x)$.

（三）**积分的应用**

1.定积分在几何中的应用：

（1）已知曲线的切线斜率，求曲线方程；

（2）求平面图形的面积，一般有两类公式.

当 $f(x)\geqslant g(x)$ 时，所求面积由定积分的几何意义得所求面积为 $S=\int_a^b f(x)\mathrm{d}x-\int_a^b g(x)\mathrm{d}x=\int_a^b [f(x)-g(x)]\mathrm{d}x$；

当 $x\in[a,c]$ 时，$f(x)\leqslant g(x)$；当 $x\in[c,b]$ 时，$f(x)\geqslant g(x)$，则由定积分的几何意义可得所求面积为 $S=\int_a^c [g(x)-f(x)]\mathrm{d}x+\int_c^b [f(x)-g(x)]\mathrm{d}x$.

2.积分在经济学中的应用：如果已知边际函数 $Q'(x)$，则可通过积分求出其对应的经济学函数 $Q(x)$.（如供给函数、需求函数、总成本函数、收益函数和利润函数等）

（1）由不定积分，可求得经济学函数 $Q(x)$，$Q(x)+C=\int Q'(x)\mathrm{d}x$，其中的积分常数 C 可由经济学函数的具体经济意义确定.

（2）由定积分也可求解相关经济学函数：当价格为 0 时，供给量 $Q(0)=0$，供给函数 $Q(p)=\int_0^p Q'(x)\mathrm{d}x$，当销售量为 0 时，总收入 $R(0)=0$，总收入函数 $R(q)=\int_0^q R'(x)\mathrm{d}x$，总成本函数 $C(q)=\int_0^q C'(x)\mathrm{d}x+C_0$，其中 C_0 是固定成本，$\int_0^q C'(x)\mathrm{d}x$ 为可变成本.

总利润函数 $L(q)=\int_0^q L'(x)\mathrm{d}x-C_0$，其中 $\int_0^q L'(x)\mathrm{d}x$ 称为销量为 q 时的毛利润，即没有计算固定成本时的利润，C_0 是固定成本，由定积分的经济学意义可知，定积分 $\int_a^b Q'(x)\mathrm{d}x$ 是 $Q(x)$ 关于 x 在区间$[a,b]$上该函数的总量.

总习题

基本题

1.填空题

（1）已知 $f(x)$ 的一个原函数为 e^{2x}，则 $f(x)=$________；

（2）已知 $f(x)$ 的一个原函数为 4，则 $\int f(x)\mathrm{d}x=$________；

(3)若 $f'(x)$存在且连续,则 $\int f'(x)\mathrm{d}x=$________;

(4)若 $f(x)$可导、连续,则$\left[\int f(x)\mathrm{d}x\right]'=$________;

(5)若 $\int f(x)\mathrm{d}x=x^2\sin x+C$,则 $f(x)=$________;

(6)$\left(\int_1^x t^3\sin t\,\mathrm{d}t\right)'=$________;

(7)$\left(\int_1^2 x^3\sin x\,\mathrm{d}x\right)'=$________;

(8)已知 $\int f(x)\mathrm{d}x=F(x)+C$,则 $\int xf(x^2)\mathrm{d}x=$________;

(9)$\int_{-1}^1 \frac{\sin x}{1+x^4}\mathrm{d}x=$________.

2.选择题

(1)若 $f(x)$的一个原函数是 $\sin x$,则 $\int f'(x)\mathrm{d}x=$( );

A. $\sin x+C$ B. $\cos x+C$ C. $-\sin x+C$ D. $-\cos x+C$

(2)设 $\sin 2x$ 是 $f(x)$的一个原函数,则 $\int f(x)\mathrm{d}x=$( );

A. $\sin 2x$ B. $\sin 2x+C$ C. $\cos 2x$ D. $2\cos 2x+C$

(3)下列等式成立的是( );

A. $2x\mathrm{d}x=\mathrm{d}(x^2)$ B. $\ln x\,\mathrm{d}x=\mathrm{d}\left(\frac{1}{x}\right)$

C. $\sin x\,\mathrm{d}x=\mathrm{d}(\cos x)$ D. $x\mathrm{d}x=\mathrm{d}(x^2)$

(4)若 $\int f(x)\mathrm{d}x=\mathrm{e}^x+C$, $\int xf(1+x^2)\mathrm{d}x=$则( );

A. e^x+C B. $x\mathrm{e}^{1+x^2}+C$

C. $\mathrm{e}^{1+x^2}+C$ D. $\frac{1}{2}\mathrm{e}^{1+x^2}+C$

(5)下列积分为零的是( ).

A. $\int_{-\pi}^{\pi} x^2\sin x\,\mathrm{d}x$ B. $\int_{-1}^1 x^2\cos x\,\mathrm{d}x$

C. $\int_{-1}^1 x^2\mathrm{d}x$ D. $\int_{-1}^1 \mathrm{e}^x\mathrm{d}x$

一般题

3.计算下列不定积分:

(1)$\int x(x+1)\mathrm{d}x$; (2)$\int x\sqrt{x}\mathrm{d}x$;

(3)$\int \sqrt{x}(1+x^2-2x)\mathrm{d}x$; (4)$\int \frac{\sqrt{x}-5x+x^3}{x}\mathrm{d}x$;

(5)$\int (\sin x-2^x)\mathrm{d}x$; (6)$\int \frac{2x^2+1}{x^2+1}\mathrm{d}x$;

(7) $\int (3^x + x^3)\,dx$；

(8) $\int e^x(1 + x^2 e^{-x})\,dx$；

(9) $\int x^2(3 - \sqrt{x} + \sqrt[3]{x})\,dx$；

(10) $\int \frac{x^4}{x^2+1}\,dx$；

(11) $\int \frac{x^2-4}{x+2}\,dx$；

(12) $\int \frac{e^{2x}+1}{e^x-1}\,dx$；

(13) $\int \sin(2x+6)\,dx$；

(14) $\int e^{3x}\,dx$；

(15) $\int \frac{1}{x(\ln x)^2}\,dx$；

(16) $\int \frac{(\ln x)^5}{x}\,dx$；

(17) $\int \frac{x}{\sqrt{x+3}}\,dx$；

(18) $\int \frac{1}{1+\sqrt{x}}\,dx$；

(19) $\int x e^{-x}\,dx$；

(20) $\int x^2 \cos x\,dx$；

(21) $\int x \arctan x\,dx$；

(22) $\int x^2 e^x\,dx$.

4. 求下列各定积分：

(1) $\int_0^2 (x^2 + 3x - 2)\,dx$；

(2) $\int_0^1 (x + \sqrt{x})\,dx$；

(3) $\int_0^1 (2x^2 + 3e^x)\,dx$；

(4) $\int_0^1 \frac{2}{1+x^2}\,dx$；

(5) $\int_1^2 (3x-5)^{10}\,dx$；

(6) $\int_0^1 x e^{-2x^2}\,dx$；

(7) $\int_0^{\pi} 2x\cos(x^2+2)\,dx$；

(8) $\int_1^{e} \frac{(\ln x)^4}{x}\,dx$；

(9) $\int_0^{\frac{\pi}{2}} \sin^5 x \cos x\,dx$；

(10) $\int_1^{\frac{4}{\pi}} \frac{1}{x^2}\cos\frac{1}{x}\,dx$；

(11) $\int_0^1 \frac{1}{\sqrt{4-3x}}\,dx$；

(12) $\int_1^5 \frac{\sqrt{x-1}}{x}\,dx$；

(13) $\int_0^1 \frac{1}{1+\sqrt{x}}\,dx$；

(14) $\int_0^3 \frac{x}{1+\sqrt{1+x}}\,dx$；

(15) $\int_0^1 x e^x\,dx$；

(16) $\int_1^{e} \ln x\,dx$；

(17) $\int_1^{e} x^2 \ln x\,dx$；

(18) $\int_0^{\frac{1}{2}} \arcsin x\,dx$；

(19) $\int_0^1 e^{\sqrt{x}}\,dx$；

(20) $\int_0^1 x^2 e^x\,dx$.

5. 求由曲线 $y=x^2$ 与 $y=-x^2+8$ 所围成的平面图形的面积.

6. 求由 $y=e^x$，$x=0$，$y=4$ 所围成的平面图形的面积.

7. 计算下列各题：

(1) 已知 $y=f(x)$ 的二阶导数为 $(x-2)e^{-x}$，求 dy.

(2) 已知 $\int f'(x^2)\,dx = x^3 - 2x + C$，求 $f(x)$.

(3)若 $\int f(x)\mathrm{d}x=F(x)+C$,求 $\int \frac{1}{x^2}f\left(\frac{1}{x}\right)\mathrm{d}x$.

(4)求函数 $\varphi(x)=\int_a^x 3(t^2-t)\mathrm{d}t$ 的极值.

(5)求极限 $\lim\limits_{x\to 0}\dfrac{\int_1^x t\mathrm{e}^{t^2}\mathrm{d}t}{4x^2}$.

提高题

8.已知生产某产品 x 个总收入的变化率为 $R'(x)=200-\frac{x}{50}$(万元/个),试求:(1)生产 x 个时的总收入及平均每个的收入;(2)生产 2 000 个时的总收入和平均每个的收入.

9.设某地区汽油的需求价格弹性为 -2,当其价格为每桶 384 元时,需求量为 100 万桶,求汽油的需求函数.

10.某股份公司制造一种便携式烤炉,生产这种烤炉的边际成本为 $C'(x)=0.000\,3x^2-0.12x+20$(元/台),边际收入函数为 $R'(x)=-0.1x+40$(元/台),x 表示这种产品的生产量/天,生产这种产品的固定成本为 800 元/天.求:(1)该股份公司生产该产品总成本函数;(2)日产量由 201 台上升到 300 时,公司的生产成本;(3)总收入函数;(4)当销售水平由 200 台/天上升到 300 台/天时的总收入的增加量;(5)总利润函数;(6)如果每天的成品销售数量由 200 元增加到 220 元,则总利润增加多少?

11.已知某商品的边际成本为 $C'(q)=\frac{q}{2}$(万元/台),固定成本为 10 万元,又已知该商品的销售收入函数为 $R(q)=100q$(万元),求:(1)使利润最大的销售量和最大利润;(2)在获得最大利润的销售量的基础上,再多销售 20 台,利润增加多少?

12.某精密仪器公司在一个月的生产周期内生产全自动电子闪光灯,估计边际利润函数(生产水平和销售闪光灯的量关系)为:$L'(x)=-0.004x+20$(元/件),生产量是 x 件,该公司生产和销售这些电子闪光灯的总成本是 16 000 元,x 为何值时,该公司在生产周期内的收入可达到最大?收入的最大值是多少?

13.在发展中国家的经济发展会议上,一项 2015 年的研究中,政府经济学家及能源专家发现,某国家假设从 2016 年开始贯彻“能源节约法案”,该国接下来 5 年石油消费率呈以下增长趋势:$R(t)=20\mathrm{e}^{0.005t}$(10 万桶/年),其中 t 为年数($t=0$ 对应 2001 年).假设政府不采取能源节约措施,那么石油消费率的增长将是 $R_1(t)=20\mathrm{e}^{0.008t}$(10 万桶/年).请计算出,如果实施“能源节约法案”,那么从 2016 年到 2021 年能节约多少桶石油?

第四章　线性代数基础

线性代数是数学的一个分支，它的研究对象是向量、向量空间(或称线性空间).线性变换和有限维的线性方程组.向量空间是现代数学的一个重要课题；因而，线性代数被广泛地应用于抽象代数和泛函分析中；通过解析几何，线性代数得以被具体表示.线性代数的理论已被泛化为算子理论.由于科学研究中的非线性模型通常可以被近似为线性模型，使得线性代数被广泛地应用于自然科学和社会科学中.

第一节　行列式

本节主要介绍行列式的定义、性质及其计算方法.

一、行列式的定义

将 n^2 个数 $a_{ij}(i,j=1,2,\cdots,n)$排成 n 行及 n 列，两边再用竖线"|"隔开，就得到 n 阶行列式的记号：

$$D=\begin{vmatrix} a_{11} & a_{12} & \cdots & a_{1n} \\ a_{21} & a_{22} & \cdots & a_{2n} \\ \vdots & \vdots & & \vdots \\ a_{n1} & a_{n2} & \cdots & a_{nn} \end{vmatrix},$$

其中，每个数 a_{ij} 称为行列式的元素，下标 i 表示该元素在第 i 行，下标 j 表示在第 j 列，a_{ij} 就是 i 行 j 列的元素.行列式的行从上到下依次为第一行、第二行……第 n 行；列从左到右依次为第一列、第二列……第 n 列.行列式有两条对角线，由左上到右下那条对角钱称为主对角线，在主对角线上的元素为 a_{11}，a_{22}，…，a_{nn}.由右上到左下的对角线有时称为副对角线.

一阶、二阶、三阶行列式可以计算如下：

一阶行列式：$|a_{11}|=a_{11}$；

二阶行列式：

$$\begin{vmatrix} a_{11} & a_{12} \\ a_{21} & a_{22} \end{vmatrix}=a_{11}a_{22}-a_{12}a_{21};$$

三阶行列式：

$$\begin{vmatrix} a_{11} & a_{12} & a_{13} \\ a_{21} & a_{22} & a_{23} \\ a_{31} & a_{32} & a_{33} \end{vmatrix}=a_{11}a_{22}a_{33}+a_{12}a_{23}a_{31}+a_{13}\ a_{21}a_{32}-a_{13}a_{22}a_{31}-a_{12}a_{21}a_{33}-a_{11}a_{23}a_{32}.$$

如果在三阶行列式中，将每个冠以"＋"号项的三个数用实线加以连接，将每个冠以"－"号项的三个数用虚线加以连接，就可以得到如图 4－1 所示图形.

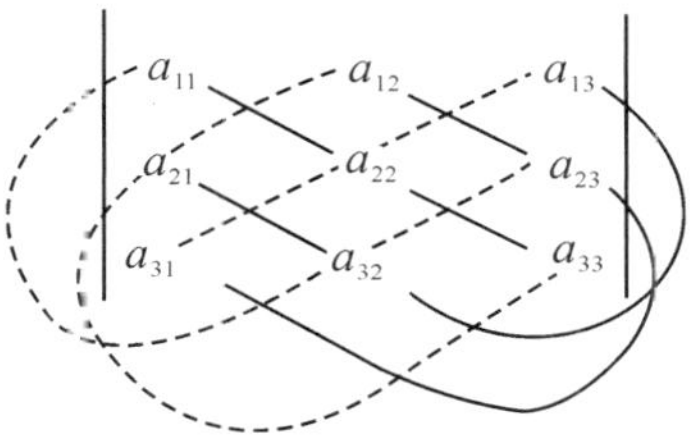

图 4－1

利用这个图形，很容易写出三阶行列式的 6 项代数和.

例 1　计算以下两个行列式：

$$(1)D_1=\begin{vmatrix}2 & 1\\ 4 & 3\end{vmatrix};\qquad (2)D_2=\begin{vmatrix}3 & 2 & -1\\ 1 & 0 & 4\\ 2 & -3 & 5\end{vmatrix}.$$

解　(1)$D_1=2\times3-1\times4=6-4=2$；

(2)$D_2=3\times0\times5+2\times4\times2+(-1)\times1\times(-3)-(-1)\times0\times2-3\times4\times(-3)-2\times1\times5=0+16+3-0+36-10=45$.

二、行列式按行(列)展开

定义 1　在 n 阶行列式中，划去元素 a_{ij} 所在的第 i 行和第 j 列剩下的 $n-1$ 阶行列式记作 M_{ij}，称为元素 a_{ij} 的**余子式**，而 $A_{ij}=(-1)^{i+j}M_{ij}$ 称为元素 a_{ij} 的**代数余子式**.

例如三阶行列式

$$D=\begin{vmatrix}a_1 & a_2 & a_3\\ b_1 & b_2 & b_3\\ c_1 & c_2 & c_3\end{vmatrix},$$

则 1 行 1 列元素 a_1 的余子式 M_{11} 及代数余子式 A_{11} 分别为

$$M_{11}=\begin{vmatrix}b_2 & b_3\\ c_2 & c_3\end{vmatrix},A_{11}=(-1)^{1+1}M_{11}=M_{11}=\begin{vmatrix}b_2 & b_3\\ c_2 & c_3\end{vmatrix}.$$

2 行 3 列元素 b_3 的余子式 M_{23} 及代数余子式 A_{23} 分别为

$$M_{23}=\begin{vmatrix}a_1 & a_2\\ c_1 & c_2\end{vmatrix},A_{23}=(-1)^{2+3}M_{23}=-M_{23}=-\begin{vmatrix}a_1 & a_2\\ c_1 & c_2\end{vmatrix}.$$

由定义可知，当元素所在的"行数＋列数"为偶数时，代数余子式和余子式相等；为奇数时，代数余子式和余子式相差一个符号.

定理 1　设 n 阶行列式

$$D=\begin{vmatrix}a_{11} & a_{12} & \cdots & a_{1n}\\ a_{21} & a_{22} & \cdots & a_{2n}\\ \vdots & \vdots & & \vdots\\ a_{n1} & a_{n2} & \cdots & a_{nn}\end{vmatrix},$$

则有

按第 i 行展开式：$D=a_{i1}A_{i1}+a_{i2}A_{i2}+\cdots+a_{in}A_{in}$ $(i=1,2,\cdots,n)$.

按第 j 列展开式：$D=a_{1j}A_{1j}+a_{2j}A_{2j}+\cdots+a_{nj}A_{nj}$ $(j=1,2,\cdots,n)$.

推论 1 行列式某一行(列)的元素与另一行(列)对应元素的代数余子式乘积之和等于零；即

$$a_{i1}A_{j1}+a_{i2}A_{j2}+\cdots+a_{in}A_{jn}=0 \quad (i\neq j),$$

和

$$a_{1i}A_{1j}+a_{2i}A_{2j}+\cdots+a_{ni}A_{nj}=0 \quad (i\neq j).$$

利用行列式的展开式，可以将计算 n 阶行列式化为计算 $n-1$ 阶行列式. 对于数字元素的行列式，经常将某行(列)的元素除了一个元素之外都化为 0，再按该行(列)展开，以达到降阶的目的.

三、行列式的性质

1. 行与列互换后，行列式的值不变，即.

2. 互换行列式的任意两行(或两列)行列式变号.

3. 用数 α 乘行列式的一行(或一列)等于将行列式乘以数 α，例如

$$\begin{vmatrix} \alpha a_{11} & a_{12} & \cdots & a_{1n} \\ \alpha a_{21} & a_{22} & \cdots & a_{2n} \\ \vdots & \vdots & & \vdots \\ \alpha a_{n1} & a_{n2} & \cdots & a_{nn} \end{vmatrix}=\alpha\begin{vmatrix} a_{11} & a_{12} & \cdots & a_{1n} \\ a_{21} & a_{22} & \cdots & a_{2n} \\ \vdots & \vdots & & \vdots \\ a_{n1} & a_{n2} & \cdots & a_{nn} \end{vmatrix}.$$

4. 将行列式的一行(或一列)元素乘以数 α 后加到另一行(或一列)的相应元素上，行列式的值不变.

5. 若行列式中有一行(或一列)的所有元素为零，则行列式等于零.

若行列式中有两行(或两列)对应的元素完全相同或成比例，则行列式为零.

若行列式中有一行(或一列)元素是其他某些行(或列)对应元素的线性组合，则行列式为零.

6. 若行列式中某一行(或一列)的所有元素都可表示为两项之和，则该行列式可用两个同阶的行列式之和来表达，如

$$\begin{vmatrix} a_1+b_1 & a_{12} & \cdots & a_{1n} \\ a_2+b_2 & a_{22} & \cdots & a_{2n} \\ \vdots & \vdots & & \vdots \\ a_n+b_n & a_{n2} & \cdots & a_{nn} \end{vmatrix}=\begin{vmatrix} a_{11} & a_{12} & \cdots & a_{1n} \\ a_2 & a_{22} & \cdots & a_{2n} \\ \vdots & \vdots & & \vdots \\ a_n & a_{n2} & \cdots & a_{nn} \end{vmatrix}+\begin{vmatrix} b_1 & a_{12} & \cdots & a_{1n} \\ b_2 & a_{22} & \cdots & a_{2n} \\ \vdots & \vdots & & \\ b_n & a_{n2} & \cdots & a_{nn} \end{vmatrix}.$$

例 2 计算行列式

$$D=\begin{vmatrix} 2 & 3 & 1 & 0 \\ 4 & -2 & -1 & -1 \\ -2 & 1 & 2 & 1 \\ -4 & 3 & 2 & 1 \end{vmatrix}.$$

解　第 4 列比较简单，并且还有一个 0，所以我们对行作运算，使第 4 列除了一个元素之外，其余元素都是 0，具体计算如下：

$$D\xlongequal[r_4-r_3]{r_2+r_3}\begin{vmatrix}2&3&1&0\\2&-1&1&0\\-2&1&2&1\\-2&2&0&0\end{vmatrix}\xlongequal{\text{按第 4 列展开}}1\times(-1)^{3+4}\begin{vmatrix}2&3&1\\2&-1&1\\-2&2&0\end{vmatrix}$$

$$\xlongequal{r_2-r_1}-\begin{vmatrix}2&3&1\\0&-4&0\\-2&2&0\end{vmatrix}\xlongequal{\text{按第 3 列展开}}-(-1)^{1+3}\begin{vmatrix}0&-4\\-2&2\end{vmatrix}$$

$$=-[0\times2-(-4)\times(-2)]=8.$$

这里 r_i+kr_j 表示把第 j 行元素乘以 k 后加到第 i 行的相应元素上.

例 3　设

$$D=\begin{vmatrix}3&0&4&0\\2&2&2&2\\0&-7&0&0\\5&3&-2&2\end{vmatrix}.$$

求：(1) D 中第三行各元素的代数余子式之和 $A_{31}+A_{32}+A_{33}+A_{34}$；

(2) D 中第四行各元素余子式之和 $M_{41}+M_{42}+M_{43}+M_{44}$.

解　(1) 将 $A_{31}+A_{32}+A_{33}+A_{34}$ 看作 D 中第 3 行元素改为 1,1,1,1 后，再按第 3 行展开的展开式，故有

$$A_{31}+A_{32}+A_{33}+A_{34}=\begin{vmatrix}3&0&4&0\\2&2&2&2\\1&1&1&1\\5&3&-2&2\end{vmatrix}=(-1)^{3+1}\begin{vmatrix}0&4&0\\2&2&2\\3&-2&2\end{vmatrix}+$$

$$(-1)^{3+2}\begin{vmatrix}3&4&0\\2&2&2\\5&-2&2\end{vmatrix}+(-1)^{3+3}\begin{vmatrix}3&0&0\\2&2&2\\5&3&2\end{vmatrix}+(-1)^{3+4}\begin{vmatrix}3&0&4\\2&2&2\\5&3&-2\end{vmatrix}=-4\times$$

$$\begin{vmatrix}2&2\\3&2\end{vmatrix}-\begin{vmatrix}3&4&0\\2&2&2\\3&-4&0\end{vmatrix}+3\times\begin{vmatrix}2&2\\3&2\end{vmatrix}-2\begin{vmatrix}3&0&4\\1&1&1\\2&0&-5\end{vmatrix}=8-48-6+46=0$$

(2) 按余子式的定义 $M_{41}+M_{42}+M_{43}+M_{44}=\begin{vmatrix}0&4&0\\2&2&2\\-7&0&0\end{vmatrix}+$

$$\begin{vmatrix}3&4&0\\2&2&2\\0&0&0\end{vmatrix}+\begin{vmatrix}3&0&0\\2&2&2\\0&-7&0\end{vmatrix}-\begin{vmatrix}3&0&4\\2&2&2\\0&-7&0\end{vmatrix}=-56+0+42+(-14)=-28$$

习题 4.1

基本题

1. 计算以下行列式：

(1) $D=\begin{vmatrix} -1 & 2 \\ -4 & 3 \end{vmatrix}$；　(2) $D=\begin{vmatrix} -3 & 2 & 1 \\ 1 & 4 & 0 \\ -2 & 3 & 5 \end{vmatrix}$；

(3) $D=\begin{vmatrix} -3 & 0 & 0 \\ 1 & 4 & 0 \\ -2 & 3 & 5 \end{vmatrix}$.

一般题

2. 计算以下行列式：

(1) $D=\begin{vmatrix} -3 & 2 & 1 \\ 0 & 1 & 0 \\ 0 & 0 & -5 \end{vmatrix}$；　(2) $D=\begin{vmatrix} -2 & 0 & 0 \\ 0 & 3 & 0 \\ 0 & 0 & -5 \end{vmatrix}$；

(3) $D=\begin{vmatrix} 0 & 0 & -1 \\ 0 & 4 & 0 \\ -2 & 0 & 0 \end{vmatrix}$；　(4) $D=\begin{vmatrix} 1 & 4 & 9 \\ 1 & 0 & 1 \\ 4 & 1 & 0 \end{vmatrix}$.

提高题

3. 计算以下行列式：

$$D=\begin{vmatrix} -2 & 1 & 2 & 0 \\ -4 & -1 & -2 & -1 \\ 3 & 1 & 2 & 1 \\ 1 & 0 & 3 & 2 \end{vmatrix}.$$

第二节　矩　阵

本节主要介绍矩阵的基本概念、运算和矩阵的秩，以及如何通过伴随矩阵求出矩阵的逆矩阵，利用矩阵的初等变换，求逆矩阵和计算矩阵的秩.

一、矩阵概念

矩阵是从许多实际问题中抽象出来的一个数学概念，它在自然科学的各个领域和经济管理、经济分析中有着广泛的应用. 我们常常用数表表示一些量或关系，如工厂中的产量统计表、市场上的价目表等. 来看下面一个简单的实例.

例 1　某户居民第二季度每个月水(单位:吨)、电(单位:千瓦时)、天然气(单位:立方米)的使用情况,可以用一个三行三列的数表表示为

$$\begin{array}{c} \\ 4\text{ 月} \\ 5\text{ 月} \\ 6\text{ 月}\end{array}\begin{array}{c}\begin{array}{ccc}\text{水} & \text{电} & \text{气}\end{array} \\ \begin{bmatrix} 9 & 165 & 14 \\ 10 & 190 & 15 \\ 10 & 210 & 16 \end{bmatrix}\end{array}$$

由例 1 可以看到,对于生活中的问题可以用数表来表示,我们将这样的数表称为矩阵.

定义 2　将 $m\times n$ 个数 $a_{ij}(i=1,2,\cdots,m;j=1,2,\cdots,n)$ 排成一个矩形的表格,用方括号(或圆括号)括起来,称为 $m\times n$ **矩阵**,记为

$$\boldsymbol{A}=\begin{bmatrix} a_{11} & a_{12} & \cdots & a_{1n} \\ a_{21} & a_{22} & \cdots & a_{2n} \\ \vdots & \vdots & & \vdots \\ a_{m1} & a_{m2} & \cdots & a_{mn} \end{bmatrix},\text{简记为 }\boldsymbol{A}=(a_{ij})_{m\times n}.$$

也记为 $\boldsymbol{A}_{m\times n}$,指明 $\boldsymbol{A}$ 是 $m\times n$ 矩阵,记为 (a_{ij}) 仅指明 i 行 j 列元素为 a_{ij}. 有关矩阵的元素、行、列、对角线等名称,与行列式的相应名称相同,不再重述. 但应注意,矩阵是数的表格,行列式是数,两者应严加区别.

当 $m=n$ 时,$\boldsymbol{A}$ 称为 n 阶方阵或 n 阶矩阵. 一阶矩阵 $[a_{11}]$ 看作数 a_{11},除此之外,矩阵是表格,不是数.

零矩阵及单位矩阵　元素都为 0 的 $m\times n$ 矩阵称为零矩阵,记为 $\boldsymbol{0}_{m\times n}$ 或 $\boldsymbol{0}$. 主对角线上元素全是 1,其余元素全是 0 的 n 阶方阵称为 n 阶单位矩阵,记为 $\boldsymbol{E}_n$ 或 $\boldsymbol{E}$.

例如:$\boldsymbol{0}=\begin{bmatrix} 0 & 0 & 0 \\ 0 & 0 & 0 \end{bmatrix}$ 是 2×3 的零矩阵,$\boldsymbol{E}=\begin{bmatrix} 1 & 0 & 0 \\ 0 & 1 & 0 \\ 0 & 0 & 1 \end{bmatrix}$ 是 3 阶单位矩阵.

行矩阵及列矩阵　只有一行的 $1\times n$ 矩阵 $\boldsymbol{A}=(a_1,a_2,\cdots,a_n)$ 称为行矩阵(为避免混淆,用逗号将元素隔开). 只有一列的 $n\times 1$ 矩阵

$$\boldsymbol{B}=\begin{bmatrix} b_1 \\ b_2 \\ \vdots \\ b_n \end{bmatrix}$$

称为列矩阵.

矩阵相等　设 $\boldsymbol{A}=(a_{ij})_{m\times n}$,$\boldsymbol{B}=(b_{ij})_{m\times n}$ 是两个 $m\times n$ 矩阵,当所有对应元素都相等时,称 $\boldsymbol{A}$ 与 $\boldsymbol{B}$ 相等,记为 $\boldsymbol{A}=\boldsymbol{B}$. 即 $\boldsymbol{A}=\boldsymbol{B}\Leftrightarrow a_{ij}=b_{ij}$,$i=1,2,\cdots,m$;$j=1,2,\cdots,n$. 两个 $m\times n$ 矩阵相等的一个等式,相当于 $m\times n$ 个数量等式.

二、矩阵的计算

1. 矩阵的加法

定义 3 设 $\boldsymbol{A}=(a_{ij})_{m\times n}$，$\boldsymbol{B}=(b_{ij})_{m\times n}$ 是两个 $m\times n$ 矩阵，k 为数，则

$$\boldsymbol{A}+\boldsymbol{B}=(a_{ij}+b_{ij})_{m\times n}$$

$$=\begin{bmatrix} a_{11}+b_{11} & a_{12}+b_{12} & \cdots & a_{1n}+b_{1n} \\ a_{21}+b_{21} & a_{22}+b_{22} & \cdots & a_{2n}+b_{2n} \\ \vdots & \vdots & & \vdots \\ a_{m1}+b_{m1} & a_{m2}+b_{m2} & \cdots & a_{mn}+b_{mn} \end{bmatrix}, k\boldsymbol{A}=(ka_{ij})_{mxn}=\begin{bmatrix} ka_{11} & ka_{12} & \cdots & ka_{1n} \\ ka_{21} & ka_{22} & \cdots & ka_{2n} \\ \vdots & \vdots & & \vdots \\ ka_{m1} & ka_{m2} & \cdots & ka_{mn} \end{bmatrix}$$

记 $-\boldsymbol{A}=(-a_{ij})_{m\times n}$，$\boldsymbol{A}-\boldsymbol{B}=\boldsymbol{A}+(-\boldsymbol{B})=(a_{ij}-b_{ij})_{m\times n}$.

注意 只有两个同是 $m\times n$ 类型的矩阵才能相加.

例 2 设矩阵

$$\boldsymbol{A}=\begin{bmatrix} 3 & 0 & -4 \\ -2 & 5 & -1 \end{bmatrix}, \boldsymbol{B}=\begin{bmatrix} -2 & 3 & 4 \\ 0 & -3 & 1 \end{bmatrix},$$

求 $\boldsymbol{A}+\boldsymbol{B}$，$\boldsymbol{A}-\boldsymbol{B}$.

解

$$\begin{aligned} \boldsymbol{A}+\boldsymbol{B} &= \begin{bmatrix} 3 & 0 & -4 \\ -2 & 5 & -1 \end{bmatrix}+\begin{bmatrix} -2 & 3 & 4 \\ 0 & -3 & 1 \end{bmatrix} \\ &= \begin{bmatrix} 3+(-2) & 0+3 & -4+4 \\ -2+0 & 5+(-3) & -1+1 \end{bmatrix} \\ &= \begin{bmatrix} 1 & 3 & 0 \\ -2 & 2 & 0 \end{bmatrix}, \end{aligned}$$

$$\begin{aligned} \boldsymbol{A}-\boldsymbol{B} &= \begin{bmatrix} 3 & 0 & -4 \\ -2 & 5 & -1 \end{bmatrix}-\begin{bmatrix} -2 & 3 & 4 \\ 0 & -3 & 1 \end{bmatrix} \\ &= \begin{bmatrix} 3-(-2) & 0-3 & -4-4 \\ -2-0 & 5-(-3) & -1-1 \end{bmatrix} \\ &= \begin{bmatrix} 5 & -3 & -8 \\ -2 & 8 & -2 \end{bmatrix}. \end{aligned}$$

2. 矩阵的乘法

定义 4 设 $\boldsymbol{A}=(a_{ij})_{m\times s}$，$\boldsymbol{B}=(b_{ij})_{s\times n}$，则 $\boldsymbol{AB}=(c_{ij})_{m\times n}$，其中 $c_{ij}=a_{i1}b_{1j}+a_{i2}b_{2j}+\cdots+a_{is}b_{sj}(i=1,2,\cdots,m;j=1,2,\cdots,n)$.

乘积 $\boldsymbol{AB}$ 的定义要注意以下三点：

第一，$\boldsymbol{A}$ 的列数必须等于 $\boldsymbol{B}$ 的行数，乘积 $\boldsymbol{AB}$ 才有意义；

第二，乘积 $\boldsymbol{AB}$ 的行数等于 $\boldsymbol{A}$ 的行数，列数等于 $\boldsymbol{B}$ 的列数；

第三，乘积 $\boldsymbol{AB}$ 的 i 行 j 列元素 c_{ij}，是由 $\boldsymbol{A}$ 的第 i 行与 $\boldsymbol{B}$ 的第 j 列对应元素相乘之和.

例 3 (1)设 $\boldsymbol{A}=\begin{bmatrix} 1 & 0 & 3 \\ 2 & 1 & 0 \end{bmatrix}$，$\boldsymbol{B}=\begin{bmatrix} 4 & 1 \\ -1 & 1 \\ 2 & 0 \end{bmatrix}$，求：$\boldsymbol{AB}$，$\boldsymbol{BA}$，$\boldsymbol{AA}$，$\boldsymbol{E}_2\boldsymbol{A}$，$\boldsymbol{AE}_3$.

(2)设 $\boldsymbol{\alpha}=\begin{bmatrix}1\\2\\3\end{bmatrix}$，$\boldsymbol{\beta}=[4,5,6]$，求：$\boldsymbol{\alpha\beta}$，$\boldsymbol{\beta\alpha}$.

解

(1)$\boldsymbol{AB}=\begin{bmatrix}1\times4+0\times(-1)+3\times2 & 1\times1+0\times1+3\times0\\2\times4+1\times(-1)+0\times2 & 2\times1+1\times1+0\times0\end{bmatrix}=\begin{bmatrix}10 & 1\\7 & 3\end{bmatrix}$，

$$\boldsymbol{BA}=\begin{bmatrix}4 & 1\\-1 & 1\\2 & 0\end{bmatrix}\begin{bmatrix}1 & 0 & 3\\2 & 1 & 0\end{bmatrix}=\begin{bmatrix}6 & 1 & 12\\1 & 1 & -3\\2 & 0 & 6\end{bmatrix},$$

$\boldsymbol{AB}\neq\boldsymbol{BA}$，

$\boldsymbol{AA}=\begin{bmatrix}1 & 0 & 3\\2 & 1 & 0\end{bmatrix}\begin{bmatrix}1 & 0 & 3\\2 & 1 & 0\end{bmatrix}$无意义.(第一因子列数≠第二因子的行数)

$$\boldsymbol{E}_2\boldsymbol{A}=\begin{bmatrix}1 & 0\\0 & 1\end{bmatrix}\begin{bmatrix}1 & 0 & 3\\2 & 1 & 0\end{bmatrix}=\begin{bmatrix}1 & 0 & 3\\2 & 1 & 0\end{bmatrix}=\boldsymbol{A},$$

$$\boldsymbol{AE}_3=\begin{bmatrix}1 & 0 & 3\\2 & 1 & 0\end{bmatrix}\begin{bmatrix}1 & 0 & 0\\0 & 1 & 0\\0 & 0 & 1\end{bmatrix}=\begin{bmatrix}1 & 0 & 3\\2 & 1 & 0\end{bmatrix}=\boldsymbol{A},$$

即 $\boldsymbol{E}_2\boldsymbol{A}=\boldsymbol{AE}_3=\boldsymbol{A}$，说明单位矩阵 $\boldsymbol{E}$ 在矩阵乘法中的作用类似于数 1 在数的乘法中的作用.

(2)$\boldsymbol{\alpha\beta}=\begin{bmatrix}1\\2\\3\end{bmatrix}[4,5,6]=\begin{bmatrix}4 & 5 & 6\\8 & 10 & 12\\12 & 15 & 18\end{bmatrix}$，

$\boldsymbol{\beta\alpha}=[4,5,6]\begin{bmatrix}1\\2\\3\end{bmatrix}=[4+10+18]=[32]=32.$

其中 $\boldsymbol{\alpha\beta}$ 是三阶矩阵；而 $\boldsymbol{\beta\alpha}$ 是一阶矩阵，是一个数，$\boldsymbol{\alpha\beta}\neq\boldsymbol{\beta\alpha}$.

矩阵的幂　设 $\boldsymbol{A}$ 为 n 阶方阵，定义 $\boldsymbol{A}^1=\boldsymbol{A}$，$\boldsymbol{A}^2=\boldsymbol{AA}$，…，$\boldsymbol{A}^n=\boldsymbol{AA}\cdots\boldsymbol{A}$($n$ 个 $\boldsymbol{A}$ 相乘).矩阵的幂有以下性质：$\boldsymbol{A}^m\boldsymbol{A}^n=\boldsymbol{A}^{m+n}$，$(\boldsymbol{A}^m)^n=\boldsymbol{A}^{mn}$($m$，$n$ 为正整数).

三、矩阵的转置及对称矩阵

定义 5　将矩阵 $\boldsymbol{A}$ 的各行换作相同序数的列，所得的矩阵记作 $\boldsymbol{A}^{\mathrm{T}}$，称为 $\boldsymbol{A}$ 的转置矩阵.(将 $\boldsymbol{A}$ 化为 $\boldsymbol{A}^{\mathrm{T}}$ 称为将矩阵 $\boldsymbol{A}$ 转置.)例如

$$\boldsymbol{A}=\begin{bmatrix}a_1 & a_2 & a_3\\b_1 & b_2 & b_3\end{bmatrix}\text{的转置矩阵为 }\boldsymbol{A}^{\mathrm{T}}=\begin{bmatrix}a_1 & b_1\\a_2 & b_2\\a_3 & b_3\end{bmatrix}.$$

若 $\boldsymbol{A}$ 为 $m\times n$ 矩阵，则 $\boldsymbol{A}^{\mathrm{T}}$ 为 $n\times m$ 矩阵. $\boldsymbol{A}$ 中 i 行 j 列的元素 a_{ij}，在 $\boldsymbol{A}^{\mathrm{T}}$ 中位于 j 行 i 列的位置上.

转置矩阵有以下性质(设 $\boldsymbol{A}$，$\boldsymbol{B}$ 为矩阵，k 为数，运算可行)：

(1)$(\boldsymbol{A}^{\mathrm{T}})^{\mathrm{T}}=\boldsymbol{A}$;

(2)$(\boldsymbol{A}+\boldsymbol{B})^{\mathrm{T}}=\boldsymbol{A}^{\mathrm{T}}+\boldsymbol{B}^{\mathrm{T}}$;

(3)$(k\boldsymbol{A})^{\mathrm{T}}=k\boldsymbol{A}^{\mathrm{T}}$;

(4)$(\boldsymbol{AB})^{\mathrm{T}}=\boldsymbol{B}^{\mathrm{T}}\boldsymbol{A}^{\mathrm{T}}$.

定义 6 对于 n 阶矩阵 $\boldsymbol{A}$,若有 $\boldsymbol{A}^{\mathrm{T}}=\boldsymbol{A}$,则称 $\boldsymbol{A}$ 为对称矩阵.

设 $\boldsymbol{A}=(a_{ij})_{n\times n}$,则 $\boldsymbol{A}^{\mathrm{T}}=\boldsymbol{A}\Leftrightarrow a_{ji}=a_{ij}(i,j=1,2,\cdots,n)$,

即在对称矩阵 $\boldsymbol{A}$ 中,每一对关于主对角线对称的元素都相等.

例如,下面三个矩阵 $\boldsymbol{A},\boldsymbol{B},\boldsymbol{O}$ 都是三阶对称矩阵.

$$\boldsymbol{A}=\begin{bmatrix}1&2&0\\2&3&-1\\0&-1&5\end{bmatrix},\boldsymbol{B}=\begin{bmatrix}2&0&0\\0&-3&0\\0&0&4\end{bmatrix},\boldsymbol{O}=\begin{bmatrix}0&0&0\\0&0&0\\0&0&0\end{bmatrix}.$$

对称矩阵有以下性质:

(1)若 $\boldsymbol{A},\boldsymbol{B}$ 都是 n 阶对称矩阵,则 $\boldsymbol{A}\pm\boldsymbol{B}$ 及 $k\boldsymbol{A}$ 也是对称矩阵(k 为数).但 $\boldsymbol{AB}$ 不一定为对称矩阵,例如

$$\boldsymbol{A}=\begin{bmatrix}1&1\\1&2\end{bmatrix}\text{及 }\boldsymbol{B}=\begin{bmatrix}2&1\\1&1\end{bmatrix}\text{都是对称矩阵,但 }\boldsymbol{AB}=\begin{bmatrix}3&2\\4&3\end{bmatrix}\text{不是对称矩阵.}$$

(2)若 $\boldsymbol{A},\boldsymbol{B}$ 都是 n 阶对称矩阵,则 $\boldsymbol{AB}$ 仍为对称矩阵的充分必要条件是 $\boldsymbol{A}$ 与 $\boldsymbol{B}$ 可交换($\boldsymbol{AB}=\boldsymbol{BA}$).

四、n 阶矩阵的行列式

定义 7 设 $\boldsymbol{A}$ 为 n 阶矩阵,保持 $\boldsymbol{A}$ 的元素位置不动,由 $\boldsymbol{A}$ 的元素所构成的 n 阶行列式称为 $\boldsymbol{A}$ 的行列式,记作 $|\boldsymbol{A}|$ 或 $\det\boldsymbol{A}$.即

$$\boldsymbol{A}=\begin{bmatrix}a_{11}&a_{12}&\cdots&a_{1n}\\a_{21}&a_{22}&\cdots&a_{2n}\\\vdots&\vdots&&\vdots\\a_{n1}&a_{n2}&\cdots&a_{nn}\end{bmatrix}\text{的行列式为}|\boldsymbol{A}|=\begin{vmatrix}a_{11}&a_{12}&\cdots&a_{1n}\\a_{21}&a_{22}&\cdots&a_{1n}\\\vdots&\vdots&&\vdots\\a_{n1}&a_{n2}&\cdots&a_{nn}\end{vmatrix}.$$

注意

$\boldsymbol{A}$ 是数的表格,$|\boldsymbol{A}|$ 则是一个数,它们是不同性质的对象,也有着许多不同的运算性质,应严加区别.

五、n 阶矩阵的伴随矩阵

定义 8 设有 n 阶矩阵

$$\boldsymbol{A}=\begin{bmatrix}a_{11}&a_{12}&\cdots&a_{1n}\\a_{21}&a_{22}&\cdots&a_{2n}\\\vdots&\vdots&&\vdots\\a_{n1}&a_{n2}&\cdots&a_{nn}\end{bmatrix}.$$

将 $\boldsymbol{A}$ 中所有元素 a_{ij} 都改为它的代数余子式 A_{ij} 后,再转置,所得矩阵称为 $\boldsymbol{A}$ 的**伴随矩阵**,记作 $\boldsymbol{A}^*$,即

$$A^*=\begin{bmatrix}A_{11}&A_{12}&\cdots&A_{1n}\\A_{21}&A_{22}&\cdots&A_{2n}\\\vdots&\vdots&&\vdots\\A_{n1}&A_{n2}&\cdots&A_{nn}\end{bmatrix}^{\mathrm{T}}=\begin{bmatrix}A_{11}&A_{21}&\cdots&A_{n1}\\A_{12}&A_{22}&\cdots&A_{n2}\\\vdots&\vdots&&\vdots\\A_{1n}&A_{2n}&\cdots&A_{nn}\end{bmatrix}.$$

例如,设 $\boldsymbol{A}=\begin{bmatrix}a&b\\c&d\end{bmatrix}$,则 $\boldsymbol{A}$ 的伴随矩阵为 $\boldsymbol{A}^*=\begin{bmatrix}d&-c\\-b&a\end{bmatrix}^{\mathrm{T}}=\begin{bmatrix}d&-b\\-c&a\end{bmatrix}$.

即将二阶矩阵 $\boldsymbol{A}$ 的主对角线上的元素相交换,副对角线上的元素变号,就得到二阶矩阵 $\boldsymbol{A}$ 的伴随矩阵 $\boldsymbol{A}^*$.

伴随矩阵有以下基本性质:

$$\boldsymbol{A}\boldsymbol{A}^*=\boldsymbol{A}^*\boldsymbol{A}=|\boldsymbol{A}|\boldsymbol{E}.$$

六、n 阶矩阵的逆矩阵

定义 9　设 $\boldsymbol{A}$ 为 n 阶矩阵,若存在 n 阶矩阵 $\boldsymbol{B}$,使得 $\boldsymbol{AB}=\boldsymbol{BA}=\boldsymbol{E}$ ($\boldsymbol{E}$ 为 n 阶单位阵),则称 $\boldsymbol{A}$ 为可逆矩阵,$\boldsymbol{B}$ 称为 $\boldsymbol{A}$ 的逆矩阵,记作 $\boldsymbol{A}^{-1}=\boldsymbol{B}$.

定理 2　n 阶矩阵 $\boldsymbol{A}$ 为可逆矩阵的充分必要条件是 $\boldsymbol{A}$ 的行列式 $|\boldsymbol{A}|\neq 0$. 当 $\boldsymbol{A}$ 可逆时,逆矩阵为 $\boldsymbol{A}^{-1}=\dfrac{1}{|\boldsymbol{A}|}\boldsymbol{A}^*$.

推论 2　若 $\boldsymbol{AB}=\boldsymbol{E}$(或 $\boldsymbol{BA}=\boldsymbol{E}$),则 $\boldsymbol{A}$ 可逆,且 $\boldsymbol{A}^{-1}=\boldsymbol{B}$.

逆矩阵有以下性质:

(1)若 $\boldsymbol{A}$ 可逆,则 $\boldsymbol{A}\boldsymbol{A}^{-1}=\boldsymbol{A}^{-1}\boldsymbol{A}=\boldsymbol{E}$,且 $|\boldsymbol{A}^{-1}|=\dfrac{1}{|\boldsymbol{A}|}$.

(2)若 $\boldsymbol{A}$ 可逆,则 $\boldsymbol{A}^{-1}$ 可逆,且 $(\boldsymbol{A}^{-1})^{-1}=\boldsymbol{A}$.

(3)若 $\boldsymbol{A}$ 可逆,则 $\boldsymbol{A}^{\mathrm{T}}$ 可逆,且 $(\boldsymbol{A}^{\mathrm{T}})^{-1}=(\boldsymbol{A}^{-1})^{\mathrm{T}}$.

(4)若 $\boldsymbol{A}$ 可逆,数 $k\neq 0$,则 $k\boldsymbol{A}$ 可逆,且 $(k\boldsymbol{A})^{-1}=\dfrac{1}{k}\boldsymbol{A}^{-1}$.

(5)若 $\boldsymbol{A},\boldsymbol{B}$ 同阶可逆,则 $\boldsymbol{AB}$ 可逆,且 $(\boldsymbol{AB})^{-1}=\boldsymbol{B}^{-1}\boldsymbol{A}^{-1}$.

若 $\boldsymbol{A}$ 可逆,定义 $\boldsymbol{A}^0=\boldsymbol{E}$,$\boldsymbol{A}^{-m}=(\boldsymbol{A}^{-1})^m$,则幂的性质 $(\boldsymbol{A}^m)^n=\boldsymbol{A}^{mn}$,$\boldsymbol{A}^m\boldsymbol{A}^n=\boldsymbol{A}^{m+n}$ 对一切整数 m,n 都成立.

可逆矩阵又称为非奇异矩阵,不可逆矩阵称为奇异矩阵.

例 4　判断下列矩阵可逆,并求其逆矩阵:

(1)$\boldsymbol{A}=\begin{bmatrix}1&2\\3&4\end{bmatrix}$;　　(2)$\boldsymbol{B}=\begin{bmatrix}0&2&-1\\1&1&2\\-1&-1&-1\end{bmatrix}$.

解　(1)$|\boldsymbol{A}|=\begin{vmatrix}1&2\\3&4\end{vmatrix}=-2\neq 0$,故 $\boldsymbol{A}$ 可逆.

$\boldsymbol{A}^*=\begin{bmatrix}4&-2\\-3&1\end{bmatrix}$,故 $\boldsymbol{A}^{-1}=\dfrac{1}{|\boldsymbol{A}|}\boldsymbol{A}^*=\dfrac{1}{-2}\begin{bmatrix}4&-2\\-3&1\end{bmatrix}=\begin{bmatrix}-2&1\\\dfrac{3}{2}&-\dfrac{1}{2}\end{bmatrix}$.

(2) $|\boldsymbol{B}|=\begin{vmatrix}0&2&-1\\1&1&2\\-1&-1&-1\end{vmatrix}\xlongequal{r_3+r_2}\begin{vmatrix}0&2&-1\\1&1&2\\0&0&1\end{vmatrix}=-\begin{vmatrix}2&-1\\0&1\end{vmatrix}=-2\neq0.$

故 $\boldsymbol{B}$ 可逆. 计算各元素的代数余子式如下:

$A_{11}=\begin{vmatrix}1&2\\-1&-1\end{vmatrix}=1, A_{12}=-\begin{vmatrix}1&2\\-1&-1\end{vmatrix}=-1, A_{13}=\begin{vmatrix}1&1\\-1&-1\end{vmatrix}=0$

$A_{21}=-\begin{vmatrix}2&-1\\-1&-1\end{vmatrix}=3, A_{22}=\begin{vmatrix}0&-1\\-1&-1\end{vmatrix}=-1, A_{23}=-\begin{vmatrix}0&2\\-1&-1\end{vmatrix}=-2$

$A_{31}=\begin{vmatrix}2&-1\\1&2\end{vmatrix}=5, A_{32}=-\begin{vmatrix}0&-1\\1&2\end{vmatrix}=-1, A_{33}=\begin{vmatrix}0&2\\1&1\end{vmatrix}=-2$

B 的伴随矩阵为

$$\boldsymbol{B}^*=\begin{bmatrix}A_{11}&A_{21}&A_{31}\\A_{12}&A_{22}&A_{32}\\A_{13}&A_{23}&A_{33}\end{bmatrix}=\begin{bmatrix}1&3&5\\-1&-1&-1\\0&-2&-2\end{bmatrix},$$

故得 $\boldsymbol{B}^{-1}=\frac{1}{|\boldsymbol{B}|}\boldsymbol{B}^*=\frac{1}{-2}\begin{bmatrix}1&3&5\\-1&-1&-1\\0&-2&-2\end{bmatrix}=\begin{bmatrix}-\frac{1}{2}&-\frac{3}{2}&-\frac{5}{2}\\\frac{1}{2}&\frac{1}{2}&\frac{1}{2}\\0&1&1\end{bmatrix}.$

例 5 设 $\boldsymbol{A}=\begin{bmatrix}2&-1\\3&1\end{bmatrix}, \boldsymbol{B}=\begin{bmatrix}1&1\\2&2\end{bmatrix}$, 求二阶矩阵 $\boldsymbol{X},\boldsymbol{Y}$, 使满足 $\boldsymbol{AX}=\boldsymbol{B}$, $\boldsymbol{YA}=\boldsymbol{B}$(也就是解矩阵方程 $\boldsymbol{AX}=\boldsymbol{B}, \boldsymbol{YA}=\boldsymbol{B}$).

解 $|\boldsymbol{A}|=5\neq0, \boldsymbol{A}^*=\begin{bmatrix}1&1\\-3&2\end{bmatrix}, \boldsymbol{A}^{-1}=\frac{1}{5}\begin{bmatrix}1&1\\-3&2\end{bmatrix}.$

在 $\boldsymbol{AX}=\boldsymbol{B}$ 两边左乘以 $\boldsymbol{A}^{-1}$, 得 $\boldsymbol{A}^{-1}\boldsymbol{AX}=\boldsymbol{A}^{-1}\boldsymbol{B}$, 即 $\boldsymbol{X}=\boldsymbol{A}^{-1}\boldsymbol{B}$. 再代入 $\boldsymbol{AX}=\boldsymbol{B}$ 中, 得 $\boldsymbol{A}(\boldsymbol{A}^{-1}\boldsymbol{B})=\boldsymbol{EB}=\boldsymbol{B}$, 故 $\boldsymbol{X}=\boldsymbol{A}^{-1}\boldsymbol{B}$ 满足方程 $\boldsymbol{AX}=\boldsymbol{B}$. 计算得

$$\boldsymbol{X}=\boldsymbol{A}^{-1}\boldsymbol{B}=\frac{1}{5}\begin{bmatrix}1&1\\-3&2\end{bmatrix}\begin{bmatrix}1&1\\2&2\end{bmatrix}=\frac{1}{5}\begin{bmatrix}3&3\\1&1\end{bmatrix}=\begin{bmatrix}\frac{3}{5}&\frac{3}{5}\\\frac{1}{5}&\frac{1}{5}\end{bmatrix}.$$

在 $\boldsymbol{YA}=\boldsymbol{B}$ 两边右乘以 $\boldsymbol{A}^{-1}$, 得 $\boldsymbol{YAA}^{-1}=\boldsymbol{BA}^{-1}$, 即 $\boldsymbol{Y}=\boldsymbol{BA}^{-1}$. 再代入 $\boldsymbol{YA}=\boldsymbol{B}$ 中, 可知 $\boldsymbol{Y}=\boldsymbol{BA}^{-1}$ 满足方程 $\boldsymbol{YA}=\boldsymbol{B}$, 计算得

$$\boldsymbol{Y}=\boldsymbol{BA}^{-1}=\begin{bmatrix}1&1\\2&2\end{bmatrix}\frac{1}{5}\begin{bmatrix}1&1\\-3&2\end{bmatrix}=\frac{1}{5}\begin{bmatrix}1&1\\2&2\end{bmatrix}\begin{bmatrix}1&1\\-3&2\end{bmatrix}=\frac{1}{5}\begin{bmatrix}-2&3\\-4&6\end{bmatrix}=\begin{bmatrix}-\frac{2}{5}&\frac{3}{5}\\-\frac{4}{5}&\frac{6}{5}\end{bmatrix}.$$

由计算结果可见 $\boldsymbol{X}\neq\boldsymbol{Y}$. 这是由于 $\boldsymbol{A}$ 与 $\boldsymbol{B}$ 不可交换的缘故. 因此, 在等式两边乘一个矩阵时, 特别要注意是在左边乘还是在右边乘.

七、初等变换及利用初等变换求逆矩阵

对矩阵作以下三种变换, 称为**矩阵的行初等变换**:

(1)交换两行(交换 i,j 两行记作 $r_i \leftrightarrow r_j$);

(2)以 $k\neq 0$ 乘某行(k 乘第 i 行记作 kr_i);

(3)以 k 乘某行加到另一行(k 乘第 j 行加到第 i 行记作 r_i+kr_j).

将三种变换中的"行"字改为"列"字,就称为**列初等变换**(记号依次换作 $c_i \leftrightarrow c_j, kc_i, c_i+kc_j$).行初等变换与列初等变换统称为初等变换.

矩阵经初等变换后会发生改变.我们用 $\boldsymbol{A}\to\boldsymbol{B}$ 表示矩阵 $\boldsymbol{A}$ 经初等变换化成矩阵 $\boldsymbol{B}$,用 $\boldsymbol{A}\xrightarrow{行}\boldsymbol{B}$ 表示仅用行初等变换将 $\boldsymbol{A}$ 化成 $\boldsymbol{B}$,$\boldsymbol{A}\xrightarrow{列}\boldsymbol{B}$ 表示仅用列初等变换将 $\boldsymbol{A}$ 化成 $\boldsymbol{B}$.

引理 1　若 $(\boldsymbol{A},\boldsymbol{E})\xrightarrow{行}(\boldsymbol{E},\boldsymbol{B})$($\boldsymbol{E}$ 为单位矩阵),则 $\boldsymbol{B}=\boldsymbol{A}^{-1}$.

由引理得到用初等变换求逆矩阵的方法:

第一步,在 $\boldsymbol{A}$ 的右边放上同阶的单位矩阵 $\boldsymbol{E}$,得到 $n\times 2n$ 矩阵 $(\boldsymbol{A},\boldsymbol{E})$;

第二步,对 $(\boldsymbol{A},\boldsymbol{E})$ 作行初等变换,目标是将 $\boldsymbol{A}$ 化为单位阵 $\boldsymbol{E}$,设 $(\boldsymbol{A},\boldsymbol{E})$ 化为 $(\boldsymbol{E},\boldsymbol{B})$,则 $\boldsymbol{B}$ 就是所求的 $\boldsymbol{A}^{-1}$.

例 6　设 $\boldsymbol{A}=\begin{bmatrix}0&2&1\\1&1&2\\-1&-1&-1\end{bmatrix}$,求 $\boldsymbol{A}^{-1}$.

解　$$(\boldsymbol{A},\boldsymbol{E})=\begin{bmatrix}0&2&-1&1&0&0\\1&1&2&0&1&0\\-1&-1&-1&0&0&1\end{bmatrix}\xrightarrow{r_1\leftrightarrow r_2}\begin{bmatrix}1&1&2&0&1&0\\0&2&-1&1&0&0\\-1&-1&-1&0&0&1\end{bmatrix}$$

$$\xrightarrow{r_3+r_1}\begin{bmatrix}1&1&2&0&1&0\\0&2&-1&1&0&0\\0&0&1&0&1&1\end{bmatrix}\xrightarrow{\frac{1}{2}\cdot r_2}\begin{bmatrix}1&1&2&0&1&0\\0&1&-\frac{1}{2}&\frac{1}{2}&0&0\\0&0&1&0&1&1\end{bmatrix}$$

$$\xrightarrow{r_1-r_2}\begin{bmatrix}1&0&\frac{5}{2}&-\frac{1}{2}&1&0\\0&1&-\frac{1}{2}&\frac{1}{2}&0&0\\0&0&1&0&1&1\end{bmatrix}\xrightarrow[r_2+\frac{1}{2}r_3]{r_1-\frac{5}{2}r_3}\begin{bmatrix}1&0&0&-\frac{1}{2}&-\frac{3}{2}&-\frac{5}{2}\\0&1&0&\frac{1}{2}&\frac{1}{2}&\frac{1}{2}\\0&0&1&0&1&1\end{bmatrix},$$

故得 $$\boldsymbol{A}^{-1}=\begin{bmatrix}-\frac{1}{2}&-\frac{3}{2}&-\frac{5}{2}\\\frac{1}{2}&\frac{1}{2}&\frac{1}{2}\\0&1&1\end{bmatrix}.$$

八、矩阵的秩

定义 10　设 $\boldsymbol{A}$ 为 $m\times n$ 矩阵,任取 $\boldsymbol{A}$ 中的 k 行和 k 列($k\leqslant m,k\leqslant n$),在这些行、列交叉处的元素构成的 k 阶行列式,称为 $\boldsymbol{A}$ 的 k 阶子式.$m\times n$ 矩阵 $\boldsymbol{A}$ 的 k 阶子式共有 $C_m^kC_n^k$ 个.

定义 11　设矩阵 $\boldsymbol{A}$ 中有一个 r 阶子式 $D\neq 0$,而所有 $r+1$ 阶子式(若存

在的话)都等于 0,则称数 r 为矩阵 $\boldsymbol{A}$ 的**秩**,记作 $\mathrm{R}(\boldsymbol{A})$ 或 $\mathrm{r}(\boldsymbol{A})$ 或秩$(\boldsymbol{A})$. 并规定零矩阵的秩等于 0.

若 $\boldsymbol{A}$ 中的所有 $r+1$ 阶子式都等于 0,由行列式展开式可知,所有 $r+2$ 阶子式(若存在的话)也都等于 0,依次类推,可知 $\boldsymbol{A}$ 中所有高于 r 阶子式都为 0. 因此可以说:矩阵 $\boldsymbol{A}$ 的秩就是 $\boldsymbol{A}$ 中不等于 0 的子式的最高阶数.

例 7　求下列矩阵的秩:

$$\boldsymbol{A}=\begin{bmatrix}2&-1&0&-2&3\\0&1&3&2&4\\0&0&0&-1&2\\0&0&0&0&0\end{bmatrix},\boldsymbol{B}=\begin{bmatrix}1&2&3\\2&4&6\\3&6&9\end{bmatrix},\boldsymbol{C}=\begin{bmatrix}0&0&0\\0&0&2\\0&0&0\end{bmatrix}.$$

解　取 $\boldsymbol{A}$ 的 1,2,3 行和 1,2,4 列,得到一个三阶子式 $\begin{vmatrix}2&-1&-2\\0&1&2\\0&0&-1\end{vmatrix}=-2\neq0$,而 $\boldsymbol{A}$ 的所有 4 阶子式都等于 0(因为都含有一个全为 0 的行). 因此,$\boldsymbol{A}$ 的秩 $\mathrm{R}(\boldsymbol{A})=3$. $\boldsymbol{B}$ 中任意两行成比例,所以 $\boldsymbol{B}$ 的所有二阶子式都等于 0,但有一阶子式 $|1|=1\neq0$,所以 $\boldsymbol{B}$ 的秩 $\mathrm{R}(\boldsymbol{B})=1$. $\boldsymbol{C}$ 中有一个一阶子式 $|2|=2\neq0$,而所有二阶子式都 $=0$,所以 $\boldsymbol{C}$ 的秩 $\mathrm{R}(\boldsymbol{C})=1$ (可见秩的大小不在于非零元素的多少,而在于非零最高阶子式的阶数的大小).

只有像例 7 中这些较简单的矩阵,可以由定义直接求出它的秩. 对于较大的一般矩阵,要用定义求它的秩就较困难. 计算矩阵 $\boldsymbol{A}$ 的秩,主要是先用初等变换将矩阵 $\boldsymbol{A}$ 化为较简单的矩阵 $\boldsymbol{B}$,再由定义求出 $\boldsymbol{B}$ 的秩,从而得到 $\boldsymbol{A}$ 的秩. 这就需要下面的定理.

定理 3　若 $\boldsymbol{A}$ 经过初等变换化成 $\boldsymbol{B}$,则 $\mathrm{R}(\boldsymbol{A})=\mathrm{R}(\boldsymbol{B})$. 换句话说,矩阵经初等变换后秩不变. 或者说,等价矩阵的秩相等.

有此定理,我们就可以利用初等变换将矩阵 $\boldsymbol{A}$ 化简成 $\boldsymbol{B}$,再由 $\boldsymbol{B}$ 的秩得到 $\boldsymbol{A}$ 的秩.

例 8　求矩阵 $\boldsymbol{A}=\begin{bmatrix}1&-2&2&-1&1\\2&-4&8&0&2\\-2&4&-2&3&3\\3&-6&0&-6&4\end{bmatrix}$ 的秩.

解　对 $\boldsymbol{A}$ 作行初等变换如下:

$$\boldsymbol{A}\xrightarrow[\substack{r_3+2r_1\\r_4-3r_1}]{r_2-2r_1}\begin{bmatrix}1&-2&2&-1&1\\0&0&4&2&0\\0&0&2&1&5\\0&0&-6&-3&1\end{bmatrix}\xrightarrow{\frac{1}{2}r_2}\begin{bmatrix}1&-2&2&-1&1\\0&0&2&1&0\\0&0&2&1&5\\0&0&-6&-3&1\end{bmatrix}$$

$$\xrightarrow[r_4+3r_2]{r_3-r_2}\begin{bmatrix}1&-2&2&-1&1\\0&0&2&1&0\\0&0&0&0&5\\0&0&0&0&1\end{bmatrix}\xrightarrow{r_4-\frac{1}{5}r_3}\begin{bmatrix}1&-2&2&-1&1\\0&0&2&1&0\\0&0&0&0&5\\0&0&0&0&0\end{bmatrix}=\boldsymbol{B}.$$

取 $\boldsymbol{B}$ 中第 1,2,3 行和 1,3,5 列的交叉处元素,构成一个不等于 0 的三阶子式 $D=\begin{vmatrix}1&2&1\\0&2&0\\0&0&5\end{vmatrix}=10\neq0$,$\boldsymbol{B}$ 中所有 4 阶子式都等于 0,所以 $\boldsymbol{B}$ 的秩 $\mathrm{R}(\boldsymbol{B})=3$,因为初等变换不会改变矩阵的秩,所以 $\mathrm{R}(\boldsymbol{A})=\mathrm{R}(\boldsymbol{B})=3$.

习题 4.2

基本题

1. 已知 $\boldsymbol{A}=\begin{bmatrix}1&0&3\\2&1&0\end{bmatrix}$,$\boldsymbol{B}=\begin{bmatrix}4&1\\-1&1\\2&0\end{bmatrix}$,求 $2\boldsymbol{A}$,$\boldsymbol{AB}$,$\boldsymbol{BA}$,$\boldsymbol{AE}$,$\boldsymbol{EA}$.

2. 已知 $\boldsymbol{A}=\begin{bmatrix}1&2&0\\2&3&-1\\0&-1&5\end{bmatrix}$,求 $\boldsymbol{A}^{\mathrm{T}}$,$|\boldsymbol{A}|$ 及 $\boldsymbol{A}^{-1}$.

3. 利用矩阵的初等变换求下列矩阵的逆矩阵 $\boldsymbol{A}^{-1}$:

(1)$\boldsymbol{A}=\begin{bmatrix}1&2\\2&1\end{bmatrix}$;

(2)$\boldsymbol{A}=\begin{bmatrix}-1&1&2\\-2&3&1\\1&-1&4\end{bmatrix}$.

一般题

4. 求下列矩阵的秩:

$$\boldsymbol{A}=\begin{bmatrix}2&0&0&0&0\\-1&1&3&0&0\\2&-2&0&-1&2\\1&3&-1&4&1\end{bmatrix},\boldsymbol{B}=\begin{bmatrix}1&2&3\\3&6&9\\5&10&15\end{bmatrix},\boldsymbol{C}=\begin{bmatrix}0&0&0\\-1&0&0\\0&2&0\end{bmatrix}.$$

5. 设 $\boldsymbol{A}=\begin{bmatrix}1&1&1\\1&1&-1\\1&-1&1\end{bmatrix}$,$\boldsymbol{B}=\begin{bmatrix}1&2&3\\-1&-2&4\\0&5&1\end{bmatrix}$,求 $3\boldsymbol{AB}-2\boldsymbol{A}$ 及 $\boldsymbol{A}^{\mathrm{T}}\boldsymbol{B}$.

6. 解下列矩阵方程:

(1)$\begin{bmatrix}1&-5\\-1&4\end{bmatrix}\boldsymbol{X}=\begin{bmatrix}3&2\\1&4\end{bmatrix}$;

(2) $\boldsymbol{X}\begin{bmatrix}2 & 1 & -1\\ 2 & 1 & 0\\ 1 & -1 & 1\end{bmatrix}=\begin{bmatrix}1 & -1 & 3\\ 4 & 3 & 2\end{bmatrix}$.

提高题

7. 用初等变换求下列方阵的逆矩阵：

(1) $\begin{bmatrix}3 & 2 & 1\\ 3 & 1 & 5\\ 3 & 2 & 3\end{bmatrix}$；

(2) $\begin{bmatrix}3 & -2 & 0 & -1\\ 0 & 2 & 2 & 1\\ 1 & -2 & -3 & -2\\ 0 & 1 & 2 & 1\end{bmatrix}$.

第三节　向量组的线性相关性

本节主要介绍 n 维向量组的线性相关性，包括向量组的线性相关和线性无关，向量组的秩及其与矩阵秩的联系.

一、n 维向量及其运算

定义 12　n 个有次序的数 $a_1,a_2,\cdots,a_n$ 所组成的数组称为 n **维向量**，记作 $\boldsymbol{\alpha}=(a_1,a_2,\cdots,a_n)$，其中每一个数称为分量. 第 i 个数 a_i 称为第 i 个分量. 分量为实数的向量称为实向量，分量为复数的向量称为复向量. 本书主要讨论实向量. 全体 n 维实向量记作 $\mathbf{R}^n$.

今后我们用小写的希腊字母 $\boldsymbol{\alpha},\boldsymbol{\beta},\boldsymbol{\gamma},\cdots$ 代表向量.

定义 13　设有两个向量 $\boldsymbol{\alpha}=(a_1,a_2,\cdots,a_n)$，$\boldsymbol{\beta}=(b_1,b_2,\cdots,b_n)$，如果 $\boldsymbol{\alpha}$ 与 $\boldsymbol{\beta}$ 的各分量对应相等，则称 $\boldsymbol{\alpha}$ 与 $\boldsymbol{\beta}$ 相等，记作 $\boldsymbol{\alpha}=\boldsymbol{\beta}$，即 $\boldsymbol{\alpha}=\boldsymbol{\beta}\Leftrightarrow a_i=b_i(i=1,2,\cdots,n)$.

定义 14　设有两个向量 $\boldsymbol{\alpha}=(a_1,a_2,\cdots,a_n)$，$\boldsymbol{\beta}=(b_1,b_2,\cdots,b_n)$，$k$ 为常数，定义加法及数乘运算如下：

加法：$\boldsymbol{\alpha}+\boldsymbol{\beta}=(a_1+b_1,a_2+b_2,\cdots,a_n+b_n)$；

数乘：$k\boldsymbol{\alpha}=(ka_1,ka_2,\cdots,ka_n)$.

向量的加法及数乘运算称为向量的线性运算.

记 $-\boldsymbol{\alpha}=(-a_1,-a_2,\cdots,-a_n)$，则 $-\alpha$ 称为 $\boldsymbol{\alpha}$ 的负向量.

$\boldsymbol{\alpha}-\boldsymbol{\beta}=\boldsymbol{\alpha}+(-\boldsymbol{\beta})=(a_1-b_1,a_2-b_2,\cdots,a_n-b_n)$，称为 $\boldsymbol{\alpha}$ 与 $\boldsymbol{\beta}$ 的差.

各分量都等于 0 的向量称为零向量，记作 $\mathbf{0}$，即 $\mathbf{0}=(0,0,\cdots,0)$.

以上我们将向量记成一行，称为行向量，n 维向量也可以记成一列

$$\boldsymbol{\alpha}=\begin{bmatrix}a_1\\a_2\\\vdots\\a_n\end{bmatrix},$$

称为列向量.为节省篇幅,列向量常记作行向量的转置 $\boldsymbol{\alpha}=(a_1,a_2,\cdots,a_n)^{\mathrm{T}}$.

二、向量组的线性相关和线性无关

定义 15　设 $\boldsymbol{\alpha}_1,\boldsymbol{\alpha}_2,\cdots,\boldsymbol{\alpha}_m,\boldsymbol{\beta}$ 都是 n 维向量.如果存在 m 个数 $k_1,k_2,\cdots,k_m$,使得

$$\boldsymbol{\beta}=k_1\boldsymbol{\alpha}_1+k_2\boldsymbol{\alpha}_2+\cdots+k_m\boldsymbol{\alpha}_m,$$

则称 $\boldsymbol{\beta}$ 可由 $\boldsymbol{\alpha}_1,\boldsymbol{\alpha}_2,\cdots,\boldsymbol{\alpha}_m$ 线性表示,又称 $\boldsymbol{\beta}$ 是 $\boldsymbol{\alpha}_1,\boldsymbol{\alpha}_2,\cdots,\boldsymbol{\alpha}_m$ 的线性组合.

定义 16　设 $\boldsymbol{\alpha}_1,\boldsymbol{\alpha}_2,\cdots,\boldsymbol{\alpha}_m$ 是 n 维向量.如果存在 m 个不全为 0 的数 $k_1,k_2,\cdots,k_m$,使得

$$k_1\boldsymbol{\alpha}_1+k_2\boldsymbol{\alpha}_2+\cdots+k_m\boldsymbol{\alpha}_m=\mathbf{0},$$

则称 $\boldsymbol{\alpha}_1,\boldsymbol{\alpha}_2,\cdots,\boldsymbol{\alpha}_m$ 线性相关.

如果 $\boldsymbol{\alpha}_1,\boldsymbol{\alpha}_2,\cdots,\boldsymbol{\alpha}_m$ 不是线性相关,即只有当 $k_1,k_2,\cdots,k_m$ 全都为 0 时,定义 15 和定义 16 中的两式才能成立,则称 $\boldsymbol{\alpha}_1,\boldsymbol{\alpha}_2,\cdots,\boldsymbol{\alpha}_m$ 线性无关.换句话说,即 $\boldsymbol{\alpha}_1,\boldsymbol{\alpha}_2,\cdots,\boldsymbol{\alpha}_m$ 线性无关 $\Leftrightarrow$ 若 $k_1\boldsymbol{\alpha}_1+k_2\boldsymbol{\alpha}_2+\cdots+k_m\boldsymbol{\alpha}_m=\mathbf{0}$,则 $k_1=k_2=\cdots=k_m=0$.

线性相关与线性表示有以下关系:$\boldsymbol{\alpha}_1,\boldsymbol{\alpha}_2,\cdots,\boldsymbol{a}_m$ 相线相关 $\Leftrightarrow\boldsymbol{\alpha}_1,\boldsymbol{\alpha}_2,\cdots,\boldsymbol{a}_m$ 中至少有一个向量可由其余的向量线性表示.

例 1　设 $\boldsymbol{\beta}=(2,3),\boldsymbol{\alpha}_1=(1,0),\boldsymbol{\alpha}_2=(0,1),\mathbf{0}=(0,0)$,则 $\boldsymbol{\beta}=2\boldsymbol{\alpha}_1+3\boldsymbol{\alpha}_2$,故 $\boldsymbol{\beta}$ 可由 $\boldsymbol{\alpha}_1,\boldsymbol{\alpha}_2$ 线性表示.

$2\boldsymbol{\alpha}_1+3\boldsymbol{\alpha}_2-\boldsymbol{\beta}=\mathbf{0}$,故 $\boldsymbol{\alpha}_1,\boldsymbol{\alpha}_2,\boldsymbol{\beta}$ 线性相关.

$\mathbf{0}\cdot\boldsymbol{\alpha}_1+\mathbf{0}\cdot\boldsymbol{\alpha}_2+1\cdot\mathbf{0}=\mathbf{0}$,故 $\boldsymbol{\alpha}_1,\boldsymbol{\alpha}_2,\mathbf{0}$ 也线性相关,其中 $\mathbf{0}$ 可由 $\boldsymbol{\alpha}_1,\boldsymbol{\alpha}_2$ 线性表示,即 $\mathbf{0}=\mathbf{0}\cdot\boldsymbol{\alpha}_1+\mathbf{0}\cdot\boldsymbol{\alpha}_2$,但 $\boldsymbol{\alpha}_1$ 不能由 $\boldsymbol{\alpha}_2,\mathbf{0}$ 线性表示,$\boldsymbol{\alpha}_2$ 也不能由 $\boldsymbol{\alpha}_1,\mathbf{0}$ 线性表示.

若 $k_1\boldsymbol{\alpha}_1+k_2\boldsymbol{\alpha}_2=(k_1,k_2)=\mathbf{0}$,则必有 $k_1=0,k_2=0$,故 $\boldsymbol{\alpha}_1,\boldsymbol{\alpha}_2$ 线性无关.

例 2　含有零向量的向量组:$\mathbf{0},\boldsymbol{\alpha}_1,\cdots,\boldsymbol{\alpha}_m$ 必线性相关.

因为 $1\cdot\mathbf{0}+0\cdot\boldsymbol{\alpha}_1+\cdots+0\cdot\boldsymbol{\alpha}_m=0$,且 $1,0,\cdots,0$ 不全为 0.

三、向量组的秩

定义 17　设有两个 n 维向量组 A,B 如下

$$A:\boldsymbol{\alpha}_1,\boldsymbol{\alpha}_2,\cdots,\boldsymbol{\alpha}_s,\qquad B:\boldsymbol{\beta}_1,\boldsymbol{\beta}_2,\cdots,\boldsymbol{\beta}_t,$$

若 A 中每一个向量都可以由向量组 B 线性表示,则称向量组 A 可由向量组 B 线性表示.

若向量组 A 可由向量组 B 线性表示,且向量组 B 也可以由向量组 A 线性表示,则称向量组 A 与 B 等价.

不难验证,若向量组 A 可由向量组 B 线性表示,又向量组 B 可由向量组

C 线性表示，则向量组 A 可由向量组 C 线性表示.

定义 18 设 A 是 n 维向量组(A 中所含有的向量个数可以是有限个，也可以是无限多个)，如果：

(1) A 中有 r 个向量 $\boldsymbol{\alpha}_1, \boldsymbol{\alpha}_2 \cdots, \boldsymbol{\alpha}_r$ 线性无关；

(2) A 中任意 $r+1$ 个向量(若存在的话)都线性相关，

则称 $\boldsymbol{\alpha}_1, \boldsymbol{\alpha}_2, \cdots, \boldsymbol{\alpha}_r$ 为 A 中的一个最大线性无关组，简称为最大无关组.

因为线性相关向量组再增加向量仍是线性相关组. 所以 A 中任意 $r+1$ 个向量线性相关，则任意 $r+2$ 个向量(若存在的话)也线性相关，依次类推，可知 A 中任意个数大于 r 的向量组(若存在的话)都线性相关. 因此，定义 18 中的向量组 $\boldsymbol{\alpha}_1, \boldsymbol{\alpha}_2, \cdots, \boldsymbol{\alpha}_r$ 是 A 的所有线性无关组中所含向量个数最大的，因此称之为最大线性无关组.

定义 19 向量组 A 中最大线性无关组所含向量的个数 r，称为向量组 A 的秩. 只含零向量的向量组没有最大线性无关组，规定其秩为 0. 向量组 A 的秩记为 $\mathrm{R}(A)$ 或秩(A).

根据最大线性无关组及秩的定义，下面的等价式成立：

$\boldsymbol{\alpha}_1, \boldsymbol{\alpha}_2, \cdots, \boldsymbol{\alpha}_m$ 线性无关 $\Leftrightarrow \mathrm{R}(\boldsymbol{\alpha}_1, \boldsymbol{\alpha}_2, \cdots, \boldsymbol{\alpha}_m) = m$；

$\boldsymbol{\alpha}_1, \boldsymbol{\alpha}_2, \cdots, \boldsymbol{\alpha}_m$ 线性相关 $\Leftrightarrow \mathrm{R}(\boldsymbol{\alpha}_1, \boldsymbol{\alpha}_2, \cdots, \boldsymbol{\alpha}_m) < m$.

(m 为向量组 $\boldsymbol{\alpha}_1, \boldsymbol{\alpha}_2, \cdots, \boldsymbol{\alpha}_m$ 的个数)

$\boldsymbol{A}$ 的行向量组 $\boldsymbol{\alpha}_1, \boldsymbol{\alpha}_2, \cdots, \boldsymbol{\alpha}_m$ 的秩 $\mathrm{R}(\boldsymbol{\alpha}_1, \boldsymbol{\alpha}_2, \cdots \boldsymbol{\alpha}_m)$ 称为矩阵 $\boldsymbol{A}$ 的行秩.

$\boldsymbol{A}$ 的列向量组 $\boldsymbol{\alpha}_1, \boldsymbol{\alpha}_2, \cdots, \boldsymbol{\alpha}_n$ 的秩 $\mathrm{R}(\boldsymbol{\alpha}_1, \boldsymbol{\alpha}_2, \cdots, \boldsymbol{\alpha}_n)$ 称为矩阵 $\boldsymbol{A}$ 的列秩.

下面给出矩阵的行秩、列秩及矩阵秩的关系.

定理 4 设矩阵 $\boldsymbol{A}$ 经过初等变换化成矩阵 $\boldsymbol{B}$. 则 $\boldsymbol{A}$ 的行秩 $=\boldsymbol{B}$ 的行秩，$\boldsymbol{A}$ 的列秩 $=\boldsymbol{B}$ 的列秩，换句话说，矩阵经初等变换后，行秩和列秩都不变.

定理 5 矩阵 $\boldsymbol{A}$ 的行秩 $=$ 矩阵 $\boldsymbol{A}$ 的列秩 $=$ 矩阵 $\boldsymbol{A}$ 的秩 $\mathrm{R}(\boldsymbol{A})$.

定理 6 设向量组 $\boldsymbol{\alpha}_1, \boldsymbol{\alpha}_2, \cdots, \boldsymbol{\alpha}_k$ 线性无关，且

$$\begin{cases} \boldsymbol{\beta}_1 = c_{11}\boldsymbol{\alpha}_1 + c_{12}\boldsymbol{\alpha}_2 + \cdots + c_{1k}\boldsymbol{\alpha}_k \\ \boldsymbol{\beta}_2 = c_{21}\boldsymbol{\alpha}_1 + c_{22}\boldsymbol{\alpha}_2 + \cdots + c_{2k}\boldsymbol{\alpha}_k \\ \quad\cdots\cdots \\ \boldsymbol{\beta}_k = c_{k1}\boldsymbol{\alpha}_1 + c_{k2}\boldsymbol{\alpha}_2 + \cdots + c_{kk}\boldsymbol{\alpha}_k \end{cases}$$

则向量组 $\boldsymbol{\beta}_1, \boldsymbol{\beta}_2, \cdots, \boldsymbol{\beta}_k$ 线性无关的充分必要条件为上述关系式的系数矩阵 $\boldsymbol{C} = (c_{ij})_{k \times k}$ 的行列式 $|\boldsymbol{C}| \neq 0$，即

$$|\boldsymbol{C}| = \begin{vmatrix} c_{11} & c_{12} & \cdots & c_{1k} \\ c_{21} & c_{22} & \cdots & c_{2k} \\ \vdots & \vdots & & \vdots \\ c_{k1} & c_{k2} & \cdots & c_{kk} \end{vmatrix} \neq 0.$$

例 3 设有向量组 $\boldsymbol{\alpha}_1 = (1, -1, 2, 4)$，$\boldsymbol{\alpha}_2 = (0, 3, 1, 2)$，$\boldsymbol{\alpha}_3 = (3, 0, 7, 14)$，$\boldsymbol{\alpha}_4 = (1, -2, 2, 0)$，$\boldsymbol{\alpha}_5 = (2, 1, 5, 10)$，求向量组 $\boldsymbol{\alpha}_1, \boldsymbol{\alpha}_2, \boldsymbol{\alpha}_3, \boldsymbol{\alpha}_4, \boldsymbol{\alpha}_5$ 的秩，并求它的一个最大线性无关组.

解　以这组向量作为列，作成矩阵 $\boldsymbol{A}$，即

$$\boldsymbol{A}=[\boldsymbol{\alpha}_1^{\mathrm{T}},\boldsymbol{\alpha}_2^{\mathrm{T}},\boldsymbol{\alpha}_3^{\mathrm{T}},\boldsymbol{\alpha}_4^{\mathrm{T}},\boldsymbol{\alpha}_5^{\mathrm{T}}]=\begin{bmatrix}1&0&3&1&2\\-1&3&0&-2&1\\2&1&7&2&5\\4&2&14&0&10\end{bmatrix}.$$

对 $\boldsymbol{A}$ 作行初等变换，将 $\boldsymbol{A}$ 化为阶梯形矩阵，过程如下：

$$\boldsymbol{A}\xrightarrow[r_4-4r_1]{r_3-2r_1}\begin{bmatrix}1&0&3&1&2\\0&3&3&-1&3\\0&1&1&0&1\\0&2&2&-4&2\end{bmatrix}\xrightarrow{r_2\leftrightarrow r_3}\begin{bmatrix}1&0&3&1&2\\0&1&1&0&1\\0&3&3&-1&3\\0&2&2&-4&2\end{bmatrix}$$

$$\xrightarrow[r_4-2r_2]{r_3-3r_2}\begin{bmatrix}1&0&3&1&2\\0&1&1&0&1\\0&0&0&-1&0\\0&0&0&-4&0\end{bmatrix}\xrightarrow{r_4-4r_3}\begin{bmatrix}1&0&3&1&2\\0&1&1&0&1\\0&0&0&-1&0\\0&0&0&0&0\end{bmatrix}$$

$=\boldsymbol{B}=[\boldsymbol{\beta}_1,\boldsymbol{\beta}_2,\boldsymbol{\beta}_3,\boldsymbol{\beta}_4,\boldsymbol{\beta}_5]$，

$\boldsymbol{B}$ 为阶梯形矩阵，含有三个非零行，故 $\mathrm{R}(\boldsymbol{B})=3$. 因而有

$\mathrm{R}(\boldsymbol{\alpha}_1,\boldsymbol{\alpha}_2,\boldsymbol{\alpha}_3,\boldsymbol{\alpha}_4,\boldsymbol{\alpha}_5)=\mathrm{R}(\boldsymbol{\alpha}_1^{\mathrm{T}},\boldsymbol{\alpha}_2^{\mathrm{T}},\boldsymbol{\alpha}_3^{\mathrm{T}},\boldsymbol{\alpha}_4^{\mathrm{T}},\boldsymbol{\alpha}_5^{\mathrm{T}})=\mathrm{R}(\boldsymbol{A})=\mathrm{R}(\boldsymbol{B})=3$.

$\boldsymbol{B}$ 中任何三个线性无关的列都是 $\boldsymbol{\beta}_1,\boldsymbol{\beta}_2,\boldsymbol{\beta}_3,\boldsymbol{\beta}_4,\boldsymbol{\beta}_5$ 的最大无关组. 考查第 1,2,4 列作成的矩阵 $\boldsymbol{B}_1=[\boldsymbol{\beta}_1,\boldsymbol{\beta}_2,\boldsymbol{\beta}_4]=\begin{bmatrix}1&0&1\\0&1&0\\0&0&-1\\0&0&0\end{bmatrix}$，$\boldsymbol{B}_1$ 有一个三阶子式 $\begin{vmatrix}1&0&1\\0&1&0\\0&0&-1\end{vmatrix}=-1\neq0$，因而 $\mathrm{R}(\boldsymbol{\beta}_1,\boldsymbol{\beta}_2,\boldsymbol{\beta}_4)=\mathrm{R}(\boldsymbol{B}_1)=3$，故 $\boldsymbol{\beta}_1,\boldsymbol{\beta}_2,\boldsymbol{\beta}_4$ 线性无关，因而 $\boldsymbol{\beta}_1,\boldsymbol{\beta}_2,\boldsymbol{\beta}_4$ 是 $\boldsymbol{\beta}_1,\boldsymbol{\beta}_2,\boldsymbol{\beta}_3,\boldsymbol{\beta}_4,\boldsymbol{\beta}_5$ 的最大线性无关组，由引理，$\boldsymbol{\alpha}_1^{\mathrm{T}},\boldsymbol{\alpha}_2^{\mathrm{T}},\boldsymbol{\alpha}_4^{\mathrm{T}}$ 为 $\boldsymbol{\alpha}_1^{\mathrm{T}},\boldsymbol{\alpha}_2^{\mathrm{T}},\boldsymbol{\alpha}_3^{\mathrm{T}},\boldsymbol{\alpha}_4^{\mathrm{T}},\boldsymbol{\alpha}_5^{\mathrm{T}}$ 的最大无关组，即 $\boldsymbol{\alpha}_1,\boldsymbol{\alpha}_2,\boldsymbol{\alpha}_4$ 是 $\boldsymbol{\alpha}_1,\boldsymbol{\alpha}_2,\boldsymbol{\alpha}_3,\boldsymbol{\alpha}_4,\boldsymbol{\alpha}_5$ 的最大线性无关组.

不难验证 $\boldsymbol{\alpha}_1,\boldsymbol{\alpha}_3,\boldsymbol{\alpha}_4$ 或 $\boldsymbol{\alpha}_2,\boldsymbol{\alpha}_3,\boldsymbol{\alpha}_4$ 或 $\boldsymbol{\alpha}_3,\boldsymbol{\alpha}_4,\boldsymbol{\alpha}_5$ 也是 $\boldsymbol{\alpha}_1,\boldsymbol{\alpha}_2,\boldsymbol{\alpha}_3,\boldsymbol{\alpha}_4,\boldsymbol{\alpha}_5$ 的最大线性无关组.

习题 4.3

基本题

1. 已知向量 $\boldsymbol{\alpha}=(-1,2,3,-2)$，$\boldsymbol{\beta}=(4,-5,6,-3)$，求 $-\boldsymbol{\alpha}$，$\boldsymbol{\beta}^{\mathrm{T}}$，$\boldsymbol{\alpha}+\boldsymbol{\beta}$，$3\boldsymbol{\alpha}-\boldsymbol{\beta}$.

2. 已知向量 $\boldsymbol{\alpha}=(-1,2,-3)$，$\boldsymbol{\beta}=(-4,-5,3)$，$\boldsymbol{\gamma}=(-2,1,4)$，求 $\boldsymbol{\gamma}-\boldsymbol{\alpha}$，$\boldsymbol{\alpha}+\boldsymbol{\beta}-\boldsymbol{\gamma}$，$\boldsymbol{\alpha}-2\boldsymbol{\beta}+\boldsymbol{\gamma}$.

一般题

3. 设 $\boldsymbol{\alpha}_1=(1,2,3,1)^{\mathrm{T}}$，$\boldsymbol{\alpha}_2=(2,3,1,2)^{\mathrm{T}}$，$\boldsymbol{\alpha}_3=(3,1,2,-2)^{\mathrm{T}}$，$\boldsymbol{\beta}=(0,4,2,5)^{\mathrm{T}}$，

问 $\boldsymbol{\beta}$ 能否由 $\boldsymbol{\alpha}_1,\boldsymbol{\alpha}_2,\boldsymbol{\alpha}_3$ 线性表示？

4. 设有向量组 $\boldsymbol{\alpha}_1=(-1,1,2,3)$，$\boldsymbol{\alpha}_2=(2,0,1,2)$，$\boldsymbol{\alpha}_3=(3,0,2,1)$，$\boldsymbol{\alpha}_4=(0,-2,1,0)$，$\boldsymbol{\alpha}_5=(-2,1,3,6)$，求向量组 $\boldsymbol{\alpha}_1,\boldsymbol{\alpha}_2,\boldsymbol{\alpha}_3,\boldsymbol{\alpha}_4,\boldsymbol{\alpha}_5$ 的秩，并求它的一个最大线性无关组.

提高题

5. 已知向量组 $\boldsymbol{\alpha}_1=(-1,2,-2,1)$，$\boldsymbol{\alpha}_2=(3,1,1,0)$，$\boldsymbol{\alpha}_3=(2,-3,5,0)$，求向量组的秩.

第四节　线性方程组

m 个方程 n 个未知数 $x_1,x_2,\cdots,x_n$ 的线性方程组为

$$\begin{cases} a_{11}x_1+a_{12}x_2+\cdots+a_{1n}x_n=b_1 \\ a_{21}x_1+a_{22}x_2+\cdots+a_{2n}x_n=b_2 \\ \cdots\cdots \\ a_{m1}x_1+a_{m2}x_2+\cdots+a_{mn}x_n=b_m \end{cases} \tag{4.1}$$

未知数又称为元，n 个未知数的线性方程组也称为 n 元**线性方程组**.

把 m 个方程写成一个矩阵等式，则方程组(4.1)成为

$$\begin{bmatrix} a_{11}x_1+a_{12}x_2+\cdots+a_{1n}x_n \\ a_{21}x_1+a_{22}x_2+\cdots+a_{2n}x_n \\ \vdots \\ a_{m1}x_1+a_{m2}x_2+\cdots+a_{mn}x_n \end{bmatrix}=\begin{bmatrix} b_1 \\ b_2 \\ \vdots \\ b_m \end{bmatrix}.$$

再把左边写成两个矩阵的乘积，就得

$$\begin{bmatrix} a_{11} & a_{12} & \cdots & a_{1n} \\ a_{21} & a_{22} & \cdots & a_{2n} \\ \vdots & \vdots & & \vdots \\ a_{m1} & a_{m2} & \cdots & a_{mn} \end{bmatrix}\begin{bmatrix} x_1 \\ x_2 \\ \vdots \\ x_n \end{bmatrix}=\begin{bmatrix} b_1 \\ b_2 \\ \vdots \\ b_m \end{bmatrix}，\text{简记为 } \boldsymbol{A}\boldsymbol{x}=\boldsymbol{b}， \tag{4.2}$$

其中 $\boldsymbol{A}=\begin{bmatrix} a_{11} & a_{12} & \cdots & a_{1n} \\ a_{21} & a_{22} & \cdots & a_{2n} \\ \vdots & \vdots & & \vdots \\ a_{m1} & a_{m2} & \cdots & a_{mn} \end{bmatrix}$，$\boldsymbol{x}=\begin{bmatrix} x_1 \\ x_2 \\ \vdots \\ x_n \end{bmatrix}$，$\boldsymbol{b}=\begin{bmatrix} b_1 \\ b_2 \\ \vdots \\ b_m \end{bmatrix}$.

$\boldsymbol{A}$ 称为系数矩阵，$\boldsymbol{b}$ 是常数列向量，$\boldsymbol{x}$ 为未知数列向量.

线性方程组(4.1)还可以表示成向量形式：

$$x_1\begin{bmatrix} a_{11} \\ a_{21} \\ \vdots \\ a_{m1} \end{bmatrix}+x_2\begin{bmatrix} a_{12} \\ a_{22} \\ \vdots \\ a_{m2} \end{bmatrix}+\cdots+x_n\begin{bmatrix} a_{1n} \\ a_{2n} \\ \vdots \\ a_{mn} \end{bmatrix}=\begin{bmatrix} b_1 \\ b_2 \\ \vdots \\ b_m \end{bmatrix},$$

简记为

$$x_1\boldsymbol{\alpha}_1+x_2\boldsymbol{\alpha}_2+\cdots+x_n\boldsymbol{\alpha}_n=\boldsymbol{b}, \tag{4.3}$$

其中 $\boldsymbol{\alpha}_1,\boldsymbol{\alpha}_2,\cdots,\boldsymbol{\alpha}_n$ 是系数矩阵 $\boldsymbol{A}$ 的列向量组，$\boldsymbol{b}=(b_1,b_2,\cdots,b_m)^{\mathrm{T}}$ 为常数列向量.

式(4.1),(4.2),(4.3)是同一个线性方程组的不同表示形式，代表的是同一个线性方程组.

当 $\boldsymbol{b}=\boldsymbol{0}$ 时，即 $b_1=b_2=\cdots=b_m=0$ 时，方程组称为齐次的，当 $\boldsymbol{b}\neq\boldsymbol{0}$ 时，即 $b_1,b_2,\cdots,b_m$ 不全为 0 时，方程组称为非齐次的. 非齐次线性方程组 $\boldsymbol{Ax}=\boldsymbol{b}$ 对应的齐次线性方程组，指的是 $\boldsymbol{Ax}=\boldsymbol{0}$，它的系数矩阵 $\boldsymbol{A}$ 与非齐次方程组 $\boldsymbol{Ax}=\boldsymbol{b}$ 的系数矩阵相同(有些书称 $\boldsymbol{Ax}=\boldsymbol{0}$ 为 $\boldsymbol{Ax}=\boldsymbol{b}$ 的导出组).

线性方程组(4.1)的一组解 $x_1=a_1,x_2=a_2,\cdots,x_n=a_n$，今后将写成列向量形式 $\boldsymbol{x}=(a_1,a_2,\cdots,a_n)^{\mathrm{T}}$，称为(4.1)的一个解向量，简称一个解.

一、齐次线性方程组

m 个方程的 n 元齐次线性方程组为

$$\begin{cases}a_{11}x_1+a_{12}x_2+\cdots+a_{1n}x_n=0\\a_{21}x_1+a_{22}x_2+\cdots+a_{2n}x_n=0\\\qquad\cdots\cdots\\a_{m1}x_1+a_{m2}x_2+\cdots+a_{mn}x_n=0\end{cases}\text{，简记为 }\boldsymbol{Ax}=\boldsymbol{0}, \tag{4.4}$$

其中 $\boldsymbol{A}=(a_{ij})_{m\times n}$ 为系数矩阵，$\boldsymbol{x}=(x_1,x_2,\cdots,x_n)^{\mathrm{T}}$，$\boldsymbol{0}=(0,\cdots,0)^{\mathrm{T}}$.

方程组(4.4)的向量形式为

$$x_1\boldsymbol{\alpha}_1+x_2\boldsymbol{\alpha}_2+\cdots+x_n\boldsymbol{\alpha}_n=\boldsymbol{0}, \tag{4.5}$$

其中 $\boldsymbol{\alpha}_1,\boldsymbol{\alpha}_2,\cdots,\boldsymbol{\alpha}_n$ 为 $\boldsymbol{A}$ 的列向量组，$\boldsymbol{0}=(0,\cdots,0)^{\mathrm{T}}$.

齐次线性方程组(4.4)显然有解 $x_1=0,x_2=0,\cdots,x_n=0$，这个解称为零解，记作 $\boldsymbol{x}=\boldsymbol{0}$. 如果齐次方程组(4.4)有解 $\boldsymbol{x}=\boldsymbol{\alpha}=(a_1,a_2,\cdots,a_n)^{\mathrm{T}}$，且 $\boldsymbol{\alpha}\neq\boldsymbol{0}$，即 $a_1,a_2,\cdots,a_n$ 不全为 0，这种解称为非零解. 齐次线性方程组总有零解，但不一定有非零解.

定理 7　设 $\boldsymbol{A}$ 为 $m\times n$ 矩阵，则 n 元齐次线性方程组 $\boldsymbol{Ax}=\boldsymbol{0}$ 有非零解 $\Leftrightarrow$ $\mathrm{R}(\boldsymbol{A})<n$.

当 $m=n$ 时，$\boldsymbol{Ax}=\boldsymbol{0}$ 有非零解 $\Leftrightarrow|\boldsymbol{A}|=0$.

换句话说，齐次线性方程组有非零解的充分必要条件是系数矩阵的秩小于未知数的个数. 当方程个数等于未知数个数时，齐次线性方程组有非零解的充分必要条件是其系数行列式等于零.

推论 3　设 $\boldsymbol{A}$ 为 $m\times n$ 矩阵，则 $\boldsymbol{Ax}=\boldsymbol{0}$ 只有零解 $\Leftrightarrow\mathrm{R}(\boldsymbol{A})=n$.

当 $m=n$ 时，$\boldsymbol{Ax}=\boldsymbol{0}$ 只有零解 $\Leftrightarrow|\boldsymbol{A}|\neq0$.

定理 8　若 $\boldsymbol{x}=\boldsymbol{\xi}_1,\boldsymbol{x}=\boldsymbol{\xi}_2$ 是齐次方程组 $\boldsymbol{Ax}=\boldsymbol{0}$ 的解，k 是任意数，则 $\boldsymbol{x}=\boldsymbol{\xi}_1+\boldsymbol{\xi}_2$ 及 $\boldsymbol{x}=k\boldsymbol{\xi}_1$ 也是 $\boldsymbol{Ax}=\boldsymbol{0}$ 的解.

由定理 8 可知，若 $\boldsymbol{x}=\boldsymbol{\xi}_1,\boldsymbol{\xi}_2,\cdots,\boldsymbol{\xi}_t$ 是 $\boldsymbol{Ax}=\boldsymbol{0}$ 的解，则 $\boldsymbol{x}=k_1\boldsymbol{\xi}_1+k_2\boldsymbol{\xi}_2+\cdots+k_t\boldsymbol{\xi}_t$ 也是 $\boldsymbol{Ax}=\boldsymbol{0}$ 解，其中 $k_1,k_2,\cdots,k_t$ 是任意常数.

$\boldsymbol{Ax}=\mathbf{0}$ 的所有解组成的集合记作 S,即 $S=\{\boldsymbol{x}\mid \boldsymbol{Ax}=\mathbf{0}\}$,称为方程组 $\boldsymbol{Ax}=\mathbf{0}$ 的解集. 定理 8 说明 S 关于向量的加法及数乘运算封闭,故 S 为向量空间,称为 $\boldsymbol{Ax}=\mathbf{0}$ 的解空间,S 的秩 $\mathrm{R}(S)$就是 S 的维数,S 的最大线性无关组就是 S 的基.

定义 20 齐次线性方程组 $\boldsymbol{Ax}=\mathbf{0}$ 的所有解组成的解集 S 的最大线性无关组 $\boldsymbol{\xi}_1,\boldsymbol{\xi}_2,\cdots,\boldsymbol{\xi}_t$ 称为方程组 $\boldsymbol{Ax}=\mathbf{0}$ 的**基础解系**. 根据最大线性无关组的性质,$\boldsymbol{\xi}_1,\boldsymbol{\xi}_2,\cdots,\boldsymbol{\xi}_t$ 为 $\boldsymbol{Ax}=\mathbf{0}$ 的基础解系的充要条件为 $\boldsymbol{\xi}_1,\boldsymbol{\xi}_2,\cdots,\boldsymbol{\xi}_t$ 满足以下两个条件:

(1)$\boldsymbol{\xi}_1,\boldsymbol{\xi}_2,\cdots,\boldsymbol{\xi}_t$ 是 $\boldsymbol{Ax}=\mathbf{0}$ 的线性无关解向量;

(2)$\boldsymbol{Ax}=\mathbf{0}$ 的任何一个解 $\boldsymbol{\xi}$ 都可由 $\boldsymbol{\xi}_1,\boldsymbol{\xi}_2,\cdots,\boldsymbol{\xi}_t$ 线性表示.

定理 9 设 $\boldsymbol{A}$ 为 $m\times n$ 矩阵,则齐次方程组 $\boldsymbol{Ax}=\mathbf{0}$ 的基础解系所含的向量个数为 $n-\mathrm{R}(\boldsymbol{A})$($n$ 为未知数的个数).

因为 $\boldsymbol{Ax}=\mathbf{0}$ 的基础解系就是 $\boldsymbol{Ax}=\mathbf{0}$ 的解集 S 的最大线性无关组,其个数就是解集 S 的秩. 因此,定理 9 可改述为 $\mathrm{R}(S)=n-\mathrm{R}(\boldsymbol{A})$,即 $\mathrm{R}(\boldsymbol{A})+\mathrm{R}(S)=n$($n$ 为未知数个数).

定理 10 若 $\boldsymbol{Ax}=\mathbf{0}$ 的基础解系为 $\boldsymbol{\xi}_1,\boldsymbol{\xi}_2,\cdots,\boldsymbol{\xi}_{n-r}$,则 $\boldsymbol{Ax}=\mathbf{0}$ 的所有解(称为通解)为 $\boldsymbol{x}=\boldsymbol{k}_1\boldsymbol{\xi}_1+\boldsymbol{k}_2\boldsymbol{\xi}_2+\cdots+\boldsymbol{k}_{n-r}\boldsymbol{\xi}_{n-r}$. 其中,$\boldsymbol{k}_1,\boldsymbol{k}_2,\cdots,\boldsymbol{k}_{n-r}$ 为任意常数,$\boldsymbol{r}=\mathbf{R}(\boldsymbol{A})$,$n$ 为未知数个数.

由此,解齐次线性方程组 $\boldsymbol{Ax}=\mathbf{0}$,就是要求其基础解系.

二、非齐次线性方程组

m 个方程 n 个未知数 $x_1,x_2,\cdots,x_n$ 的非齐次线性方程组为

$$\begin{cases} a_{11}x_1+a_{12}x_2+\cdots+a_{1n}x_n=b_1 \\ a_{21}x_1+a_{22}x_2+\cdots+a_{2n}x_n=b_2 \\ \cdots\cdots \\ a_{m1}x_1+a_{m2}x_2+\cdots+a_{mn}x_n=b_m \end{cases},\text{简记为 } \boldsymbol{Ax}=\boldsymbol{b}, \tag{4.6}$$

其中 $\boldsymbol{A}=(a_{ij})_{m\times n}$称为系数矩阵,$\boldsymbol{b}=(b_1,b_2,\cdots,b_m)^{\mathrm{T}}\neq\mathbf{0}$,即 $b_1,b_2,\cdots,b_m$ 不全为零. $\boldsymbol{x}=(x_1,x_2,\cdots,x_n)^{\mathrm{T}}$ 为未知数列向量. $[\boldsymbol{A},\boldsymbol{b}]$称为**增广矩阵**.

方程组(4.5)的向量形式为

$$x_1\boldsymbol{\alpha}_1+x_2\boldsymbol{\alpha}_2+\cdots+x_n\boldsymbol{\alpha}_n=\boldsymbol{b}, \tag{4.7}$$

其中 $\boldsymbol{\alpha}_1,\boldsymbol{\alpha}_2,\cdots,\boldsymbol{\alpha}_n$ 是系数矩阵 $\boldsymbol{A}$ 的列向量组,$\boldsymbol{b}=(b_1,b_2,\cdots,b_m)^{\mathrm{T}}\neq\mathbf{0}$,非齐次线性方程组 $\boldsymbol{Ax}=\boldsymbol{b}$ 不一定有解.

定理 11 非齐次线性方程组 $\boldsymbol{Ax}=\boldsymbol{b}$ 有解$\Leftrightarrow\mathrm{R}([\boldsymbol{A},\boldsymbol{b}])=\mathrm{R}(\boldsymbol{A})$.

定理 12 (1)若 $\boldsymbol{x}=\boldsymbol{\eta}_1$ 及 $\boldsymbol{x}=\boldsymbol{\eta}_2$ 是非齐次方程组 $\boldsymbol{Ax}=\boldsymbol{b}$ 的两个解,则 $\boldsymbol{x}=\boldsymbol{y}_1-\boldsymbol{y}_2$ 是对应齐次方程组 $\boldsymbol{Ax}=\mathbf{0}$ 的解.

(2)若 $\boldsymbol{x}=\boldsymbol{\eta}^*$ 是非齐次方程组 $\boldsymbol{Ax}=\boldsymbol{b}$ 的一个解,$\boldsymbol{x}=\boldsymbol{\xi}$ 是对应齐次方程组 $\boldsymbol{Ax}=\mathbf{0}$ 的解,则 $\boldsymbol{x}=\boldsymbol{\eta}^*+\boldsymbol{\xi}$ 是非齐次方程组 $\boldsymbol{Ax}=\boldsymbol{b}$ 的解.

定理 13 若 $x=\eta^*$ 是非齐次方程组 $\boldsymbol{Ax}=\boldsymbol{b}$ 的一个解,$\boldsymbol{\xi}_1,\boldsymbol{\xi}_2,\cdots,\boldsymbol{\xi}_{n-r}$是对应齐次方程组 $\boldsymbol{Ax}=\mathbf{0}$ 的基础解系,则非齐次方程组 $\boldsymbol{Ax}=\boldsymbol{b}$ 的所有解(称为通

解)为

$$x=\eta^{*}-k_1\xi_1+k_2\xi_2+\cdots+k_{n-r}\xi_{n-r}, \tag{4.8}$$

其中 $k_1,k_2,\cdots,k_{n-r}$ 为任意常数.

三、用初等变换解线性方程组

m 个方程 n 个未知数的线性方程组为

$$\begin{cases}a_{11}x_1+a_{12}x_2+\cdots+a_{1n}x_n=b_1\\ a_{21}x_1+a_{22}x_2+\cdots+a_{2n}x_n=b_2\\ \cdots\cdots\\ a_{m1}x_1+a_{m2}x_2+\cdots+a_{mn}x_n=b_m\end{cases}，简记为 \boldsymbol{Ax}=\boldsymbol{b}, \tag{4.9}$$

其中 $\boldsymbol{A}=(a_{ij})_{m\times n},\boldsymbol{b}=(b_1,b_2,\cdots,b_m)^{\mathrm{T}},\boldsymbol{x}=(x_1,x_2,\cdots,x_n)^{\mathrm{T}}$.

对方程组(4.9)进行以下三种变换，称为**方程组(4.9)的初等变换**：

(1)交换两个方程的位置；

(2)以 $k\neq 0$ 乘某个方程；

(3)以 k 乘某方程加到另一个方程.

定理 14　线性方程组(4.9)经初等变换后，得到的新方程组与原方程组(4.9)同解.

对方程组作初等变换，相当于对增广矩阵 $[\boldsymbol{A},\boldsymbol{b}]$ 作行初等变换. 因此，得到用**初等变换解线性方程组的步骤**如下：

第一，写出增广矩阵 $[\boldsymbol{A},\boldsymbol{b}]$(若是齐次方程组，只要写出系数矩阵 $\boldsymbol{A}$)；

第二，对 $[\boldsymbol{A},\boldsymbol{b}]$(或 $\boldsymbol{A}$)作行初等变换，使其化成阶梯形矩阵，通过同解方程组判断其是否有解，有多少个解；

第三，若有解，通过同解方程组求其通解(或求其基础解系).

例 1　设齐次线性方程组为 $\begin{cases}2x_1-4x_2+5x_3+3x_4=0\\ 3x_1-6x_2+4x_3+2x_4=0\\ 4x_1-8x_2+17x_3+11x_4=0\end{cases}$ 求方程组的基础解系及通解.

解　对系数矩阵 $\boldsymbol{A}$ 作行初等变换，化为阶梯形矩阵. 过程如下：

$$\boldsymbol{A}=\begin{bmatrix}2&-4&5&3\\3&-6&4&2\\4&-8&17&11\end{bmatrix}\xrightarrow[r_3-2r_1]{r_2-\frac{3}{2}r_1}\begin{bmatrix}2&-4&5&3\\0&0&-\frac{7}{2}&-\frac{5}{2}\\0&0&7&5\end{bmatrix}$$

$$\xrightarrow[-\frac{2}{7}r_2]{\frac{1}{2}r_1}\begin{bmatrix}1&-2&\frac{5}{2}&\frac{3}{2}\\0&0&1&\frac{5}{7}\\0&0&7&5\end{bmatrix}\xrightarrow[r_3-7r_2]{r_1-\frac{5}{2}r_2}\begin{bmatrix}1&-2&0&-\frac{2}{7}\\0&0&1&\frac{5}{7}\\0&0&0&0\end{bmatrix}=\boldsymbol{B}.$$

阶梯形矩阵 $\boldsymbol{B}$ 有两个非零行，秩为 2，故 $\mathrm{R}(\boldsymbol{A})=2$. 基础解系所含向量个数为 $4-2=2$. 因此，任意求出两个线性无关解就是基础解系.

以 $\boldsymbol{B}$ 为系数矩阵的齐次方程组就是原方程组的同解方程组，同解方程组为

$$\begin{cases}x_1-2x_2-\dfrac{2}{7}x_4=0\\ x_3+\dfrac{5}{7}x_4=0\end{cases} \text{或} \begin{cases}x_1=2x_2+\dfrac{2}{7}x_4\\ x_3=-\dfrac{5}{7}x_4\end{cases}$$

取 $x_2=1,x_4=0$，则 $x_1=2,x_3=0$，得解 $\boldsymbol{x}=\boldsymbol{\xi}_1=(2,1,0,0)^{\mathrm{T}}$.

取 $x_2=0,x_4=1$，则 $x_1=\dfrac{2}{7},x_3=-\dfrac{5}{7}$，得解 $\boldsymbol{x}=\boldsymbol{\xi}_2=\left(\dfrac{2}{7},0,-\dfrac{5}{7},1\right)^{\mathrm{T}}$.

以 $\boldsymbol{\xi}_1,\boldsymbol{\xi}_2$ 作为列向量的矩阵 $[\boldsymbol{\xi}_1,\boldsymbol{\xi}_2]$ 中，有一个二阶子式 $\begin{vmatrix}1 & 0\\ 0 & 1\end{vmatrix}=1\neq0$. 没有更高阶子式，故 $[\boldsymbol{\xi}_1,\boldsymbol{\xi}_2]$ 的秩为 2，即 $\mathrm{R}(\boldsymbol{\xi}_1,\boldsymbol{\xi}_2)=2$，故 $\boldsymbol{\xi}_1,\boldsymbol{\xi}_2$ 线性无关. 因此，$\boldsymbol{\xi}_1,\boldsymbol{\xi}_2$ 为方程组的基础解系，方程组的通解为 $\boldsymbol{x}=k_1\boldsymbol{\xi}_1+k_2\boldsymbol{\xi}_2$，其中 k_1,k_2 为任意常数.

要基础解系中不带有分数的分量，可换个取法. 即

取 $x_2=1,x_4=0$，则 $x_1=2,x_3=0$，得解 $\boldsymbol{x}=\boldsymbol{\xi}_1=(2,1,0,0)^{\mathrm{T}}$.

取 $x_2=0,x_4=7$，则 $x_1=2,x_3=-5$，得解 $\boldsymbol{x}=\boldsymbol{\xi}_3=(2,0,-5,7)^{\mathrm{T}}$.

同样得到线性无关解 $\boldsymbol{\xi}_1,\boldsymbol{\xi}_3$，它也是基础解系，通解为 $\boldsymbol{x}=k_1\boldsymbol{\xi}_1+k_2\boldsymbol{\xi}_3$（$k_1$，$k_2$ 为任意常数）. 可见方程组的基础解系不唯一.

实际上，对于本例来说，任取 $x_2=a_2,x_4=a_4$，再取 $x_2=b_2,x_4=b_4$，只要满足 $\begin{vmatrix}a_2 & a_4\\ b_2 & b_4\end{vmatrix}\neq0$，则所得的两个解 $\boldsymbol{x}=\boldsymbol{\alpha}_1=(a_1,a_2,a_3,a_4)^{\mathrm{T}}$ 及 $\boldsymbol{x}=\boldsymbol{\alpha}_2=(b_1,b_2,b_3,b_4)^{\mathrm{T}}$ 就是方程组的基础解系，可见有无穷多种选取方法. 同一个方程组的不同的基础解系都可以互相线性表示，即都是等价的.

例 2 k 为何值时，线性方程组 $\begin{cases}x_1+x_2+kx_3=4\\ -x_1+kx_2+x_3=k^2\\ x_1-x_2+2x_3=-4\end{cases}$ 有唯一解、无解、有无穷多组解？在有解情况下，求出其全部解.

解 写出增广矩阵 $\boldsymbol{B}=[\boldsymbol{A},\boldsymbol{b}]$，作行初等变换，得

$$\boldsymbol{B}=\begin{bmatrix}1 & 1 & k & 4\\ -1 & k & 1 & k^2\\ 1 & -1 & 2 & -4\end{bmatrix}\xrightarrow[r_3-r_1]{r_2+r_1}\begin{bmatrix}1 & 1 & k & 4\\ 0 & k+1 & k+1 & k^2+4\\ 0 & -2 & 2-k & -8\end{bmatrix}$$

$$\xrightarrow{r_2\leftrightarrow r_3}\begin{bmatrix}1 & 1 & k & 4\\ 0 & -2 & 2-k & -8\\ 0 & k+1 & k+1 & k^2+4\end{bmatrix}\xrightarrow{-\frac{1}{2}r_2}\begin{bmatrix}1 & 1 & k & 4\\ 0 & 1 & \dfrac{k-2}{2} & 4\\ 0 & k+1 & k+1 & k^2+4\end{bmatrix}$$

$$\xrightarrow[r_3-(k+1)r_2]{r_1-r_2}\begin{bmatrix}1 & 0 & \frac{k+2}{2} & 0\\ 0 & 1 & \frac{k-2}{2} & 4\\ 0 & 0 & \frac{(k+1)(4-k)}{2} & k(k-4)\end{bmatrix}=\boldsymbol{C}.$$

当 $k\neq-1$ 且 $k\neq4$ 时，$R(\boldsymbol{B})=R(\boldsymbol{A})=3$，方程组有唯一解.

为了求出唯一解，可再对增广矩阵 $\boldsymbol{B}$ 作行初等变换如下：

$$\boldsymbol{B}\xrightarrow{\text{行}}\begin{bmatrix}1 & 0 & \frac{k+2}{2} & 0\\ 0 & 1 & \frac{k-2}{2} & 4\\ 0 & 0 & 1 & \frac{-2k}{k+1}\end{bmatrix}\xrightarrow{\text{行}}\begin{bmatrix}1 & 0 & 0 & \frac{k^2+2k}{k+1}\\ 0 & 1 & 0 & \frac{k^2+2k+4}{k+1}\\ 0 & 0 & 1 & \frac{-2k}{k+1}\end{bmatrix}.$$

写出最后矩阵对应的同解方程组，就得唯一解为

$x_1=\frac{k^2+2k}{k+1}$，$x_2=\frac{k^2+2k+4}{k+1}$，$x_3=\frac{-2k}{k+1}$.

当 $k=-1$ 时，增广矩阵化为 $\boldsymbol{B}\to\boldsymbol{C}=\begin{bmatrix}1 & 0 & \frac{1}{2} & 0\\ 0 & 1 & -\frac{3}{2} & 4\\ 0 & 0 & 0 & 5\end{bmatrix}$.

可见 $R(\boldsymbol{A})=2$，$R(\boldsymbol{B})=3$，$R(\boldsymbol{A})\neq R(\boldsymbol{B})$，方程组无解.

当 $k=4$ 时，增广矩阵化为 $\boldsymbol{B}\to\boldsymbol{C}=\begin{bmatrix}1 & 0 & 3 & 0\\ 0 & 1 & 1 & 4\\ 0 & 0 & 0 & 0\end{bmatrix}$，$R(\boldsymbol{B})=R(\boldsymbol{A})=2<3$，方程组有无穷多组解.

写出同解方程组，得 $\begin{cases}x_1+3x_3=0\\ x_2+x_3=4\end{cases}$ 或 $\begin{cases}x_1=-3x_3\\ x_2=4-x_3\end{cases}$.

令 $x_3=k$，得通解为 $x_1=-3k$，$x_2=4-k$，$x_3=k$ （k 为任意常数），写成列向量形式为

$$\boldsymbol{x}=\begin{bmatrix}x_1\\ x_2\\ x_3\end{bmatrix}=\begin{bmatrix}-3k\\ 4-k\\ k\end{bmatrix}=k\begin{bmatrix}-3\\ -1\\ 1\end{bmatrix}+\begin{bmatrix}0\\ 4\\ 0\end{bmatrix}.$$

习题 4.4

基本题

1. 求下列齐次线性方程组的通解：$\begin{cases}x-y+2z=0\\ 3x-5y-z=0\\ 3x-7y-8z=0\end{cases}$.

2. 设齐次线性方程组为$\begin{cases}x_1-2x_2+5x_3+x_4=0,\\2x_1-3x_2+4x_3-2x_4=0,\\3x_1+4x_2+5x_3-10x_4=0,\end{cases}$求方程组的基础解系及通解.

一般题

3. 已知非齐次线性方程组：$\begin{cases}2x_1-4x_2+2x_3-3x_4=1,\\-3x_1+6x_2+4x_3+2x_4=2,\\x_1-x_2+5x_3+15x_4=-1,\end{cases}$求所有的解.

提高题

4. 写出一个以 $\boldsymbol{x}=c_1\begin{bmatrix}2\\-3\\1\\0\end{bmatrix}+c_2\begin{bmatrix}-2\\4\\0\\1\end{bmatrix}$为通解的齐次线性方程组.

第五节　矩阵的特征值与特征向量

定义 21　设 $\boldsymbol{A}$ 是 n 阶方阵，如果有数 λ 和 n 维非零向量 $\boldsymbol{x}$ 使 $\boldsymbol{A}\boldsymbol{x}=\lambda\boldsymbol{x}$ 成立，则称数 λ 为方阵 $\boldsymbol{A}$ 的特征值，非零向量 $\boldsymbol{x}$ 为 $\boldsymbol{A}$ 的对应于特征值 λ 的**特征向量**，$\boldsymbol{A}-\lambda\boldsymbol{E}$ 为 $\boldsymbol{A}$ 的特征矩阵.

称关于 λ 的一元 n 阶方程组的行列式 $|\lambda\boldsymbol{E}-\boldsymbol{A}|=0$ 为矩阵 $\boldsymbol{A}$ 的特征方程，称 λ 的一元 n 次多项式 $f(\lambda)=|\lambda\boldsymbol{E}-\boldsymbol{A}|$ 为矩阵 $\boldsymbol{A}$ 的特征多项式.

注意　n 阶方阵 $\boldsymbol{A}$ 的特征值 λ，就是使齐次线性方程组 $(\lambda\boldsymbol{E}-\boldsymbol{A})\boldsymbol{x}=\boldsymbol{0}$ 有非零解的值，即满足方程 $|\lambda\boldsymbol{E}-\boldsymbol{A}|=0$ 的 λ 都是矩阵 $\boldsymbol{A}$ 的特征值.

特征值与特征向量的求法.

(1)计算 $\boldsymbol{A}$ 的特征多项式 $f(\lambda)=|\lambda\boldsymbol{E}-\boldsymbol{A}|$；

(2)求出特征方程 $f(\lambda)=|\lambda\boldsymbol{E}-\boldsymbol{A}|=0$ 的全部根 $\lambda_1,\lambda_2,\cdots,\lambda_n$，即为 $\boldsymbol{A}$ 的全部特征值；

(3)对每个 λ_i，求出齐次线性方程组 $(\lambda_i\boldsymbol{E}-\boldsymbol{A})\boldsymbol{x}=\boldsymbol{0}$ 的基础解系 $\boldsymbol{\alpha}_1,\boldsymbol{\alpha}_2,\cdots,\boldsymbol{\alpha}_{n-r}$，其中 r 为矩阵 $\lambda_i\boldsymbol{E}-\boldsymbol{A}$ 的秩，则矩阵 $\boldsymbol{A}$ 的属于特征值 λ_i 的全部特征向量为 $k_1\boldsymbol{\alpha}_1+k_2\boldsymbol{\alpha}_2+\cdots+k_{n-r}\boldsymbol{\alpha}_{n-r}$，其中 $k_1,k_2,\cdots,k_{n-r}$ 为不全为零的常数.

例 1　求 $\boldsymbol{A}=\begin{bmatrix}0&-1&-1\\-1&0&-1\\-1&-1&0\end{bmatrix}$ 的特征值及对应的特征向量.

解　$$|\lambda\boldsymbol{E}-\boldsymbol{A}|=\begin{vmatrix}\lambda&1&1\\1&\lambda&1\\1&1&\lambda\end{vmatrix}=\begin{vmatrix}\lambda+2&1&1\\\lambda+2&\lambda&1\\\lambda+2&1&\lambda\end{vmatrix}$$

$$=(\lambda+2)\begin{vmatrix}1&1&1\\1&\lambda&1\\1&1&\lambda\end{vmatrix}$$

$$=(\lambda+2)\begin{vmatrix}1&1&1\\0&\lambda-1&0\\0&0&\lambda-1\end{vmatrix}$$

$$=(\lambda+2)(\lambda-1)^2.$$

令 $|\lambda\boldsymbol{E}-\boldsymbol{A}|=0$ 得：$\lambda_1=\lambda_2=1,\lambda_3=-2$.

当 $\lambda_1=\lambda_2=1$ 时，解齐次线性方程组 $(\boldsymbol{E}-\boldsymbol{A})\boldsymbol{x}=\boldsymbol{0}$.

即 $\boldsymbol{E}-\boldsymbol{A}=\begin{bmatrix}1&1&1\\1&1&1\\1&1&1\end{bmatrix}\to\begin{bmatrix}1&1&1\\0&0&0\\0&0&0\end{bmatrix}$.

可知 $\mathrm{R}(\boldsymbol{E}-\boldsymbol{A})=1$，取 x_2,x_3 为自由未知量，对应的方程为 $x_1+x_2+x_3=0$.

求得一个基础解系为 $\boldsymbol{\alpha}_1=(-1,1,0)^{\mathrm{T}},\boldsymbol{\alpha}_2=(-1,0,1)^{\mathrm{T}}$，所以 $\boldsymbol{A}$ 的属于特征值 1 的全部特征向量为 $k_1\boldsymbol{\alpha}_1+k_2\boldsymbol{\alpha}_2$，其中 k_1,k_2 为不全为零的常数.

当 $\lambda_3=-2$ 时，解齐次线性方程组 $(-2\boldsymbol{E}-\boldsymbol{A})\boldsymbol{x}=\boldsymbol{0}$，

$$-2\boldsymbol{E}-\boldsymbol{A}=\begin{bmatrix}-2&1&1\\1&-2&1\\1&1&-2\end{bmatrix}\to\begin{bmatrix}1&1&-2\\1&-2&1\\-2&1&1\end{bmatrix}\to\begin{bmatrix}1&1&-2\\0&-3&3\\0&3&-3\end{bmatrix}\to\begin{bmatrix}1&1&-2\\0&1&-1\\0&0&0\end{bmatrix},$$

$\mathrm{R}(-2\boldsymbol{E}-\boldsymbol{A})=2$，取 x_3 为自由未知量，对应的方程组为

$$\begin{cases}x_1+x_2-2x_3=0\\x_2-x_3=0\end{cases}.$$

求得它的一个基础解系为 $\boldsymbol{\alpha}_3=\begin{bmatrix}1\\1\\1\end{bmatrix}$，所以 $\boldsymbol{A}$ 的属于特征值 -2 的全部特征向量为 $k_3\boldsymbol{\alpha}_3$，其中 k_3 是不为零的常数.

习题 4.5

基本题

1. 求 $\boldsymbol{A}=\begin{bmatrix}0&1&0\\0&0&1\\0&0&0\end{bmatrix}$ 的特征值及对应的特征向量.

2. 求 $\boldsymbol{A}=\begin{bmatrix}2&-2&0\\-2&1&-2\\0&-2&0\end{bmatrix}$ 的特征值及对应的特征向量.

3. 求 $\boldsymbol{A}=\begin{bmatrix}1&2&2\\2&1&-2\\-2&-2&1\end{bmatrix}$ 的特征值及对应的特征向量.

一般题

4. 若三阶方阵 $\mathbf{A}$ 的特征值为 $\lambda_1=6,\lambda_2=\lambda_3=3$，其对应的特征向量为 $\boldsymbol{\alpha}_1=(1,1,1)^{\mathrm{T}},\boldsymbol{\alpha}_2=(-1,0,1)^{\mathrm{T}},\boldsymbol{\alpha}_3=(1,-2,1)^{\mathrm{T}}$，求 $\mathbf{A},|\mathbf{A}^5|$.

提高题

5. 已知 $\boldsymbol{\alpha}=\begin{bmatrix}1\\1\\-1\end{bmatrix}$ 是 $\mathbf{A}=\begin{bmatrix}2&-1&2\\5&a&3\\-1&b&-2\end{bmatrix}$ 的一个特征向量，试确定参数 a,b 及特征向量 $\boldsymbol{\alpha}$ 所对应的特征值.

延伸阅读　我国著名数学家李善兰

李善兰(1811—1882)，浙江海宁县硖石镇人，是中国清代数学家、天文学家、翻译家和教育家，微积分学在中国的最早传播者. 自幼酷爱数学，曾学习、研读了《九章算术》《几何原本》(徐光启、利玛窦合译)前六卷、《测圆海镜》《勾股割圆记》等著作. 1845 年前后发表了具有解析几何思想和微积分方法的数学研究成果——“尖锥术”. 1852—1859 年，李善兰在上海墨海书馆与英国传教士、汉学家伟烈亚力等人合作翻译出版了《几何原本》后九卷，以及《代数学》《代微积拾级》《谈天》《重学》《圆锥曲线说》《植物学》等西方近代科学著作，又译《奈端数理》(牛顿《自然哲学的数学原理》)四册(未刊)，这是解析几何、微积分、哥白尼日心说、牛顿力学、近代植物学传入中国的开端.

李善兰的翻译工作是有独创性的，他创译了许多科学名词，如“代数”“函数”“方程式”“微分”“积分”“级数”“植物”“细胞”等，匠心独运，切贴恰当，不仅在中国流传，而且东渡日本，沿用至今. 李善兰为微积分在中国的传播和发展作出了开创性的贡献.

本章小结

一、行列式

1. 行列式的定义.

2. 行列式依行(列)展开. 余子式 M_{ij}、代数余子式 $A_{ij}=(-1)^{i+j}M_{ij}$；设 n 阶行列式 D，则

按第 i 行展开式　$D=a_{i1}A_{i1}+a_{i2}A_{i2}+\cdots+a_{in}A_{in}\quad(i=1,2,\cdots,n)$.

按第 j 列展开式　$D=a_{1j}A_{1j}+a_{2j}A_{2j}+\cdots+a_{nj}A_{nj}\quad(j=1,2,\cdots,n)$.

二、矩阵

1. 矩阵的概念：$\boldsymbol{A}_{m\times n}$(零矩阵、负矩阵、行矩阵、列矩阵、$n$ 阶方阵、相等矩阵).

2. 矩阵的运算：

加法(同型矩阵)——交换律、结合律；

数乘 $k\boldsymbol{A}=(ka_{ij})_{m\times n}$——分配律、结合律；

乘法 $\boldsymbol{AB}=(a_{ik})_{m\times l}(b_{kj})_{l\times n}=(\sum\limits_{k=1}^{l}a_{ik}b_{kj})_{m\times n}$，注意什么时候有意义；

一般 $\boldsymbol{AB}\neq\boldsymbol{BA}$，不满足消去律；由 $\boldsymbol{AB}=\boldsymbol{O}$，不能得 $\boldsymbol{A}=\boldsymbol{O}$ 或 $\boldsymbol{B}=\boldsymbol{O}$；

方幂：$\boldsymbol{A}^{k_1}\boldsymbol{A}^{k_2}=\boldsymbol{A}^{k_1+k_2}$；$(\boldsymbol{A}^{k_1})^{k_2}=\boldsymbol{A}^{k_1+k_2}$.

3. 矩阵的转置 $(\boldsymbol{A}^{\mathrm{T}})^{\mathrm{T}}=\boldsymbol{A}$；$(\boldsymbol{A}+\boldsymbol{B})^{\mathrm{T}}=\boldsymbol{A}^{\mathrm{T}}+\boldsymbol{B}^{\mathrm{T}}$；$(k\boldsymbol{A})^{\mathrm{T}}=k\boldsymbol{A}^{\mathrm{T}}$.

4. 几种特殊的矩阵.

(1)对角矩阵：若 $\boldsymbol{AB}$ 都是 n 阶对角阵，k 是数，则 $k\boldsymbol{A}$，$\boldsymbol{A}+\boldsymbol{B}$，$\boldsymbol{AB}$ 都是 n 阶对角矩阵.

(2)逆矩阵：设 $\boldsymbol{A}$ 是 n 阶方阵，若存在 n 阶方阵 $\boldsymbol{B}$，有 $\boldsymbol{AB}=\boldsymbol{BA}=\boldsymbol{I}$. 则称 $\boldsymbol{A}$ 是可逆的，$\boldsymbol{A}^{-1}=\boldsymbol{B}$(非奇异矩阵、奇异矩阵 $|\boldsymbol{A}|=0$、伴随矩阵).

(3)初等变换：①交换两行(列)；②非零数 k 乘某一行(列)；③将某行(列)的 k 倍加到另一行(列). 初等变换不改变矩阵的可逆性，初等矩阵都可逆.

(4)矩阵的秩 $\mathrm{R}(\boldsymbol{A})$：对满秩矩阵，若 $\boldsymbol{A}$ 可逆，则满秩；若 $\boldsymbol{A}$ 是非奇异矩阵，则 $\mathrm{R}(\boldsymbol{AB})=\mathrm{R}(\boldsymbol{B})$，初等变换不改变矩阵的秩.

5. 判断矩阵是否可逆：充要条件是 $|\boldsymbol{A}|\neq0$，此时 $\boldsymbol{A}^{-1}=\dfrac{1}{|\boldsymbol{A}|}\boldsymbol{A}^{*}$.

6. 初等矩阵与矩阵乘法的关系：

设 $\boldsymbol{A}=(a_{ij})_{m\times n}$ 是 $m\times n$ 阶矩阵，则对 $\boldsymbol{A}$ 的行实行一次初等变换得到的矩阵，等于用同等的 m 阶初等矩阵左乘以 $\boldsymbol{A}$；对 $\boldsymbol{A}$ 的列实行一次初等变换得到的矩阵，等于用同种 n 阶初等矩阵右乘以 $\boldsymbol{A}$.

三、向量组的线性相关性

1. n 维向量的定义及其运算；

2. 向量组的线性相关和线性无关的定义与判定方法；

3. 向量组的秩. 向量组 A 中最大线性无关组所含向量的个数 r，称为向量组 A 的秩. 只含零向量的向量组没有最大线性无关组，规定其秩为 0. 向量组 A 的秩记为 $\mathrm{R}(A)$ 或秩(A).

4. 极大线性无关组及其求法. 设 A 是 n 维向量组(A 中所含有的向量个数可以是有限个，也可以是无限多个). 如果：

(1)A 中有 r 个向量 $\boldsymbol{\alpha}_1,\boldsymbol{\alpha}_2,\cdots,\boldsymbol{\alpha}_r$ 线性无关；

(2)A 中任意 $r+1$ 个向量(若存在的话)都线性相关.

则称 $\boldsymbol{\alpha}_1,\boldsymbol{\alpha}_2,\cdots,\boldsymbol{\alpha}_r$ 为 A 中的一个最大线性无关组，简称为最大无关组.

四、线性方程组

1. 非齐次线性方程组：增广矩阵$\xrightarrow{\text{简化}}$阶梯形矩阵.

增广矩 $\boldsymbol{\beta}=[\boldsymbol{A},\boldsymbol{b}]$，若 $\mathrm{R}(\boldsymbol{A})=\mathrm{R}(\boldsymbol{B})=r$，当 $r=n$ 时，有唯一解；当 $r\neq n$ 时，有无穷多解；若 $\mathrm{R}(\boldsymbol{A})\neq\mathrm{R}(\boldsymbol{B})$，则无解.

2. 齐次线性方程组：仅有零解的充要条件是 $\mathrm{R}(\boldsymbol{A})=n$，有非零解的充要条件是 $\mathrm{R}(\boldsymbol{A})<n$；当齐次线性方程组的方程个数小于未知量个数时，一定有非零解；当齐次线性方程组方程个数等于未知量个数，有非零解的充要条件是 $|\boldsymbol{A}|=0$；齐次线性方程组若有非零解，一定是无穷多个.

3. n 维向量：由 n 个实数组成的 n 元有序数组，用希腊字母表示（加法数乘）.

特殊的向量：行（列）向量，零向量 $\mathbf{0}$，负向量，相等向量，转置向量.

4. 齐次线性方程组解的结构：齐次线性方程组的解为 $\boldsymbol{\alpha}_1,\boldsymbol{\alpha}_2,\cdots,\boldsymbol{\alpha}_s$.

(1)两个解的和 $\boldsymbol{\alpha}_1+\boldsymbol{\alpha}_2$ 仍是它的解；

(2)解的任意倍数 $k\boldsymbol{\alpha}$ 还是它的解；

(3)解的线性组合 $c_1\boldsymbol{\alpha}_1+c_2\boldsymbol{\alpha}_2+\cdots+c_s\boldsymbol{\alpha}_s$ 也是它的解，$c_1,c_2,\cdots,c_s$ 是任意常数.

5. 非齐次线性方程组解的结构：解为 $\boldsymbol{\mu}_1,\boldsymbol{\mu}_2$ 的两个解的差 $\boldsymbol{\mu}_1-\boldsymbol{\mu}_2$ 仍是它的解；若 $\boldsymbol{\mu}$ 是非齐次线性方程组 $\boldsymbol{Ax}=\boldsymbol{b}$ 的一个解，$\boldsymbol{v}$ 是其导出组 $\boldsymbol{Ax}=\mathbf{0}$ 的一个解，则 $\boldsymbol{\mu}+\boldsymbol{v}$ 是 $\boldsymbol{Ax}=\boldsymbol{b}$ 的一个解.

五、矩阵的特征值和特征向量

1. 特征值和特征向量的定义与求法：设 $\boldsymbol{A}$ 是 n 阶方阵，如果数 λ 和 n 维非零向量 $\boldsymbol{x}$ 使 $\boldsymbol{Ax}=\lambda\boldsymbol{x}$ 成立，则称数 λ 为方阵 $\boldsymbol{A}$ 的特征值，非零向量 $\boldsymbol{x}$ 称为 $\boldsymbol{A}$ 的对应于特征值 λ 的特征向量.

2. 特征方程的定义：称关于 λ 的一元 n 阶方程组的行列式 $|\lambda\boldsymbol{E}-\boldsymbol{A}|=0$ 为矩阵 $\boldsymbol{A}$ 的特征方程，称 λ 的一元 n 阶多项式 $f(\lambda)=|\lambda\boldsymbol{E}-\boldsymbol{A}|$ 为矩阵 $\boldsymbol{A}$ 的特征多项式.

总习题

1. 计算下列行列式：

(1) $\begin{vmatrix} 1 & 2 & 1 \\ 2 & 4 & 2 \\ 10 & 14 & 13 \end{vmatrix}$；　　(2) $\begin{vmatrix} 1 & 2\,000 & 2\,001 & 2\,002 \\ 0 & -1 & 0 & 2\,003 \\ 0 & 0 & -1 & 2\,004 \\ 0 & 0 & 0 & 2\,005 \end{vmatrix}$.

2. 设 $D=\begin{vmatrix}1&2&3&4\\3&3&4&4\\1&5&6&7\\1&1&2&2\end{vmatrix}$，求：

(1)D 中第二行各元素的代数余子式之和 $A_{21}+A_{22}+A_{23}+A_{24}$；

(2)D 中第三行各元素余子式之和 $M_{31}+M_{32}+M_{33}+M_{34}$.

3. 设 $\boldsymbol{A}=\begin{bmatrix}1&2&1\\2&1&2\\1&2&3\end{bmatrix}$，$\boldsymbol{B}=\begin{bmatrix}4&3&2\\-2&1&-2\\0&-1&0\end{bmatrix}$，求：

(1)$3\boldsymbol{A}-\boldsymbol{B}$；

(2)$2\boldsymbol{A}+3\boldsymbol{B}$；

(3)若 $\boldsymbol{X}$ 满足 $\boldsymbol{A}+\boldsymbol{X}=\boldsymbol{B}$，求 $\boldsymbol{X}$.

4. 设 $\boldsymbol{A}=\begin{bmatrix}1&1&1\\1&1&-1\\1&-1&1\end{bmatrix}$，$\boldsymbol{B}=\begin{bmatrix}1&2&3\\-1&-2&4\\0&5&1\end{bmatrix}$，求 $3\boldsymbol{AB}-2\boldsymbol{A}$ 及 $\boldsymbol{A}^{\mathrm{T}}\boldsymbol{B}$.

5. 计算.

(1)$\begin{bmatrix}3&-2\\5&-4\end{bmatrix}\begin{bmatrix}3&4\\2&5\end{bmatrix}$；　　(2)$\begin{bmatrix}4&3&1\\1&-2&3\\5&7&0\end{bmatrix}\begin{bmatrix}7\\2\\1\end{bmatrix}$；

(3)$\begin{bmatrix}2\\1\\3\end{bmatrix}[1,2]$；　　(4)$[1,2,3]\begin{bmatrix}3\\2\\1\end{bmatrix}$.

6. 设 $\boldsymbol{A}$ 为 n 阶方阵，n 为奇数，且 $\boldsymbol{AA}^{\mathrm{T}}=\boldsymbol{E}$，$|\boldsymbol{A}|=1$，求 $|\boldsymbol{A}-\boldsymbol{E}|$.

7. 判断下列矩阵可逆，并求其逆矩阵.

(1)$\begin{bmatrix}a&b\\c&d\end{bmatrix}$，$ad-bc=1$；　　(2)$\begin{bmatrix}2&2&3\\1&-1&0\\-1&2&1\end{bmatrix}$；

(3)$\begin{bmatrix}1&2&3&4\\0&1&2&3\\0&0&1&2\\0&0&0&1\end{bmatrix}$.

8. 设 $\boldsymbol{A}=\begin{bmatrix}1&0&1\\0&2&0\\1&0&1\end{bmatrix}$，且 $\boldsymbol{AB}+\boldsymbol{E}=\boldsymbol{A}^2+\boldsymbol{B}$，求 $\boldsymbol{B}$.

9. 解下列矩阵方程：

(1)$\begin{bmatrix}1&-5\\-1&4\end{bmatrix}\boldsymbol{X}=\begin{bmatrix}3&2\\1&4\end{bmatrix}$；　(2)$\boldsymbol{X}\begin{bmatrix}2&1&-1\\2&1&0\\1&-1&1\end{bmatrix}=\begin{bmatrix}1&-1&3\\4&3&2\end{bmatrix}$.

10. 用初等变换求下列方阵的逆阵：

(1) $\begin{bmatrix} 3 & 2 & 1 \\ 3 & 1 & 5 \\ 3 & 2 & 3 \end{bmatrix}$；　(2) $\begin{bmatrix} 3 & -2 & 0 & -1 \\ 0 & 2 & 2 & 1 \\ 1 & -2 & -3 & -2 \\ 0 & 1 & 2 & 1 \end{bmatrix}$.

11. 求下列矩阵的秩，并求一个最高阶非零子式：

(1) $\begin{bmatrix} 3 & 1 & 0 & 2 \\ 1 & -1 & 2 & -1 \\ 1 & 3 & -4 & 4 \end{bmatrix}$；　(2) $\begin{bmatrix} 1 & -1 & 2 & 1 & 0 \\ 2 & -2 & 4 & 2 & 0 \\ 3 & 0 & 6 & -1 & 1 \\ 0 & 3 & 0 & 0 & 1 \end{bmatrix}$.

12. 设 $\boldsymbol{\alpha}=(2,0,-1,3)^{\mathrm{T}}$，$\boldsymbol{\beta}=(1,7,4,-2)^{\mathrm{T}}$，$\boldsymbol{\gamma}=(0,1,0,1)^{\mathrm{T}}$.

(1)求 $2\boldsymbol{\alpha}+\boldsymbol{\beta}-3\boldsymbol{\gamma}$；

(2)若有 $\boldsymbol{x}$，满足 $3\boldsymbol{\alpha}-\boldsymbol{\beta}+5\boldsymbol{\gamma}+2\boldsymbol{x}=\mathbf{0}$，求 $\boldsymbol{x}$.

13. 已知矩阵 $\boldsymbol{A}=\begin{bmatrix} 1 & 2 & -1 \\ 2 & 3 & 4 \\ 3 & 5 & 3 \end{bmatrix}$ 与向量 $\boldsymbol{\beta}=(2,9,11)^{\mathrm{T}}$.

(1)写出矩阵 $\boldsymbol{A}$ 的列向量组与行向量组；

(2) $\boldsymbol{\beta}$ 能否用 $\boldsymbol{A}$ 的列向量组线性表示？$\boldsymbol{\beta}^{\mathrm{T}}$ 能否用 $\boldsymbol{A}$ 的行向量组线性表示？若能线性表示，则写出表达式.

14. 判定下列向量组是线性相关还是线性无关：

(1) $\boldsymbol{\alpha}_1=(-1,3,1)^{\mathrm{T}}$，$\boldsymbol{\alpha}_2=(2,1,0)^{\mathrm{T}}$，$\boldsymbol{\alpha}_3=(1,4,1)^{\mathrm{T}}$；

(2) $\boldsymbol{\alpha}_1=(1,1,1)^{\mathrm{T}}$，$\boldsymbol{\alpha}_2=(1,2,3)^{\mathrm{T}}$，$\boldsymbol{\alpha}_3=(1,3,6)^{\mathrm{T}}$.

15. 已知向量组 $\boldsymbol{\alpha}_1=(1,3,2)^{\mathrm{T}}$，$\boldsymbol{\alpha}_2=(2,7,a)^{\mathrm{T}}$，$\boldsymbol{\alpha}_3=(0,a,5)^{\mathrm{T}}$ 线性无关，求 a 的值.

16. 设向量组 $\boldsymbol{\alpha}_1=(a,3,1)^{\mathrm{T}}$，$\boldsymbol{\alpha}_2=(2,b,3)^{\mathrm{T}}$，$\boldsymbol{\alpha}_3=(1,2,1)^{\mathrm{T}}$，$\boldsymbol{\alpha}_4=(2,3,1)^{\mathrm{T}}$ 的秩为 2，求 a,b.

17. 求下列向量组的秩和一个极大无关组，并将其余向量表示成极大无关组的线性组合：

(1) $\boldsymbol{\alpha}_1=(1,-2,3,-1)^{\mathrm{T}}$，$\boldsymbol{\alpha}_2=(2,-1,1,0)^{\mathrm{T}}$，$\boldsymbol{\alpha}_3=(1,-5,8,-3)^{\mathrm{T}}$；

(2) $\boldsymbol{\alpha}_1=(3,0,1,2)^{\mathrm{T}}$，$\boldsymbol{\alpha}_2=(1,4,7,2)^{\mathrm{T}}$，$\boldsymbol{\alpha}_3=(1,10,17,4)^{\mathrm{T}}$，$\boldsymbol{\alpha}_4=(4,1,3,3)^{\mathrm{T}}$.

18. 求下列矩阵的特征值与特征向量：

(1) $\begin{bmatrix} 1 & 2 & 3 \\ 2 & 1 & 3 \\ 3 & 3 & 6 \end{bmatrix}$；

(2) $\begin{bmatrix} 1 & 1 & 1 & 1 \\ 1 & 1 & -1 & -1 \\ 1 & -1 & 1 & -1 \\ 1 & -1 & -1 & 1 \end{bmatrix}$.

第五章　概率论与统计初步

在自然界和人类的日常生活中，随机现象非常普遍，比如每期福利彩票的中奖号码.概率论是根据大量同类随机现象的统计规律，对随机现象出现某一结果的可能性作出一种客观的科学判断，并作出数量上的描述；比较这些可能性的大小.数理统计是应用概率的理论研究大量随机现象的规律性，使人们能从一组样本判定是否能以相当大的概率来保证某一判断是正确的，并可以控制发生错误的概率.这章将介绍概率与数理统计的基础知识.

第一节　概率论的起源

1654 年 8 月，法国数学家、物理学家、哲学家布莱斯·帕斯卡(B. Pascal)在写给数学家皮埃尔·德·费马(P. De Fermat)的信中提出了所谓"得分问题"：在一场机会博弈中，已知两个博弈者在博弈终止时的得分以及赢得博弈需要的分数，假定这两个博弈者有同等的熟练程度，求奖金该如何分配问题.

问题是 A、B 两名球艺相近的网球队员进行比赛，每人赢一局的概率相等，即各为 $\frac{1}{2}$，每赢一局的得一分，输一局不得分，在最后决战时，假设 A 再赢 2 局或 B 再赢 3 局就可获得整笔 6 400 元奖金.如果他们商议停止比赛而分享奖金，这时该如何公正地分配这笔奖金？

我们知道，按规定最多只需进行 4 局比赛便能决定胜负，因为在后面的 4 局中，所出现的情况共有 $2\times2\times2\times2=16$ 种，其中 A 可赢得 4 分、3 分、2 分，而 B 可赢得 4 分、3 分，二者不可同时出现，而有一个出现，比赛便终止.

在 4 局比赛中，其可能出现的 16 种结果分别为：$AAAA$，$AAAB$，$AABA$，$ABAA$，$BAAA$，$AABB$，$ABAB$，$ABBA$，$BBAA$，$BABA$，$BAAB$，$BBBB$，$BBBA$，$BBAB$，$BABB$，$ABBB$.

在 4 局中，A 出现等于或多于 2 次，则 A 获胜，这样的情况有 11 种；B 出现等于或多于 3 次，则 B 获胜，这种情况有 5 种.因此他们赢得的概率分别为 $P(A)=\frac{11}{16}$；$P(B)=\frac{5}{16}$.

由此推得 A、B 获得奖金的比应是 $11:5$.这样在 6 400 元奖金中，A 应分得 4 400 元，B 只能分得 2 000 元.

1657 年荷兰数学家惠更斯(Christian Huygens)在帕斯卡和费马通信的基础上于 1657 年出版了《论赌博中的计算》一书，惠更斯这一著作是概率论产生的标志之一，它是概率论发展史上第一部专著，因此可以说早期概率与数理统计的创立者是帕斯卡、费马和惠更斯.

第二节　随机事件的概率

自然界发生的现象是多种多样的. 有一类现象，在一定条件下必然要发生，例如，向上抛出一块石头必然下落，同性电荷必不相互吸引，等等. 这类现象称为确定性现象. 在自然界还存在着另一类现象，例如，在相同条件下抛同一枚硬币，其结果可能是正面朝上，也可能是反面朝上，并且在每次抛币之前无法肯定抛掷的结果是什么；用同一门炮向同一目标射击，各次弹着点不尽相同，在一次射击之前无法预测弹着点的确切位置. 这类现象在一定的条件下可能出现这样的结果，也可能出现那样的结果，而在试验或观察之前不能预知确切的结果. 但人们经过长期实践并深入研究之后，发现这类现象在大量重复试验或观察之下，它的结果却呈现出某种规律性. 多次重复抛一枚硬币，得到正面朝上的次数大致有一半；同一门炮射击一定目标的弹着点按一定的规律分布；等等. 我们把这种在大量重复试验或观测下，其结果所呈现出的固有规律性，称为统计规律性. 而把这种在个别试验中呈现出不确定性，在大量重复试验中其结果又具有统计规律性的现象，我们称之为随机现象.

概率统计的理论与方法的应用是很广泛的，几乎遍及所有科学技术领域、工农业生产和国民经济中. 例如，使用概率统计方法可以进行气象预报、水文预报及地震预报、产品的抽样验收；在研制新产品时，为寻求最佳生产方案可以进行试验设计和数据处理；在可靠性工程中，使用概率统计方法可以给出元件或系统的使用可靠性及平均寿命的估计；在自动控制中可以给出数学模型以便通过计算机控制工业生产；在通信工程中可以提高信号的抗干扰性和分辨率，等等.

一、随机事件的概念、关系和运算

我们遇到过各种试验. 在这里我们把试验作为一个含义广泛的术语，它包括各种各样的科学实验，甚至对某一事物的某一特征的观察也认为是一种试验. 下面举一些试验的例子.

E_1，抛一枚硬币，观察正面 H，反面 T、出现的情况；

E_2，将一枚硬币抛掷三次，观察正面 H、反面 T 出现的情况；

E_3，将一枚硬币抛掷三次，观察出现正面 H 的次数；

E_4，抛一颗骰子，观察出现的点数；

E_5，记录每分钟进入义乌市场的人数；

E_6，在一批液晶显示器中任意抽取一台，测试它的使用寿命.

上面举出了 6 个试验的例子，它们有着共同的特点. 例如，试验 E_1 有两种可能的结果，出现 H 或者出现 T，且这个试验可以在相同条件下重复地进行. 又如试验 E_6，我们知道显示器的寿命（以小时计）$t\geqslant 0$，但在测试之前不能确定它的寿命有多长，这一试验也可以在相同条件下重复地进行.

概括起来，这些试验具有以下的特点：

(1)可以在相同的条件下重复地进行；

(2)试验的所有可能结果是事先知道的，而且不止一个；

(3)进行一次试验之前不能确定哪一个结果会出现.

在概率论中，我们将具有上述特点的试验称为随机试验，以后提到的试验都是随机试验.

对于随机试验，尽管在每次试验之前不能预知试验的结果，但试验的所有可能结果组成的集合是已知的. 我们将随机试验 E 的所有可能结果组成的集合称为 E 的样本空间，记为 S. 样本空间的元素，即 E 的每个结果，称为样本点.

例 1　写出前面试验 $E_k(k=1,2,\cdots,6)$ 的样本空间 S_k.

解　$S_1=\{H,T\}$；

$S_2=\{HHH,HHT,HTH,THH,HTT,THT,TTH,TTT\}$；

$S_3=\{0,1,2,3\}$；

$S_4=\{1,2,3,4,5,6\}$；

$S_5=\{0,1,2,3,\cdots\}$；

$S_6=\{t|t\geqslant 0\}$.

实际上，在进行随机试验时，人们常常关心满足某种条件的那些样本点所组成的集合. 例如，若规定某种显示器的寿命（小时）小于 5 000 为次品，则在 E_6 中我们关心显示器的寿命是否 $t\geqslant 5\,000$. 满足这一条件的样本点组成 S_6 的一个：$A=\{t|t\geqslant 5\,000\}$，我们称 A 为试验 E_6 的一个随机事件. 显然，当且仅当子集 A 中的一个样本点出现时，有 $t\geqslant 5\,000$.

一般，我们称试验 E 的样本空间 S 的子集为 E 的随机事件，简称**事件**. 在每次试验中，当且仅当这一子集中的一个样本点出现时，称这一事件发生.

特别地，由一个样本点组成的单点集，称为基本事件. 例如，试验 E_1 有两个基本事件 $\{H\}$ 和 $\{T\}$；试验 E_4 有 6 个基本事件 $\{1\},\{2\},\cdots,\{6\}$.

样本空间 S 包含所有的样本点，它是 S 自身的子集，在每次试验中它总是发生的，称为必然事件. 空集 $\varnothing$ 不包含任何样本点，它也作为样本空间的子集，它在每次试验中都不发生，称为不可能事件.

下面还是以前面试验为例.

在 E_2 中事件 A_1："第一次出现的是 H"，即

$$A_1=\{HHH,HHT,HTH,HTT\},$$

事件 A_2："三次出现同一面"，即

$$A_2=\{HHH,TTT\}.$$

在 E_6 中，事件 A_3："寿命小于 10 000 小时"，即 $A_3=\{t|0\leqslant t<10\,000\}$.

一个样本空间 S 中，可以有很多的随机事件. 概率论的任务之一，是研究随机事件发生的可能性的大小. 为此，下面我们引进事件之间的一些重要关系和运算，通过研究事件间的各种关系，进而研究事件间的概率的各种关系，

就有可能利用较简单事件的概率去推算较复杂的事件的概率.

设试验 E 的样本空间为 S，而 $A,B,A_k(k=1,2,\cdots)$ 是 S 的子集.

(1)事件的包含与相等：若事件 A 发生必然导致事件 B 发生，则称事件 B 包含事件 A，记为 $B\supset A$ 或者 $A\subset B$；若 $A\subset B$ 且 $B\subset A$，即 $A=B$，则称事件 A 与事件 B 相等.

(2)事件的和：事件 A 与事件 B 至少有一个发生的事件称为事件 A 与事件 B 的和事件，记为 $A\cup B$. 事件 $A\cup B$ 发生意味着：或事件 A 发生，或事件 B 发生，或事件 A 与事件 B 都发生.

事件的和可以推广到多个事件的情形，设有 n 个事件 $A_1,A_2,\cdots,A_n$，定义它们的和事件为$\{A_1,A_2,\cdots,A_n$ 中至少有一个发生$\}$，记为$\bigcup\limits_{i=1}^{n}A_i$.

(3)事件的积：事件 A 与事件 B 都发生的事件称为事件 A 与事件 B 的积事件，记为 $A\cap B$，也简记为 AB. 事件 $A\cap B$(或 AB)发生意味着事件 A 发生且事件 B 也发生，即 A 与 B 都发生.

类似地，可以定义 n 个事件 $A_1,A_2,\cdots,A_n$ 的积事件$\bigcap\limits_{i=1}^{n}A_i=\{A_1,A_2,\cdots,$ A_n 都发生$\}$.

(4)事件的差：事件 A 发生而事件 B 不发生的事件称为事件 A 与事件 B 的差事件，记为 $A-B$.

(5)互斥事件：若事件 A 与事件 B 不能同时发生，即 $AB=\varnothing$，则称事件 A 与事件 B 是互斥的，或互不相容的. 若事件 $A_1,A_2,\cdots,A_n$ 中的任意两个都互斥，则称这些事件是两两互斥的.

(6)对立事件："A 不发生"的事件称为事件 A 的对立事件(或逆事件)，记为 $\overline{A}$. A 和 $\overline{A}$ 满足：$A\cup\overline{A}=S,A\overline{A}=\varnothing,\overline{\overline{A}}=A$.

(7)事件运算满足的定律. 设 A,B,C 为事件，则有

交换律：$A\cup B=B\cup A,AB=BA$；

结合律：$(A\cup B)\cup C=A\cup(B\cup C),(AB)C=A(BC)$；

分配律：$(A\cup B)C=(AC)\cup(BC),(AB)\cup C=(A\cup C)(B\cup C)$；

对偶律：$\overline{A\cup B}=\overline{A}\cap\overline{B},\overline{A\cap B}=\overline{A}\cup\overline{B}$.

这些运算律和集合的运算律是一致的.

例 2　在前文 E_2 事件 A_1,A_2 中有

$A_1\cup A_2=\{HHH,HHT,HTH,HTT,TTT\}$，

$A_1\cap A_2=\{HHH\}$，

$A_2-A_1=\{TTT,\}$

$\overline{A_1\cup A_2}=\{THT,TTH,THH\}$.

例 3　向指定目标射三枪，观察射中目标的情况. 用 A_1,A_2,A_3 分别表示事件"第一枪、第二枪、第三枪击中目标"，试用 A_1,A_2,A_3 表示以下各事件：

(1)只第一枪击中；

(2)只击中一枪；

(3)三枪都没击中;

(4)至少击中一枪.

解　(1)事件"只第一枪击中",意味着第二枪不中,第三枪也不中.所以可以表示成 $A_1\overline{A_2}\ \overline{A_3}$.

(2)事件"只击中一枪",并不指定哪一枪击中,三个事件"只击中第一枪""只击中第二枪""只击中第三枪"中,任意一个发生,都意味着事件"只击中一枪"发生.同时,因为上述三个事件互不相容,所以可以表示成 $A_1\overline{A_2}\ \overline{A_3}+\overline{A_1}A_2\overline{A_3}+\overline{A_1}\ \overline{A_2}A_3$.

(3)事件"三枪都没击中",就是事件"第一、第二、第三枪都未击中".所以可以表示成 $\overline{A_1}\ \overline{A_2}\ \overline{A_3}$.

(4)事件"至少击中一枪",就是事件"第一枪、第二枪、第三枪至少有一枪击中",所以可以表示成 $A_1\cup A_2\cup A_3$ 或 $A_1\overline{A_2}\ \overline{A_3}+\overline{A_1}A_2\overline{A_3}+\overline{A_1}\ \overline{A_2}A_3+A_1A_2\overline{A_3}+A_1\overline{A_2}A_3+\overline{A_1}A_2A_3+A_1A_2A_3$.

二、随机事件的概率

除必然事件和不可能事件外,对于一个事件来说,它在一次试验中可能发生,也可能不发生,我们常常希望知道某些事件在一次试验中发生的可能性有多大.例如,为了确定需造河堤的高度,就要知道河流在造河堤地段每年最大洪水达到某一高度这一事件发生的可能性大小.事件在一次试验中发生的可能性大小称为事件的概率.

(一)概率的统计定义

定义 1　在相同的条件下,进行了 n 次试验,在这 n 次试验中,事件 A 发生的次数 n_A 称为事件 A 发生的频数.比值 $\frac{n_A}{n}$ 称为事件 A 发生的频率,并记成 $f_n(A)$.

由定义,易见**频率具有下述基本性质**:

(1) $0\leqslant f_n(A)\leqslant 1$;

(2) $f_n(S)=1$.

由于事件 A 发生的频率是它发生的次数与试验次数之比,其大小表示 A 发生的频繁程度.频率越大,事件 A 发生越频繁,这意味着 A 在一次试验中发生的可能性越大.直观的想法是用频率来表示 A 在一次试验中发生的可能性的大小.但是否可行,先看下面的例子.

例 4　在同样条件下,多次抛一硬币,考察"正面朝上"的次数.

投掷次数 n	出现正面次数 n_A	频率 $\frac{n_A}{n}$
2 048	1 061	0.518 0
4 040	2 048	0.506 8
12 000	6 019	0.501 6
24 000	12 012	0.500 5

分析 例 4 中，频率在 0.5 附近摆动，当 n 增大时，逐渐稳定于 0.5；这就是说，当试验次数充分多时，事件 A 出现的频率常在一个确定的数值附近摆动. 当 n 较小时，频率 $f_n(A)$ 在 0 与 1 之间随机波动，其幅度较大，当 n 逐渐增大时，频率 $f_n(A)$ 逐渐稳定于某个常数. 在 n 次试验中，事件 A 出现的次数 n_A 不确定，因而事件 A 的频率 $\frac{n_A}{n}$ 也不确定. 但是当试验重复多次时，事件 A 出现的频率具有一定的稳定性. 因而，当 n 较小时用频率来表示事件发生的可能性大小显然是不合适的. 对于每一个事件 A 都有这样一个客观存在的常数与之对应，这种"频率稳定性"即通常所说的统计规律性.

但是，在实际中，我们不可能对每一个事件都做大量的试验，从中得到频率的稳定值. 同时，为了理论研究的需要，我们从频率的稳定性和频率的性质得到启发，可以给出如下度量事件发生可能性大小的频率的定义.

定义 2 在一个随机试验中，如果随着试验次数的增大，事件 A 发生的频率 $\frac{n_A}{n}$ 稳定地在某一常数 p 附近摆动，则称事件 A 发生的**概率**为 p，记作 $P(A)=p$. 这就是概率的统计定义.

数值 p，就是在一次试验中对事件 A 发生的可能性大小的数量描述. 例如，在例 4 中用 0.5 来描述掷一枚匀称硬币"正面朝上"出现的可能性.

由概率的定义，可以推得概率的一些重要性质.

性质 1 $P(\varnothing)=0$.

性质 2 若 $A_1, A_2, \cdots, A_n$ 是两两互不相容的事件，则有 $P(A_1\cup A_2\cup\cdots\cup A_n)=P(A_1)+P(A_2)+\cdots+P(A_n)$，称为概率的有限可加性.

性质 3 设 A,B 是两个事件，若 $A\subset B$，则有 $P(B-A)=P(B)-P(A)$；$P(B)\geqslant P(A)$.

性质 4 对于任一事件 A，$P(A)\leqslant 1$.

性质 5 对于任一事件 A，有 $P(\overline{A})=1-P(A)$.

性质 6 对于任意两事件 A,B，有 $P(A\cup B)=P(A)+P(B)-P(AB)$.

例 5 设事件 A,B 的概率分别为 $\frac{1}{3}$，$\frac{1}{2}$，在下列三种情况下分别求 $P(B\overline{A})$ 的值：(1) A 与 B 互斥；(2) $A\subset B$；(3) $P(AB)=\frac{1}{8}$.

解 由性质 5，$P(B\overline{A})=P(B)-P(AB)$，

(1)因为 A 与 B 互斥，所以 $AB=\varnothing$，$P(B\overline{A})=P(B)-P(AB)=P(B)=\frac{1}{2}$；

(2)因为 $A\subset B$，所以 $P(B\overline{A})=P(B)-P(AB)=P(B)-P(A)=\frac{1}{2}-\frac{1}{3}=\frac{1}{6}$；

(3) $P(B\overline{A})=P(B)-P(AB)=\frac{1}{2}-\frac{1}{8}=\frac{3}{8}$.

(二)概率的古典定义

对于某些随机事件，我们不必通过大量的试验去确定它的概率，而是通

过研究它的内在规律去确定它的概率.

观察“投掷硬币”“掷骰子”等试验，发现它们具有下列特点：

(1)试验结果的个数是有限的，即基本事件的个数是有限的. 如“投掷硬币”试验的结果只有 2 个：{正面向上}和{反面向上}；

(2)每个试验结果出现的可能性相同，即每个基本事件发生的可能性是相同的. 如“投掷硬币”试验中出现{正面向上}和{反面向上}的可能性都是$\frac{1}{2}$；

(3)在任一试验中，只能出现一个结果，也就是有限个基本事件是两两互斥的. 如“投掷硬币”试验出现{正面向上}和{反面向上}是互斥的.

满足上述条件的试验模型称为古典概型. 根据古典概型的特点，我们可以定义任一随机事件 A 的概率.

定义 3　如果古典概型中的所有基本事件的个数是 n，事件 A 包含的基本事件的个数是 m，则事件 A 的概率为 $P(A)=\frac{m}{n}$.

概率的这种定义，称为概率的**古典定义**.

古典概率具有如下性质：

性质 1　对任一事件 A，有 $0\leqslant P(A)\leqslant 1$；

性质 2　$P(S)=1,P(\varnothing)=0$；

性质 3　对两个互斥的事件 A,B，有 $P(A+B)=P(A)+P(B)$；

性质 4　设事件 A,B 满足 $A\subset B$，那么有 $P(A)\leqslant P(B)$.

古典概型是等可能概型，实际中古典概型的例子很多. 例如：袋中摸球；产品质量检查等试验，都属于古典概型.

例 6　设盒中有 8 个球，其中红球 3 个，白球 5 个.

(1)若从中随机取出一球，用 A 表示{取出的是红球}，B 表示{取出的是白球}，求 $P(A),P(B)$；

(2)若从中随机取出两球，用 C 表示{两个都是白球}，D 表示{一红一白}，求 $P(C),P(D)$；

(3)若从中随机取出 5 球，设 E 表示{取到的 5 个球中恰有 2 个白球}，求 $P(E)$.

解　(1)从 8 个球中随机取出 1 个球，取出方式有 C_8^1 种，即基本事件的总数为 C_8^1，事件 A 包含的基本事件的个数为 C_3^1，事件 B 包含的基本事件的个数为 C_5^1. 故 $P(A)=\frac{C_3^1}{C_8^1}=\frac{3}{8},P(B)=\frac{C_5^1}{C_8^1}=\frac{5}{8}$.

(2)从 8 个球中随机取出 2 个球，基本事件的总数为 C_8^2，事件 C 包含的基本事件的个数为 C_5^2，事件 D 包含的基本事件的个数为 $C_3^1C_5^1$. 故

$$P(C)=\frac{C_5^2}{C_8^2}=\frac{5\times4}{2\times1}\cdot\frac{2\times1}{8\times7}=\frac{5}{14}\approx0.357;$$

$$P(D)=\frac{C_3^1C_5^1}{C_8^2}=\frac{3\times5\times2\times1}{8\times7}=\frac{15}{28}\approx0.536.$$

读者可以自己算一算取出2个都是红球的概率是多少.

(3)从8个球中任取5个球,基本事件的总数为C_8^5,{取到的5个球中恰有2个白球}包含的基本事件的个数为$C_3^3\times C_5^2$.故

$$P(E)=\frac{C_3^3\times C_5^2}{C_8^5}=\frac{1\times5\times4}{2\times1}\times\frac{5\times4\times3\times2\times1}{8\times7\times6\times5\times4}\approx0.179.$$

三、几类常见的概率问题

(一)条件概率

在实际问题中,常常会遇到这样的问题:在已知事件A发生的条件下,求事件B发生的概率.这时,因为求B的概率是在已知A发生的条件下,所以称为在事件A发生的条件下事件B发生的条件概率,记为$P(B|A)$.

定义4 设A,B是随机试验的两个事件,且$P(A)\neq0$,称$P(B|A)=\frac{P(AB)}{P(A)}$为在事件$A$发生的条件下事件$B$发生的条件概率.

例7 设大熊猫能活20年以上的概率为80%,活25年以上的概率为40%,现有一只成活20年的大熊猫,问它能活25年以上的概率?

解 设事件$A=$\{能活20岁以上\}; 事件$B=$\{能活25岁以上\}.按题意,$P(A)=0.8$,由于$B\subset A$,因此$P(AB)=P(B)=0.4$,由条件概率有$P(B|A)=\frac{P(AB)}{P(A)}=\frac{0.4}{0.8}=0.5$.

(二)乘法公式

由条件概率的定义容易推得概率的乘法公式,设$P(A)\neq0$,则有$P(AB)=P(A)P(B|A)$.将A,B的位置对换,则得乘法公式的另一种形式:$P(AB)=P(B)P(A|B)(P(B)\neq0)$.

利用乘法公式可以计算积事件的概率,乘法公式可以推广到n个事件的情形:若$P(A_1A_2\cdots A_n)>0$,则$P(A_1A_2\cdots A_n)=P(A_1)P(A_2|A_1)\cdots P(A_n|A_1\cdots A_{n-1})$.

例8 在一箱由90件正品,3件次品组成的保暖内衣中,不放回接连抽取两件产品,问第一件取到正品、第二件取到次品的概率.

解 设事件$A=$\{第一件取到正品\},事件$B=$\{第二件取到次品\}.按题意,$P(A)=\frac{90}{93}$,$P(B|A)=\frac{3}{92}$,由乘法公式$P(AB)=P(A)P(B|A)=\frac{90}{93}\times\frac{3}{92}=0.031\,5$.

(三)全概率公式

为了计算复杂事件的概率,经常把一个复杂事件分解为若干个互不相容的简单事件的和,通过分别计算简单事件的概率,来求得复杂事件的概率.

全概率公式:$A_1,A_2,\cdots,A_n$为样本空间S的一个事件组,且满足:

(1)$A_1,A_2,\cdots,A_n$ 互不相容,且 $P(A_i)>0(i=1,2,\cdots,n)$;

(2)$A_1\cup A_2\cup\cdots\cup A_n=S$,则对 S 中的任意一个事件 B 都有:$P(B)=P(A_1)P(B|A_1)+P(A_2)P(B|A_2)+\cdots+P(A_n)P(B|A_n)$.

例 9　7 人轮流抓阄,抓一张参观票,问第二人抓到的概率?

解　设 $A_i=\{$第 i 人抓到参观票$\}(i=1,2)$,

于是 $P(A_1)=\frac{1}{7},P(\overline{A_1})=\frac{6}{7},P(A_2|A_1)=0,P(A_2|\overline{A_1})=\frac{1}{6}$,

由全概率公式 $P(A_2)=P(A_2A_1)+P(A_2\overline{A_1})=P(A_1)P(A_2|A_1)+P(\overline{A_1})P(A_2|\overline{A_1})=\frac{1}{7}$.

我们可以看到,第一个人和第二个人抓到参观票的概率一样;事实上,每个人抓到的概率都一样,这就是"抓阄不分先后原理".

例 10　设一仓库有一批产品,已知其中 50%,30%,20%依次是甲、乙、丙厂生产的,且甲、乙、丙厂生产的次品率分别为 $\frac{1}{10},\frac{1}{15},\frac{1}{20}$,现从这批产品中任取一件,求取得正品的概率.

解　以 A_1,A_2,A_3 分别表示事件"取得的这箱产品是甲、乙、丙厂生产";以 B 表示事件"取得的产品为正品",于是

$P(A_1)=0.5,P(A_2)=0.3,P(A_3)=0.2,P(B|A_1)=\frac{9}{10},P(B|A_2)=\frac{14}{15},P(B|A_3)=\frac{19}{20}$,

由全概率公式有 $P(B)=P(A_1)P(B|A_1)+P(A_2)P(B|A_2)+P(A_3)P(B|A_3)=0.92$.

(四)贝叶斯公式

设 B 是样本空间 S 的一个事件,$A_1,A_2,\cdots,A_n$ 为 S 的一个事件组,且满足:

(1)$A_1,A_2,\cdots,A_n$ 互不相容,且 $P(A_i)>0(i=1,2,\cdots,n)$;

(2)$A_1\cup A_2\cup\cdots\cup A_n=S$.

则 $P(A_k|B)=\frac{P(A_kB)}{P(B)}=\frac{P(A_k)P(B|A_k)}{P(A_1)P(B|A_1)+\cdots+P(A_n)P(B|A_n)}$.

这个公式称为贝叶斯公式,也称为后验公式.

例 11　发报台分别以概率 0.6 和 0.4 发出信号"."和"—",由于通信系统受到干扰,当发出信号"."时,收报台未必收到信号".",而是分别以 0.8 和 0.2 收到"."和"—";同样,发出"—"时分别以 0.9 和 0.1 收到"—"和".".求如果收报台收到".",它没收错的概率.

解　设 $A=\{$发报台发出信号"."$\}$,$\bar{A}=\{$发报台发出信号"—"$\}$,$B=\{$收报台收到"."$\}$,$\bar{B}=\{$收报台收到"—"$\}$;于是,$P(A)=0.6,P(\bar{A})=0.4,P(B|A)=0.8,P(\bar{B}|A)=0.2,P(B|\bar{A})=0.1,P(\bar{B}|\bar{A})=0.9$;

由贝叶斯公式有

$$P(A|B)=\frac{P(AB)}{P(B)}$$
$$=\frac{P(A)P(B|A)}{P(A)P(B|A)+P(\overline{A})P(B|\overline{A})}$$
$$=\frac{0.6\times0.8}{0.6\times0.8+0.4\times0.1}=\frac{12}{13},$$

所以没收错的概率为$\frac{12}{13}$.

习题 5.2

1.将一枚均匀的硬币抛两次,事件 A,B,C 分别表示"第一次出现正面","两次出现同一面","至少有一次出现正面",试写出样本空间及事件 A,B,C 的样本点.

2.设 $P(A)=0.1,P(A\cup B)=0.3$,且 A 与 B 互不相容,求 $P(B)$.

3.10 个人中有一对夫妇,他们随意坐在一张圆桌周围,求该对夫妇正好坐在一起的概率.

4.从 5 双不同的鞋子中任取 4 只,问这 4 只鞋子中至少有两只配成一双的概率是多少?

5.设 10 件产品中有 4 件不合格品,从中任取 2 件,已知所取 2 件产品中有 1 件不合格品,求另一件也是不合格品的概率.

第三节　随机变量及其应用

在随机现象中,有很大一部分问题与实数之间存在着某种客观的联系.例如,在产品检验问题中,我们关心的是抽样中出现的废品数;在车间供电问题中,我们关心的是某时期正在工作的车床数;在电话问题中,我们关心的是某一段时间内的话务量等.对于这类随机现象,其试验结果显然可以用数值来描述,并且随着试验的结果不同而取不同的数值.然而,有些初看起来与数值无关的随机现象,也常常能联系数值来描述.比如,在投硬币问题中,每次实验出现的结果为正面或反面,与数值没有联系,但我们可以通过指定数"1"代表正面,"0"代表反面.为了计算 n 次投掷中出现正面的次数,就只需计算其中"1"出现的次数了,从而使这一随机试验的结果与数值发生联系.

不管随机试验的结果是否具有数量的性质,我们都可以建立一个样本空间和实数空间的对应关系,使之与数值发生联系.为了全面研究随机试验的结果,揭示随机现象的统计规律性,我们将随机试验的结果与实数对应起来,将随机试验的结果数量化,引入随机变量的概念.

一、随机变量

我们讨论过不少随机试验,其中有些试验的结果就是数量,有些虽然本身不是数量，但可以用数量来表示试验的结果.

例 1　从一批废品率为 p 的产品中有放回地抽取 n 次，每次取一件产品，记录取到废品的次数，这一试验的样本空间为 $S=\{0,1,2,\cdots,n\}$. 如果用 X 表示取到废品的次数，那么 X 的取值依赖于实验结果，当实验结果确定了，X 的取值也就随之确定了. 比如，进行了一次这样的随机试验，试验结果 $\omega=1$，即在 n 次抽取中，只有一次取到了废品，则 $X=1$.

例 2　掷一枚匀称的硬币，观察正面、背面的出现情况，这一试验的样本空间为 $S=\{H,T\}$. 其中 H 表示"正面朝上"，T 表示"背面朝上". 如果引入变量 X，对实验的两个结果，将 X 的值分别规定为 1 和 0，即 $X=\begin{cases}1,\text{当出现 } H \text{ 时}\\0,\text{当出现 } T \text{ 时}\end{cases}$.

一旦实验的结果确定了，X 的取值也就随之确定了.

从上述两个例子可以看出：无论随机试验的结果本身与数量有无联系，我们都能把实验的结果与实数对应起来，即可把实验的结果数量化. 由于这样的数量依赖实验的结果，而对随机试验来说，在每次试验之前无法断言会出现何种结果，因而也就无法确定它会取什么值. 即它的取值具有随机性，我们称这样的变量为随机变量. 事实上，随机变量就是随着试验结果的不同而变化的量. 因此可以说，随机变量是随机试验结果的函数. 可以把例 1 中的 X 写成 $X=X(\omega)=\omega$，其中 $\omega=\{0,1,2,\cdots,n\}$，把例 2 中的 X 写成 $X=X(\omega)=\begin{cases}1,\text{当 } \omega=H \text{ 时}\\0,\text{当 } \omega=T \text{ 时}\end{cases}$.

定义 5　设 E 为一随机试验，S 为它的样本空间，若 $X=X(\omega)$，$\omega\in S$ 为单值实函数，且对于任意实数 x，集合 $\{\omega|X(\omega)\leqslant x\}$ 都是**随机事件**，则称 X 为**随机变量**. 随机变量主要有**离散型随机变量**和**连续型随机变量**两大类型.

随机变量与普通实函数这两个概念既有联系又有区别. 它们都是从一个集合到另一个集合的映射. 它们的区别主要在于：普通实函数无须做试验便可依据自变量的值确定函数值，而随机变量的取值在做试验之前是不确定的，只有在做了试验之后，依据所出现的结果才能确定. 定义中要求对任一实数 x，$\{\omega|X(\omega)\leqslant x\}$ 都是事件，这说明并非任何定义在 S 上的函数都是随机变量.

根据随机变量的取值情况，我们可以把随机变量分为两类：离散型随机变量和非离散型随机变量. 若随机变量 X 的所有可能取值是可以一一列举出来的（取值是可列个值），则称 X 是离散型随机变量. 如例 1 中次品数取值是 $0,1,2,\cdots,n$ 可列个值，是离散型随机变量. 非离散型随机变量的范围很广，其中最重要的是连续型随机变量. 若随机变量 X 的所有取值不能一一列举出来，而是依照一定的概率规律在数轴上的某个区间上取值，则称 X 为连续型随机变量.

二、常见离散型随机变量

定义 6　设离散型随机变量 X 的所有取值为 $x_1,x_2,\cdots,x_n,\cdots$，且 X 取这

些值的概率为：$P(X=x_k)=p_k(k=1,2,\cdots,n,\cdots)$，则称上述一系列等式为随机变量 X 的**概率分布**.

为了直观起见，有时将 X 的取值及其对应的概率列表如下：

X	x_1	x_2	$\cdots$	x_n	$\cdots$
P	p_1	p_2	$\cdots$	p_n	$\cdots$

我们称此表为离散型随机变量 X 的概率分布表，式子 $P(X=x_k)=p_k(k=1,2,\cdots,n,\cdots)$ 和概率分布表都称为离散型随机变量 X 的分布律.

由概率的定义知，离散型随机变量 X 的概率分布具有以下两个性质：

(1) $p_k\geqslant 0,k=1,2,\cdots,n,\cdots$；(非负性)

(2) $\sum\limits_{k} p_k=1$.（归一性）

这里当 X 取有限个值 n 时，记号为 $\sum\limits_{k=1}^{n}$，当 X 取无限可列个值时，记号为 $\sum\limits_{k=1}^{\infty}$.

例 3 设袋中装有 6 个球，编号为$\{-1,2,2,2,3,3\}$，从袋中任取一球，求取到的球的号 X 的分布律.

解 因为 X 可取的值为 $-1,2,3$，而且 $P(X=-1)=\dfrac{1}{6}$，$P(X=3)=\dfrac{1}{3}$，$P(X=2)=\dfrac{1}{2}$，所以 X 的分布律为：

X	-1	2	3
p_k	$\dfrac{1}{6}$	$\dfrac{1}{2}$	$\dfrac{1}{3}$

下面介绍几种常用的离散型随机变量的概率分布(简称分布).

1. 两点分布

如果随机变量 X 只可能取 0 和 1 两个值，且它的概率分布为 $P(X=k)=p^k(1-p)^{1-k},k=0,1(0<p<1)$，则称 X 服从两点分布(或 0 - 1 分布)，两点分布的概率分布表为：

X	1	0
P	p	$1-p$

2. 二项分布

设在一次试验中我们只考虑两个互逆的结果：A 或非 A，或者形象地把两个互逆结果叫作"成功"和"失败". 再设我们重复地进行 n 次独立试验("重复"是指试验中各次试验条件相同)，每次试验成功的概率都是 p，失败的概率都是 $q=1-p$. 这样的 n 次独立重复试验称作 n 重贝努里试验，简称贝努里试验或贝努里概型，且有 $P_n(k)=C_n^k p^k q^{n-k}(k=0,1,\cdots,n)$，其中 $0<p<1,q=1-p$. 二项分布描述的是 n 重贝努里试验中出现"成功"次数 X 的概率分布.

如果随机变量 X 只可能取的值为 $0,1,2,\cdots,n$，它的分布列为 $P(X=k)=C_n^k p^k q^{n-k}(k=0,1,2,\cdots,n)$，其中 $0<p<1,q=1-p$，则称 X 服从参数为 n,p

的二项分布，记为 $X\sim B(n,p)$.

二项分布常适用于产品检查、婴儿性别调查等. 当 $n=1$ 时，二项分布就是两点分布.

例 4　某车间有 8 台 5.6 千瓦的车床，每台车床由于工艺上的原因，常要停车. 设各车床停车是相互独立的，每台车床平均每小时停车 12 分钟. 求：

(1)在某一指定的时刻车间恰有两台车床停车的概率；

(2)全部车床用电超过 30 千瓦的可能性有多大？

解　由于每台车床使用是独立的，而且每台车床只有开车与停车两种情况，停车的概率为 $\frac{12}{60}=0.2$，因此，这是一个 8 重贝努里试验. 若用 X 表示任意时刻同时工作的车床数，则 $X\sim B(8,0.8)$，其分布律为

$P(X=k)=C_8^k(0.8)^k(0.2)^{8-k}(k=0,1,2,\cdots,8)$.

(1)所求概率为 $P(X=6)=C_8^6(0.8)^6(0.2)^2\approx0.2936$.

(2)由于 30 千瓦的电量只能供 5 台车床同时工作，"用电超过 30 千瓦"意味着有 6 台或 6 台以上的车床同时工作. 这一事件的概率为

$$\begin{aligned}P(X\geqslant6)&=P(X=6)+P(X=7)+P(X=8)\\&=C_8^6(0.2)^2(0.8)^6+C_8^7(0.2)^1(0.8)^7+C_8^8(0.2)^0(0.8)^8\\&\approx0.7968.\end{aligned}$$

3. **泊松分布**

如果随机变量 X 的取值为 $0,1,2,\cdots$，其相应的概率为 $P(X=k)=\frac{\lambda^k}{k!}e^{-\lambda}$ $(k=0,1,2,\cdots;\lambda>0)$，则称 X 服从参数为 λ 的泊松分布，记为 $X\sim p(\lambda)$.

泊松分布在各领域都有广泛的应用，例如某段时间内电话机接到的呼叫次数；候车的乘客数；单位时间内走进商店的顾客数；放射性物质在某段时间内放射的粒子数；纺纱机的断头数；某页书上的印刷错误的个数等都可以用泊松分布来描述. 当 n 较大、p 很小，且 np 是一个大小适当的数(通常 $0<np<8$)，可以用泊松分布近似代替二项分布(取 $\lambda=np$). 即 $P(X=k)=\frac{\lambda^k}{k!}e^{-\lambda}$ $(k=0,1,2,\cdots;\lambda>0)$.

例 5　某商店出售某种商品，根据经验，此商品的月销售量 X 服从 $\lambda=3$ 的泊松分布. 问在月初进货时要库存多少件此种商品，才能以 99% 的概率满足顾客要求？

解　设月初库存 M 件，依题意 $P(X=k)=\frac{3^k}{k!}e^{-3}(k=0,1,2,\cdots)$，那么

$$P(X\leqslant M)=\sum_{k=0}^{M}\frac{3^k}{k!}e^{-3}\geqslant0.99，即\sum_{k=M+1}^{\infty}\frac{3^k}{k!}e^{-3}<0.01.$$

查表可知 M 最小是 8，即月初进货时要库存 8 件此商品，才能以 99% 的概率满足顾客要求.

三、常见连续型随机变量

引入了随机变量之后，随机事件就可以用随机变量来描述. 例如，在某城市中考察人口的年龄结构，年龄在 80 岁以上的长寿者，年龄介于 18 岁至 35 岁之间的年轻人，以及不到 12 岁的儿童，他们各自的比率如何？从表面上看，这些是孤立事件，但若我们引进一个随机变量 X 表示随机抽取一个人的年龄，上述几个事件可以分别表示成 $\{X>80\}$，$\{18\leqslant X\leqslant 35\}$ 及 $\{X<12\}$. 由此可见，随机事件的概念是被包容在随机变量这个更广的概念之内的.

对于随机变量 X，我们不只是看它取哪些值，更重要的是看它以多大的概率取那些值. 由随机变量的定义可知，对于每一个实数 x，$\{X<x\}$都是一个事件，因此有一个确定的概率 $P\{X<x\}$与 x 相对应. 所以，概率 $P\{X<x\}$是 x 的函数，这个函数在理论和应用中都是很重要的.

定义 7 设 X 为一个随机变量，x 为任意实数，称函数 $F(x)=P\{X\leqslant x\}$ 为 X 的**分布函数**，记作 $X\sim F(x)$.

连续型随机变量的所有可能取值无法像离散型随机变量那样一一列出，因而也就不能用离散型随机变量的分布律来描述它的概率分布. 刻画这种随机变量的概率分布可以用分布函数，但在理论上和实践中更常用的方法是用所谓的概率密度.

定义 8 设 X 为随机变量，$F(x)$为其分布函数，如果存在非负可积函数 $f(x)$，使对一切实数 x，有 $F(x)=\int_{-\infty}^{x} f(u)\mathrm{d}u$，则称 $f(x)$为 X 的**分布密度函数**(或**概率密度函数**)，简称**分布密度**(或**概率密度**).

由分布密度的定义及概率的性质可知**分布密度** $f(x)$**必须满足的条件**：

(1) $f(x)\geqslant 0$；

(2) $\int_{-\infty}^{+\infty} f(x)\mathrm{d}x=1$；

(3) 对于任意实数 a,b，且 $a<b$，有

$$P(a<X\leqslant b)=F(b)-F(a)=\int_{a}^{b} f(x)\mathrm{d}x;$$

(4) 若 $f(x)$在点 x 处连续，则 $F'(x)=f(x)$，这是密度函数与分布函数之间的关系.

从几何上看，分布密度函数的曲线在横轴的上方. 因为$-\infty<x<+\infty$是必然事件，所以$\int_{-\infty}^{+\infty} f(x)\mathrm{d}x=P(-\infty<X<+\infty)=1$. 从几何上看，对于任一连续型随机变量，分布密度函数与数轴所围成的面积是 1. 对于任意实数 a 有 $P(x=a)=0$，即连续型随机变量取某一实数值的概率为零. 从而有：

$$P(a<X\leqslant b)=P(a<X<b)=P(a\leqslant X\leqslant b)=P(a\leqslant X<b)=\int_{a}^{b} f(x)\mathrm{d}x.$$

该式说明，当计算连续型随机变量在某一区间上取值的概率时，区间端点对概率无影响.

例 6　设随机变量 X 具有概率密度 $f(x)=\begin{cases}Ke^{-3x}, x>0\\0, x\leqslant 0\end{cases}$. (1)试确定常数 K;(2)求 $P(X>0.1)$;(3)求 $F(x)$.

解　(1)由于 $\int_{-\infty}^{+\infty} f(x)\mathrm{d}x=1$,即

$\int_{-\infty}^{+\infty} f(x)\mathrm{d}x=\int_{0}^{\infty} Ke^{-3x}\mathrm{d}x=-\frac{1}{3}\int_{0}^{\infty} Ke^{-3x}\mathrm{d}(-3x)=\frac{K}{3}=1$, 得 $K=3$.

(2) $P(X>0.1)=\int_{0.1}^{+\infty} f(x)\mathrm{d}x=\int_{0.1}^{+\infty} 3e^{-3x}\mathrm{d}x=0.741$.

(3)由定义 $F(x)=\int_{-\infty}^{x} f(t)\mathrm{d}t$,当 $x\leqslant 0$ 时, $F(x)=0$;

当 $x>0$ 时,$F(x)=\int_{-\infty}^{x} f(t)\mathrm{d}t=\int_{0}^{x} 3e^{-3t}\mathrm{d}t=1-e^{-3x}$,

所以 $F(x)=\begin{cases}1-e^{-3x}, x>0\\0, x\leqslant 0\end{cases}$.

下面介绍几种常用的连续型分布.

1. 均匀分布

如果随机变量 X 的概率密度为 $f(x)=\begin{cases}\frac{1}{b-a}, a\leqslant x\leqslant b\\0, 其他\end{cases}$, 则称 X 服从 $[a,b]$ 上的均匀分布, 记作 $X\sim U[a,b]$.

如果 X 服从 $[a,b]$ 上的均匀分布, 那么对于任意满足 $a\leqslant m<n\leqslant b$ 的 m, n, 应有 $P(m\leqslant X\leqslant n)=\int_{m}^{n} f(x)\mathrm{d}x=\frac{n-m}{b-a}$. 该式说明 X 取值于 $[a,b]$ 中任意小区间的概率与该小区间的长度成正比, 而与该小区间的具体位置无关. 这就是均匀分布的概率意义.

2. 指数分布

如果随机变量 X 的概率密度为 $f(x)=\begin{cases}\lambda e^{-\lambda}, x\geqslant 0\\0, x<0\end{cases}$ $(\lambda>0)$, 则称 X 服从以 λ 为参数的指数分布, 记作 $X\sim E(\lambda)$.

指数分布也被称为寿命分布, 如电子元件的寿命、电话通话的时间、随机服务系统的服务时间等都可近似看作服从指数分布.

3. 正态分布

如果随机变量 X 的概率密度为 $f(x)=\frac{1}{\sqrt{2\pi}\sigma}e^{-\frac{(x-\mu)^2}{2\sigma^2}}(-\infty<x<+\infty, \sigma>0)$, 则称 X 服从参数为 σ,μ 的正态分布或高斯(Gauss)分布, 记为 $X\sim N(\mu,\sigma^2)$.

由微积分知识可知:

(1)当 $x=\mu$ 时, $f(x)$ 达到最大值 $\frac{1}{\sqrt{2\pi}\sigma}$;在 $x=\mu\pm\sigma$ 处, 曲线 $y=f(x)$ 有拐点 $\left(\mu-\sigma, \frac{1}{\sqrt{2\pi e}\sigma}\right)$, $\left(\mu+\sigma, \frac{1}{\sqrt{2\pi e}\sigma}\right)$;

(2)$f(x)$的图形关于直线 $x=\mu$ 对称；

(3)$f(x)$以 x 轴为渐近线；

(4)若固定 σ，改变 μ 值，则曲线 $y=f(x)$沿 x 轴平行移动，曲线的几何图形不变；

(5)当 μ 固定时，改变 σ，曲线形状随 σ 的不同而改变. σ 越大，曲线越扁平，即分布越分散；σ 越小，曲线越陡峭，即分布越集中.

特别地，当 $\mu=0,\sigma^2=1$ 时，称 X 服从标准正态分布，即 $X\sim N(0,1)$，密度函数为 $\varphi(x)=\frac{1}{\sqrt{2\pi}}e^{-\frac{x^2}{2}}(-\infty<x<+\infty)$，分布函数 $\Phi(x)=P(X<x)=\int_{-\infty}^{x}\frac{1}{\sqrt{2\pi}}e^{-\frac{t^2}{2}}dt$（有专门的标准正态函数表可查用）.

对标准正态分布，有下列等式：

(1)$\Phi(-a)=1-\Phi(a)\ (a>0)$；$\Phi(0)=\frac{1}{2}$；

(2)$P(a<X\leqslant b)=\int_a^b\varphi(x)dx=\Phi(b)-\Phi(a)$.

对于 $X\sim N(\mu,\sigma^2)$，只要设$\frac{x-\mu}{\sigma}=t$，就有 $t\sim N(\mu,\sigma^2)$，即$\frac{x-\mu}{\sigma}$服从正态分布.

所以对于一般的正态分布，可以通过变量替换化为标准正态分布，如果 $X\sim N(\mu,\sigma^2)$，那么

$$P(a<X<b)=P\left\{\frac{a-\mu}{\sigma}<t<\frac{b-\mu}{\sigma}\right\}=\Phi\left(\frac{b-\mu}{\sigma}\right)-\Phi\left(\frac{a-\mu}{\sigma}\right).$$

服从正态分布 $N(\mu,\sigma^2)$的随机变量 X 落在区间$(\mu-3\sigma,\mu+3\sigma)$内的概率为 $P(\mu-3\sigma<\zeta<\mu+3\sigma)=2\Phi(3)-1=0.997\ 3$，落在该区间外的概率只有 0.002 7. 也就是说，X 几乎不可能在区间$(\mu-3\sigma,\mu+3\sigma)$之外取值，这就是统计当中的“$3\sigma$”原则.

习题 5.3

1. 随机变量的特征是什么？

2. 设随机变量 X 的分布律为 $P\{X=k\}=\frac{k}{15},k=1,2,3,4,5$. 求：

(1)$P\left\{\frac{1}{2}<X<\frac{5}{2}\right\}$；(2)$P\{1\leqslant X\leqslant 3\}$；(3)$P\{X>3\}$.

3. 设自动生产线在调整以后出现废品的概率 $p=0.1$，当生产过程中出现废品时立即进行调整，X 代表在两次调整之间生产的合格品数，试求：(1)X 的概率分布；(2)$P\{X\geqslant 5\}$；(3)在两次调整之间能以 0.6 的废品概率保证生产的合格品数不少于多少？

4. 设 $F(x)=\begin{cases}0,x<0\\ \frac{x}{2},0\leqslant x<1\\ 1,x\geqslant 1\end{cases}$，问 $F(x)$是否为某随机变量的分布函数.

第四节　随机变量的数学期望与方差

前面讨论了随机变量的分布函数以及如何完整地描述随机变量的统计特性和规律. 但在一些实际问题中，不需要去全面考察随机变量的整个变化情况，而只需知道随机变量的某些统计特征. 例如，在检查一批棉花的质量时，只需要注意纤维的平均长度，以及纤维长度与平均长度的偏离程度. 平均长度越大、偏离程度越小，质量就越好. 从这个例子看到，某些与随机变量有关的数字，虽然不能完整地描述随机变量，但能概括描述它的基本面貌. 这些能代表随机变量的主要特征的数字称为数字特征.

一、随机变量的数学期望

1. 离散型随机变量的数学期望

例 1　一批灯泡 5 万只，为了评估灯泡的使用寿命(设每只灯泡的寿命是一个随机变量 X 小时)，现从中随机抽取 100 只，测试结果如下：

寿命 t(小时)	1 050	1 100	1 150	1 200	1 250
灯泡数 n(只)	6	20	32	26	16
频率 f	$\frac{6}{100}$	$\frac{20}{100}$	$\frac{32}{100}$	$\frac{26}{100}$	$\frac{16}{100}$

解　可求得该 100 只灯泡的平均寿命为

$$\frac{1\,050\times6+1\,100\times20+1\,150\times32+1\,200\times26+1\,250\times16}{100}$$

$$=1\,050\times\frac{6}{100}+1\,100\times\frac{20}{100}+1\,150\times\frac{32}{100}+1\,200\times\frac{26}{100}+1\,250\times\frac{16}{100}$$

$$=1\,163(\text{小时}).$$

由此不难发现，由灯泡的平均寿命 $\frac{\sum nt}{N}=\sum\frac{n}{N}t=\sum ft$，数值 $\sum ft$(频率的权重的加权平均)可以用来计算灯泡的平均寿命，且其大小完全由随机变量 t 的分布确定，反映了平均数$\bar{t}$的大小.

定义 9　设离散型随机变量 X 的分布律为 $P\{X=x_k\}=p_k$，$k=1,2,\cdots$，若级数 $\sum\limits_{k=1}^{\infty}x_kp_k$ 绝对收敛，则称级数 $\sum\limits_{k=1}^{\infty}x_kp_k$ 为随机变量 X 的数学期望，记为 $E(X)$，即 $E(X)=\sum\limits_{k=1}^{\infty}x_kp_k$.

例 2　已知顾客对商店中某种食品每天的需求量 ξ(单位：袋)的分布如下：

$$\xi\sim\begin{pmatrix}0 & 1 & 2 & 3 & 4 & 5 & 6 & 7 & 8\\0.05 & 0.10 & 0.10 & 0.25 & 0.20 & 0.15 & 0.05 & 0.05 & 0.05\end{pmatrix}$$

每出售一袋食品商店可获利 4 元，但若当天卖不完，每袋食品将损失 3 元，商店希望利润达到极大，那么每天对这种食品应进货多少袋?

分析 由于对该食品的需求量是随机的，因此事先无法确定利润，也无法使某天的利润达到极大，但由于商店天天营业，可以通过控制进货使该食品的平均利润达到极大.

解 这种食品平均每天的需求量为

0×0.05+1×0.1+2×0.1+3×0.25+4×0.2+5×0.15+6×0.05+7×0.05+8×0.05=3.65（袋）.

例 3 设随机变量 X 服从二项分布 $B(n,p)$，求它的数学期望.

解 由于 $p_k=C_n^k p^k q^{n-k}$，$(0\leqslant k\leqslant n)$，因而

$$\begin{aligned}E(X)&=\sum_{k=0}^{n} kp_k=\sum_{k=0}^{n} kC_n^k p^k q^{n-k}\\&=np\sum_{k=0}^{n} C_{n-1}^{k-1}p^{k-1}q^{(n-1)-(k-1)}\\&=np(p+q)^{n-1}\\&=np.\end{aligned}$$

2. 连续型随机变量的数学期望

定义 10 设连续型随机变量 X 的密度函数为 $f(x)$，若积分 $\int_{-\infty}^{\infty} xf(x)\mathrm{d}x$ 绝对收敛，则称积分 $\int_{-\infty}^{\infty} xf(x)\mathrm{d}x$ 的值为随机变量 X 的数学期望，记为 $E(X)$.

即 $E(X)=\int_{-\infty}^{\infty} xf(x)\mathrm{d}x$.

例 4 设随机变量 X 服从 $[a,b]$ 上的均匀分布，求 $E(X)$.

解 由于均匀分布的密度函数为 $f(x)=\begin{cases}\dfrac{1}{b-a}, a\leqslant x\leqslant b\\ 0,\text{其他}\end{cases}$，

$$E(X)=\int_a^b xf(x)\mathrm{d}x=\int_a^b \frac{x}{b-a}\mathrm{d}x=\frac{b^2-a^2}{2(b-a)}=\frac{a+b}{2}.$$

3. 数学期望的性质

(1) 设 c 是常数，则有 $E(c)=c$；

(2) 设 X 是随机变量，设 c 是常数，则有 $E(cX)=cE(X)$；

(3) 设 X,Y 是随机变量，则有 $E(X+Y)=E(X)+E(Y)$（该性质可推广到有限个随机变量之和的情况）.

二、随机变量的方差

数学期望描述了随机变量一切可能取值的平均水平，但在一些实际问题中，仅知道平均值是不够的，因为它有很大的局限性，还不能够完全反映问题的实质. 例如，某厂生产两类手表，甲类手表日走时误差均匀分布在 −10～10 秒；乙类手表日走时误差均匀分布在 −20～20 秒. 易知其数学期望均为 0，即两类手表的日走时误差平均来说都是 0，所以由此并不能比较出哪类手表走得好. 但我们从直觉上易得出甲类手表比乙类手表走得较准，这是由于甲的

日走时误差与其平均值偏离度较小，质量稳定．由此可见，我们有必要研究随机变量取值与其数学期望值的偏离程度——方差．

定义 11　设 X 是一个随机变量，若 $E\{[X-E(X)]^2\}$ 存在，则称 $E\{[X-E(X)]^2\}$ 为 X 的方差，记为 $D(X)$ 或 $\mathrm{Var}(X)$．即 $D(X)=\mathrm{Var}(X)=E\{[X-E(X)]^2\}$，并称 $\sqrt{D(X)}$ 为 X 的**标准差或均方差**．

随机变量 X 的方差表达了 X 的取值与其均值的偏离程度．按此定义，若 X 是离散型随机变量，分布律为 $P\{X=x_k\}=p_k, k=1,2,\cdots$，则

$$D(X)=\sum_{k=1}^{\infty}[x_k-E(X)]^2p_k;$$

若 X 是连续型随机变量，密度函数为 $f(x)$，则

$$D(X)=\int_{-\infty}^{+\infty}[x-E(X)]^2f(x)\mathrm{d}x.$$

一般情况下，方差常用下面公式计算：$D(X)=E(X^2)-[E(X)]^2$．

事实上，

$$\begin{aligned}D(X)&=E\{[X-E(X)]^2\}=E\{X^2-2XE(X)+[E(X)]^2\}\\&=E(X^2)-2E(X)E(X)+[E(X)]^2=E(X^2)-[E(X)]^2.\end{aligned}$$

例 5　三人射击，随机变量 X,Y,Z 分别表示三人的命中环数，其分布律分别为：

	甲	乙	丙
8 环	0.1	0.4	0.2
9 环	0.8	0.2	0.6
10 环	0.1	0.4	0.2

问三人谁的技术好？

解　$E(X)=9, E(Y)=9, E(Z)=9$，

又 $E(X^2)=8^2\times0.1+9^2\times0.8+10^2\times0.1=81.2$，

所以 $D(X)=E(X^2)-[E(X)]^2=81.2-81=0.2$．

类似可得 $D(Y)=0.8, D(Z)=0.4$．

从稳定性上说，甲技术最好．

例 6　设随机变量 X 服从 $[a,b]$ 上的均匀分布，求 $D(X)$．

解　由于均匀分布的密度函数为

$$f(x)=\begin{cases}\dfrac{1}{b-a}, & a\leqslant x\leqslant b\\0, & \text{其他}\end{cases}, E(X)=\frac{a+b}{2},$$

$$E(X^2)=\int_a^b\frac{x^2}{b-a}\mathrm{d}x=\frac{b^3-a^3}{3(b-a)}=\frac{b^2+ab+a^2}{3},$$

所以 $D(X)=\dfrac{b^2+ab+a^2}{3}-\left(\dfrac{a+b}{2}\right)^2=\dfrac{(b-a)^2}{12}$．

随机变量的方差有以下性质：

(1)设 C 是常数，则有 $D(C)=0$；

(2)设 C 是常数，则有 $D(CX)=C^2D(X)$；

(3)设 X,Y 是相互独立的随机变量，则有 $D(X+Y)=DX+DY$.

三、几种常见随机变量分布的数学期望与方差

(1)两点分布 $X\sim(0-1)$，$E(X)=p$，$D(X)=p(1-p)$；

(2)二项分布 $X\sim B(n,p)$，$E(X)=np$，$D(X)=np(1-p)$；

(3)泊松分布 $X\sim p(\lambda)$，$E(X)=\lambda$，$D(X)=\lambda$；

(4)均匀分布 $X\sim U(a,b)$，$E(X)=\dfrac{a+b}{2}$，$D(X)=\dfrac{(b-a)^2}{12}$；

(5)指数分布 $X\sim E(\lambda)$，$E(X)=\dfrac{1}{\lambda}$，$D(X)=\dfrac{1}{\lambda^2}$；

(6)正态分布 $X\sim N(\mu,\sigma^2)$，$E(X)=\mu$，$D(X)=\sigma^2$.

习题 5.4

1.袋子中有 n 张卡片，记有号码 $1,2,3,\cdots,n$，现从中有放回地抽出 k 张卡片来，求号码之和 X 的数学期望.

2.设连续随机变量 X 的概率密度为 $f(x)=\begin{cases}kx^a, & 0<x<1\\ 0, & 其他\end{cases}$，其中 $k,a>0$，又已知 $E(X)=0.75$，求 k,a.

3.设随机变量 X 服从泊松分布，且 $3P\{X=1\}+2P\{X=2\}=4P\{X=0\}$，求 X 的数学期望与方差.

4.设对某目标连续射击，直到命中 m 次为止，每次射中的命中率为 p，求子弹消耗量 X 的数学期望与方差.

第五节 统计初步

在解决某个具体统计问题时，我们要解决的就是弄清楚这个统计总体有什么样的数量特征，这也是我们统计推断的根本目的.为了进行统计推断，我们对总体随机抽样，虽然样本是总体的代表，含有总体的信息，但仍较分散.所以样本一般不能直接用于统计推断.为了使统计推断成为可能，首先必须把分散在样本中的信息集中起来，用样本的某个函数表示，这种函数在统计学中称为统计量.

例如，某车间生产一批零件，现从这批零件中随机抽取 16 件，测得零件长度(单位：毫米)为：

2.14,2.10,2.12,2.15,2.13,2.11,2.10,2.09

2.10,2.15,2.13,2.14,2.13,2.11,2.13,2.12

现在欲对这批零件长度进行一下统计推断.

这里，我们可以用统计量 $T=\overline{X}=\frac{1}{16}\sum_{i=1}^{16}x_i$ 进行统计推断，这里 $x_i(i=1,2,\cdots,16)$ 是样本观测值. 通过计算可得 $T\approx 2.12$，这时我们就可以推断该车间生产的零件长度大体上为 2.12 mm，这就是统计量的应用.

从样本构造统计量，实际上是对样本所含的总体信息按某种要求进行加工，把分散在样本中的信息集中到统计量的取值上，不同的统计推断要求构造不同的统计量. 统计量在统计学中的地位是十分重要的. 我们最常用的样本统计量有以下两种：

(1) $\overline{X}=\frac{1}{n}\sum_{i=1}^{n}X_i$，这是样本的算术平均，该统计量反映了总体中所有个体的平均取值状况

(2) $S_n^2=\frac{1}{n}\sum_{i=1}^{n}(X_i-\overline{X})^2$，这个统计量反映了样本取值关于样本算术平均 $\overline{X}$ 的偏差程度，反映了总体中个体之间的离散程度，S_n^2 越大个体偏差越大，表明个体之间的离散程度越大，S_n^2 越小个体偏差越小，表明个体之间的离散程度越小.

例 1 某企业生产一批空调，从销售出的产品中随机跟踪了其中 10 台，得使用寿命如下(单位：千小时)：

72.1 73.6 76.8 80.4 78.0 70.7 75.8 82.5 78.8 77.9

试求这批样本的 $\overline{X}$，S_n^2.

解 $\overline{X}=\frac{72.1+73.6+76.8+80.4+78.0+70.7+75.8+82.5+78.8+77.9}{10}$

$=76.7$，

$S_n^2=\frac{1}{10}[(72.1-76.7)^2+(73.6-76.7)^2+(76.8-76.7)^2+(80.4-76.7)^2+(78.0-76.7)^2+(70.7-76.7)^2+(75.8-76.7)^2+(82.5-76.7)^2+(78.8-76.7)^2+(77.9-76.7)^2]=12.2.$

习题 5.5

1. 从总体中任意抽取一个容量为 10 的样本，样本值为

4.5 2.0 1.0 1.5 3.5 4.5 6.5 5.0 3.5 4.0

试求此组样本的 $\overline{X}$，S_{10}^2.

(1) 为了检测某超市花生油的质量，随机抽取该超市 10 瓶花生油检测；

(2) 为了研究某高级化妆品的消费者层次，向 10 位消费者进行了调查问卷.

2. 某纺织厂进行纱的强度试验，抽取 8 缕，试验结果如下(单位：千克)：

25 27 22 24 29 24 26 25

试求此组样本的 $\overline{X}$，S_8^2.

延伸阅读 拉格朗日

拉格朗日简介：约瑟夫 · 路易斯 · 拉格朗日(Joseph - Louis Lagrange，1736—1813)法国数学家、物理学家. 他在数学、力学和天文学三个学科领域

中都有历史性的贡献，其中尤以数学方面的成就最为突出. 在数学家雷维里的教导下，拉格朗日喜爱上了几何学. 17 岁时，他读了英国天文学家哈雷介绍牛顿微积分成就的短文《论分析方法的优点》后，感觉到“分析才是自己最热爱的学科”，从此他迷上了数学分析. 他在数学上最突出的贡献是使数学分析与几何和力学脱离开来，使数学的独立性更为清楚，从此数学不再仅仅是其他学科的工具.

拉格朗日在代数方程和超越方程的解法上，作出了有价值的贡献，推动了代数学的发展. 他给柏林科学院提交过两篇著名的论文《关于解数值方程》和《关于方程的代数解法的研究》.

本章小结

一、基本概念

随机事件、古典概率、随机变量、数学期望与方差、总体与样本.

二、基本知识

（一）古典概率计算公式

$$P(A)=\frac{\text{导致 }A\text{ 发生的结果数}}{\text{等可能结果总数}}=\frac{k}{n}$$

（二）常见离散型随机变量及概率分布

1. 两点分布（或 0 - 1 分布）.

2. 二项分布：

$$P(\xi=k)=C_n^k p^k q^{n-k}(k=0,1,2,\cdots,n),$$

其中 $0<p<1,q=1-p$，则称 ξ 服从参数为 n,p 的二项分布，记为 $\xi\sim B(n,p)$.

（三）常见连续型随机变量及概率分布

1. 均匀分布：如果随机变量 ξ 的概率密度函数为

$$p(x)=\begin{cases}\dfrac{1}{b-a}, & a\leqslant x\leqslant b,\\ 0, & \text{其他},\end{cases}$$

则称 ξ 服从区间 $[a,b]$ 上的均匀分布，记作 $\xi\sim U(a,b)$.

2. 正态分布：如果随机变量 ξ 的概率密度函数为 $p(x)=\dfrac{1}{\sqrt{2\pi}\sigma}e^{-\frac{(x-\mu)^2}{2\sigma^2}}$，则称 ξ 服从参数为 μ,σ 的正态分布，记作 $\xi\sim N(\mu,\sigma^2)$，$\sigma>0$，μ 为常数，特别地，

如果随机变量 $\xi \sim N(0,1)$，则称 ξ 服从标准正态分布.

标准正态分布的概率密度记为 $\varphi(x)$，分布函数记为 $\Phi(x)$，即

$$\varphi(x)=\frac{1}{\sqrt{2\pi}}e^{-\frac{x^2}{2}}.$$

(四)数学期望和方差的计算

1. 两点分布. 随机变量 ξ 有分布 $P(\xi=0)=q, P(\xi=1)=p$，得
数学期望：$E(\xi)=p$，
方差：$D(\xi)=pq$.
2. 二项分布. 设 $\xi \sim B(n,p)$，有
数学期望：$E(\xi)=np$，
方差：$D(\xi)=npq$.
3. 均匀分布. 设 $\xi \sim U(a,b)$，有
数学期望：$E(\xi)=\frac{a+b}{2}$，
方差：$D(\xi)=\frac{(b-a)^2}{12}$.
4. 正态分布. 设 $\xi \sim N(\mu,\sigma^2)$，有
数学期望：$E(\xi)=\mu$，
方差：$D(\xi)=\sigma^2$.
特别地，标准正态分布的数学期望 $E(\xi)=0$，方差：$D(\xi)=1$.

总习题

1. 两封信随机投向 4 个邮箱，求这两封信恰好投入到同一邮箱的概率.

2. 某宾馆一楼有 3 部电梯，今有 5 人要乘坐电梯，假定各人选哪部电梯是随机的，求每部电梯中至少有一人的概率.

3. 一批零件共 100 个，次品率为 10%，每次从中任取一个零件，取后不放回，如果取到一个合格品就不再取下去，求在三次内取到合格品的概率.

4. 一盒子中有 5 个纪念章，编号为 1,2,3,4,5，在其中等可能地任取 3 个，用 X 表示取出的 3 个纪念章上的最大号码，求随机变量 X 的分布律与分布函数.

5. 设连续随机变量 X 的分布密度为

$$f(x)=\begin{cases} x, 0<x\leqslant 1 \\ 2-x, 1<x\leqslant 2, \\ 0, \text{其他} \end{cases}$$

求其分布函数 $F(x)$.

6. 设 X 服从参数为 1 的指数分布，且 $Y=X+e^{-2X}$，求 $E(Y)$ 与 $D(Y)$.

附录

标准正态分布数值表

$$\Phi(x)=\frac{1}{\sqrt{2\pi}}\int_{-\infty}^{x} e^{-\frac{t^2}{2}}\mathrm{d}t$$

x	0.00	0.01	0.02	0.03	0.04	0.05	0.06	0.07	0.08	0.09
0.0	0.500 0	0.504 0	0.508 0	0.512 0	0.516 0	0.519 9	0.523 9	0.527 9	0.531 9	0.535 9
0.1	0.539 8	0.543 8	0.547 8	0.551 7	0.555 7	0.559 6	0.563 6	0.567 5	0.571 4	0.575 3
0.2	0.579 3	0.583 2	0.587 1	0.591 0	0.594 8	0.598 7	0.602 6	0.606 4	0.610 3	0.614 1
0.3	0.617 9	0.621 7	0.625 5	0.629 3	0.633 1	0.636 8	0.640 6	0.644 3	0.648 0	0.651 7
0.4	0.655 4	0.659 1	0.662 8	0.666 4	0.670 0	0.673 6	0.677 2	0.680 8	0.684 4	0.687 9
0.5	0.691 5	0.695 0	0.698 5	0.701 9	0.705 4	0.708 8	0.712 3	0.715 7	0.719 0	0.722 4
0.6	0.725 7	0.729 1	0.732 4	0.735 7	0.738 9	0.742 2	0.745 4	0.748 6	0.751 7	0.754 9
0.7	0.758 0	0.761 1	0.764 2	0.767 3	0.770 3	0.773 4	0.776 4	0.779 4	0.782 3	0.785 2
0.8	0.788 1	0.791 0	0.793 9	0.796 7	0.799 5	0.802 3	0.805 1	0.807 8	0.810 6	0.813 3
0.9	0.815 9	0.818 6	0.821 2	0.823 8	0.826 4	0.828 9	0.831 5	0.834 0	0.836 5	0.838 9
1.0	0.841 3	0.843 8	0.846 1	0.848 5	0.850 8	0.853 1	0.855 4	0.857 7	0.859 9	0.862 1
1.1	0.864 3	0.866 5	0.868 6	0.870 8	0.872 9	0.874 9	0.877 0	0.879 0	0.881 0	0.883 0
1.2	0.884 9	0.886 9	0.888 8	0.890 7	0.892 5	0.894 4	0.896 2	0.898 0	0.899 7	0.901 5
1.3	0.903 2	0.904 9	0.906 6	0.908 2	0.909 9	0.911 5	0.913 1	0.914 7	0.916 2	0.917 7
1.4	0.919 2	0.920 7	0.922 2	0.923 6	0.925 1	0.926 5	0.927 9	0.929 2	0.930 6	0.931 9
1.5	0.933 2	0.934 5	0.935 7	0.937 0	0.938 2	0.939 4	0.940 6	0.941 8	0.943 0	0.944 1
1.6	0.945 2	0.946 3	0.947 4	0.948 4	0.949 5	0.950 5	0.951 5	0.952 5	0.953 5	0.954 5
1.7	0.955 4	0.956 4	0.957 3	0.958 2	0.959 1	0.959 9	0.960 8	0.961 6	0.962 5	0.963 3
1.8	0.964 1	0.964 8	0.965 6	0.966 4	0.967 2	0.967 8	0.968 6	0.969 3	0.970 0	0.970 6
1.9	0.971 3	0.971 9	0.972 6	0.973 2	0.973 8	0.974 4	0.975 0	0.975 6	0.976 2	0.976 7
2.0	0.977 2	0.977 8	0.978 3	0.978 8	0.979 3	0.979 8	0.980 3	0.980 8	0.981 2	0.981 7
2.1	0.982 1	0.982 6	0.983 0	0.983 4	0.983 8	0.984 2	0.984 6	0.985 0	0.985 4	0.985 7
2.2	0.986 1	0.986 4	0.986 8	0.987 1	0.987 4	0.987 8	0.988 1	0.988 4	0.988 7	0.989 0
2.3	0.989 3	0.989 6	0.989 8	0.990 1	0.990 4	0.990 6	0.990 9	0.991 1	0.991 3	0.991 6
2.4	0.991 8	0.992 0	0.992 2	0.992 5	0.992 7	0.992 9	0.993 1	0.993 2	0.993 4	0.993 6
2.5	0.993 8	0.994 0	0.994 1	0.994 3	0.994 5	0.994 6	0.994 8	0.994 9	0.995 1	0.995 2
2.6	0.995 3	0.995 5	0.995 6	0.995 7	0.995 9	0.996 0	0.996 1	0.996 2	0.996 3	0.996 4
2.7	0.996 5	0.996 6	0.996 7	0.996 8	0.996 9	0.997 0	0.997 1	0.997 2	0.997 3	0.997 4
2.8	0.997 4	0.997 5	0.997 6	0.997 7	0.997 7	0.997 8	0.997 9	0.998 0	0.998 0	0.998 1
2.9	0.998 1	0.998 2	0.998 3	0.998 3	0.998 4	0.998 4	0.998 5	0.998 5	0.998 6	0.998 6
3	0.998 7	0.998 7	0.998 7	0.998 8	0.998 8	0.998 8	0.998 9	0.998 9	0.999 0	0.999 0
x	0.00	0.01	0.02	0.03	0.04	0.05	0.06	0.07	0.08	0.09

参考文献

1. 赵树嫄. 线性代数[M]. 北京:中国人民大学出版社,2017.
2. 皮利利,何月俏. 经济应用数学[M]. 北京:北京邮电大学出版社,2015.
3. 吴赣昌. 应用数学基础[M]. 北京:中国人民大学出版社,2014.
4. 同济大学数学系. 工程数学:线性代数[M]. 北京:高等教育出版社,2014.
5. 姚孟臣. 高等数学(一)[M]. 第2版. 北京:高等教育出版社,2012.
6. 那顺布和,林娇燕. 应用高等数学[M]. 长沙:湖南师范大学出版社,2011.
7. 韩汉鹏,马少军,徐光辉. 大学数学:微积分[M]. 北京:高等教育出版社,2010.
8. 华东师范大学数学系. 数学分析(上、下)[M]. 北京:高等教育出版社,2007.
9. 林升旭. 线性代数[M]. 武汉:华中科技大学出版社,2006.
10. 周誓达. 概率论与数理统计[M]. 北京:中国人民大学出版社,2005.
11. [美]S. T. Tan. 应用微积分[M]. 北京:机械工业出版社,2004.
12. 黎诣远. 经济数学基础[M]. 北京:高等教育出版社,2004.
13. 赵树嫄. 信息数学处理基础[M]. 北京:中国人民大学出版社,2004.
14. 张银生. 微积分[M]. 北京:中国人民大学出版社,2004.
15. 安建业. 概率论与数理统计[M]. 北京:中国人民大学出版社,2004.
16. 顾静相. 经济数学基础[M]. 北京:高等教育出版社,2004.
17. 阎章杭. 高等数学[M]. 北京:化学工业出版社,2003.
18. 韩西安. 数学实验[M]. 北京:国防工业出版社,2003.
19. 刘来福. 数学模型与数学建模[M]. 北京:北京师范大学出版社,1997.